NCS
문제
해결
능력

문제
해결
능력

초판발행 2015년 11월 10일   **4쇄발행** 2021년 1월 20일   **저 자** 한국표준협회 NCS연구회
펴낸이 박 용   **펴낸곳** (주)박문각출판   **표지디자인** 한기현   **디자인** 이현숙
등 록 2015. 4. 29. 제2015-000104호   **주 소** 06654 서울시 서초구 효령로 283 서경빌딩
전 화 02) 6466-7202   **홈페이지** www.pmg.co.kr

ISBN 979-11-7023-228-5 / ISBN 979-11-7023-071-7(세트)
정가 14,000원

NCS

직업기초능력평가

기업·공공기관 취업 대비

최고 합격 전략서

문제
해결
능력

NCS 기반 직업기초능력시리즈

한국표준협회 NCS연구회 편저

QMC 박문각

한국에서 구글이나 애플 같은 기업은 언제쯤 나올 수 있을까요?

이 질문이 마음속에 자리 잡은 지 오래되었지만, 좀처럼 확실한 답을 내리기 어렵습니다. 분명히 우리도 할 수 있을텐데 말입니다.

우리나라는 근현대에 식민 지배와 전쟁이라는 크나큰 아픔을 겪었고, 세계에서 가장 못사는 나라 중 하나였습니다. 하지만 기적처럼 눈부신 성장과 발전을 이루었습니다. 이는 세계적으로도 유래를 찾아보기 어렵습니다. 성장과 발전을 이루는 그 과정에서 우리 기업들은 해외 기업들의 선진 기술을 받아들이고, 그들을 쫓기 위해 고군분투해 왔습니다. 그러다 보니 아직까지는 선도하는 입장이라기보다는 따라가는 입장에 놓여있다고 볼 수 있습니다. 구글이나 애플 같은 해외 기업과 우리 기업의 결정적 차이는 선도(先導)의 여부에 있습니다. 해외 기업은 세상에 없던 혁신적인 제품과 서비스를 선보이며 세상을 이끌어 가고 변화를 주도하고 있는 반면, 우리는 그들이 만들어 낸 변화를 쫓기만 하고 있는 것입니다.

우리나라는 100년 이상의 역사를 가진 기업의 수가 외국에 비해 상대적으로 적은 편입니다. 하지만 시간이 흘러 우리의 산업화 역사가 100년을 더 넘기게 되는 시점에서는 어떻게 될까요? 지금의 30대 기업들은 그때에도 그 자리를 지키고 있을까요?

우리가 알고 있는 세계적 기업 중에는 100년 이상 지속된 장수 기업들이 많습니다. GE, 듀폰, 네슬레, 코닝, P&G, 존슨앤존슨 등이 이에 해당됩니다. 이들은 오랜 기간 살아남았을 뿐만 아니라 지금도 지속적으로 성장하고 있고, 그렇기 때문에 100년이 넘도록 성공 신화를 이어가고 있습니다.

구글이나 애플 같은 기업, 100년 이상의 역사를 이어가고 있는 기업들의 성공 비결은 무엇일까요? 그 비결은 기업마다 다르겠지만, 공통적인 것은 그들이 세상의 변화에 발맞추어 끊임없이 혁신을 해오거나 변화를 선도하고 있다는 것입니다. 즉, 그들이 가지고 있는 공통의 키워드는 바로 '혁신'입니다.

그들은 조직 전체에 걸쳐 혁신의 DNA를 가지고 있습니다. 혁신의 DNA를 조직의 일부만 가지고 있다고 해서 성공으로 이어지기는 어렵습니다. 조직원 전체가 혁신의 DNA를 가지고 있어야 합니다. 조직원 전체가 더 잘해 보고자 하는 태도 및 해당 업무에서 성과를 향상시킬 수 있는 지식과 스킬을 가지고 있지 않다면 혁신은 현실화되기 어렵습니다. 더 잘해 보고자 하는 태도와 성과 향상을 위한 지식과 스킬이 바로 문제해결능력의 핵심입니다.

변화를 선도하는 기업, 100년 이상 성공하는 기업을 만들기 위해서는 조직원 전체가 문제해결능력을 갖추는 것이 필수적이라고 할 수 있습니다. 문제해결능력 향상을 목표로 하는 여러분들에게 부디 이 책이 도움이 되길 바라며, 더 나아가 여러분을 통해 우리나라에서도 혁신적인 기업, 혁신적인 인재가 나올 수 있기를 기대합니다.

사전 평가 | 이론 | 사례 (연구) | 탐구 활동 | 학습 평가 | Tip | 학습 정리 | 사후 평가

01 사전 / 사후 평가

사전 평가는 본서를 학습하기 전에 직업기초능력의 각 하위능력에 대한 학습자의 현재 수준을 진단하고, 학습자에게 필요한 학습활동을 안내하는 역할을 합니다. 이 평가지를 통해 학습자는 자신의 강점과 약점에 대해 미리 파악할 수 있습니다.

사후 평가는 학습자들이 본인의 성취 수준을 평가하고, 부족한 부분을 피드백받을 수 있도록 하기 위한 마지막 단계입니다. 체크리스트가 제시되어 있으므로, 학습자의 향상도 체크에도 활용할 수 있습니다.

사전 평가

체크리스트

다음은 모든 직업인에게 일반적으로 요구되는 문제해결능력 수준을 스스로 알아볼 수 있는 체크리스트이다. 본인의 평소 행동을 잘 생각해 보고, 행동과 일치하는 것에 체크해 보시오.

문항	그렇지 않은 편이다.	그저 그렇다.	그런 편이다.
1. 나는 업무를 수행하는 동안 발생한 문제의 핵심을 파악한다.	1	2	3
2. 나는 업무를 수행하는 동안 발생한 문제의 해결 방법을 알고 있다.	1	2	3
3. 나는 향후에 발생할지도 모르는 문제를 미리 예견하여 대비책을 세운다.	1	2	3
4. 나는 현재 당면한 문제를 세부적으로 분석하여 해결 방법을 찾는다.	1	2	3
5. 나는 문제가 발생했을 때, 새로운 관점에서 해결책을 찾는다.	1	2	3
6. 나는 문제를 해결하는 데 장애가 되는 요소들을 사전에 제시한다.	1	2	3
7. 나는 문제를 해결하기 위한 다양한 아이디어를 많이 생각해 낸다.	1	2	3
8. 나는 문제를 해결하기 위한 독창적인 아이디어를 많이 제시한다.	1	2	3
9. 나는 문제를 해결하기 위해서 다듬어지지 않은 아이디어를 분석하고 종합한다.	1	2	3
10. 나는 상대의 논리를 구조화하여 개선점을 찾는다.	1	2	3

02 이론학습

직업기초능력 중 문제해결능력의 하위능력과 세부 요소로 구성되어 있습니다. 이를 자세히 살펴보면 1장 사고력 – 2장 문제처리능력의 순서로 구성되어 있으며, 이를 통해 문제해결능력에 대한 학습을 완결 지을 수 있습니다.

제1절 창의적 사고

1 지식 기반 사회와 창의적 사고의 중요성

우리가 지식 기반 사회에 살고 있다는 것은 누구도 이의를 제기하지 않을 만큼 자명하다고 할 수 있다. 지식과 정보는 국가와 산업뿐만 아니라 개인의 삶에 있어서도 매우 중요해졌으며, 우리의 일상생활과 떼려야 뗄 수 없게 되었다. 친구들과 모임을 갖기 위해 적당한 장소를 찾을 때, 데이트 코스나 맛집이 궁금할 때, 입고 싶은 청바지의 가격이 궁금할 때, 야식으로 치킨을 주문하고 싶을 때, 우리는 일상적이고 습관적으로 스마트폰을 이용해 정보를 검색할 것이다. 정보를 많이 가질수록 원하는 것을 얻을 가능성이 높아진다는 것을 우리는 잘 알고 있다. 인터넷과 스마트폰이 일상화됨에 따라 우리는 거의 본능적이라 할 만큼 지식과 정보를 탐색한다. 지식과 정보가 필요할 때 스마트폰으로 이를 검색하는 것은 거의 자동적이다. 지식과 정보에 대한 요구가 우리의 몸과 뇌에 새겨져 있다고 해도 과언이 아니다.

지식 기반 사회의 핵심은 '정보 공유'와 '창의성'이다. 이제 지식과 정보는 더 이상 개인이나 특정 단체가 독점하기 어렵게 되었고, 물건처럼 창고에 쌓아 놓을 수가 없다. 지식 기반 사회 이전에 지식과 정보는 특정 단체나 개인에 의해 독점되었다. 마치 금은보화를 창고에 쌓아 놓는 것처럼 지식과 정보 또한 개인이나 단체의 창고에 쌓여 있는 듯했다. 이를 통해 지배 계층은 대중을 쉽게 지배했다. 종교 개혁 이전에 성경은 라틴어로 되어 있어서 일반 대중은 직접 성경을 읽을 수가 없었기 때문에 사제들이 해 주는 말이 곧 성경의 말씀이요, 신의 말씀이었다. 중세 교회가 지금으로서는 이해할 수 없는 면죄부 판매라는 행위를 일삼을 수 있었던 것은 이처럼 일반 대중이 성경을 읽을 수 없었기 때문이기도 하다. 지

직업기초능력	하위능력	세부요소	교재목차
문제해결능력	사고력	창의적 사고	1장 1절
		논리적 사고	1장 2절
		비판적 사고	1장 3절
	문제처리능력	문제 인식	2장 1절
		대안 선택	2장 2절
		대안 적용	2장 3절
		대안 평가	2장 4절

03 사례(연구) / 탐구활동

사례연구는 학습자들이 습득한 이론과 관련된 사례 및 교육적 시사점을 제시하는 부분으로, 학습자들이 앞에서 배운 이론을 보다 쉽게 이해하는 데 도움을 주는 역할을 하며, 이론 부분에 함께 수록된 별도의 다양한 사례들은 학습자들의 사례 중심 학습에 도움을 줍니다.

또한, 학습자들은 사례 및 사례연구를 바탕으로 여러 가지 의견을 나누어 보는 탐구활동을 통하여 자신의 생각과 의견을 넓혀 나가게 됩니다.

사례

영식: 민호야, 우리 조별 과제를 위해서 역할을 나누고 일정 계획을 수립하도록 하자.

민호: 그래, 영식아, 네가 리더를 해.

영식: 무슨 소리야? 조별 과제 수행을 잘 이끌 수 있는 사람으로 누가 좋을지 모여서 선출해야지.

민호: 아니, 그냥 네가 하는 게 좋겠어.

영식: 왜?

민호: 아니, 그냥… 네가 처음으로 조별 과제에 대한 이야기를 꺼냈으니까.

영식: 그러면 네가 먼저 이야기를 꺼냈으니 네가 리더를 하려고 했어?

민호: 아니.

영식: 그럼, 뭐야?

탐구활동

1. 일상생활에서 창의력을 높이기 위한 자신만의 노하우를 개발하여 팀원들과 공유해 보자.

---

04 학습평가 / 학습정리

학습평가는 학습자들이 습득한 이론을 바탕으로 문제를 풀어 보면서 실력을 점검할 수 있도록 하는 역할을 합니다. 학습자들은 앞에서 습득한 이론과 사례를 토대로 문제를 풀면서 옳고 그름을 판별할 수 있게 됩니다.

또한, 학습자들은 앞에서 배운 이론을 간단하게 요약한 학습정리를 통하여 자신의 실력을 탄탄하게 다질 수 있게 됩니다.

학습평가 　　　　　　　　　　　　　정답 및 해설 p.252

※ 다음 문장의 내용이 맞으면 ○, 틀리면 ×에 ✓표시를 하시오. (1~4)

1　창의력은 훈련으로 개발할 수 없고, 타고나는 것이다. (○, ×)

2　창의력은 아이의 전유물이다. (○, ×)

3　조잡한 것을 정교하게 만드는 것도 기업에서 요구하는 창의력에 해당한다.

학/습/정/리

1. 브레인스토밍의 기본 원칙은 다음과 같다.
   1) 비판 금지
   2) 자유로운 발상
   3) 질(質)보다 양(量)
   4) 결합과 개선
2. 희망점 열거법은 예측(Will be), 가능성(Could be), 당위성(Should be)으로부터 '미래의 바람직한 모습', 즉 '목표'를 먼저 설정하고, 현재 상태를 분석해서 목표와 현상의 차이를 분석하고 문제에 대한 해결책을 찾는 기법이다. 반면에 결점 열거법은 현재의 상태를 분석하고, 분석을 통해 문제의 원인을 찾아 해결안을 도출하는 기법이다.
3. 만다라트법은 9개의 블록을 가진 매트릭스에서 가운데 블록에 주제어를 적고, 이 주제와 관련되어 연상되는 아이디어를 나머지 8개의 블록에 자유롭게 적어 나가는 아이디어 발상 기법이다.

Contents | 차례

사후 평가   248

사전 평가[1]

체크리스트

다음은 모든 직업인에게 일반적으로 요구되는 문제해결능력 수준을 스스로 알아볼 수 있는 체크리스트이다. 본인의 평소 행동을 잘 생각해 보고, 행동과 일치하는 것에 체크해 보시오.

문항	그렇지 않은 편이다.	그저 그렇다.	그런 편이다.
1. 나는 업무를 수행하는 동안 발생한 문제의 핵심을 파악한다.	1	2	3
2. 나는 업무를 수행하는 동안 발생한 문제의 해결 방법을 알고 있다.	1	2	3
3. 나는 향후에 발생할지도 모르는 문제를 미리 예견하여 대비책을 세운다.	1	2	3
4. 나는 현재 당면한 문제를 세부적으로 분석하여 해결 방법을 찾는다.	1	2	3
5. 나는 문제가 발생했을 때, 새로운 관점에서 해결책을 찾는다.	1	2	3
6. 나는 문제를 해결하는 데 장애가 되는 요소들을 사전에 제거한다.	1	2	3
7. 나는 문제를 해결하기 위한 다양한 아이디어를 많이 생각해 낸다.	1	2	3
8. 나는 문제를 해결하기 위한 독창적인 아이디어를 많이 제시한다.	1	2	3
9. 나는 문제를 해결하기 위해서 다듬어지지 않은 아이디어를 분석하고 종합한다.	1	2	3
10. 나는 상대의 논리를 구조화하여 개선점을 찾는다.	1	2	3
11. 나는 상사의 지시를 무조건적으로 수용하지 않고 비판적으로 생각한다.	1	2	3
12. 나는 제시된 아이디어를 평가하는 데 자신의 의견을 적극적으로 표현한다.	1	2	3
13. 나는 문제가 발생하였을 때 문제의 결과를 미리 예측한다.	1	2	3
14. 나는 문제가 발생하였을 때 주변 환경을 잘 분석한다.	1	2	3

15. 나는 발생한 문제 중에서 우선순위를 잘 고려해서 먼저 해결해야 하는 문제를 잘 찾아낸다.	1	2	3	
16. 나는 문제해결을 위해 제시된 대안을 논리적으로 검토한다.	1	2	3	
17. 나는 문제를 해결하기 위한 대안이 실제로 실현 가능한지를 고려한다.	1	2	3	
18. 나는 문제해결을 위한 방법을 실천하고, 그 결과를 평가한다.	1	2	3	

평가 방법

체크리스트 문항별로 자신이 체크한 결과를 아래 표를 이용하여 해당하는 개수를 적어보자.

문항	수준	개수	학습모듈	교재 Page
1~6번	그렇지 않은 편이다. (부정)	( )개	문제해결능력	pp. 14~247
	그저 그렇다. (보통)	( )개		
	그런 편이다. (긍정)	( )개		
7~12번	그렇지 않은 편이다. (부정)	( )개	사고력	pp. 14~169
	그저 그렇다. (보통)	( )개		
	그런 편이다. (긍정)	( )개		
13~18번	그렇지 않은 편이다. (부정)	( )개	문제처리능력	pp. 172~247
	그저 그렇다. (보통)	( )개		
	그런 편이다. (긍정)	( )개		

평가 결과

진단방법에 따라 자신의 수준을 진단한 후, 한 문항이라도 '그렇지 않은 편이다'가 나오면 그 부분이 부족한 것이기 때문에 제시된 학습 내용과 교재 Page를 참조하여 해당하는 내용을 학습하시오.

---

1) 출처: 문제해결능력 학습자용 워크북 pp.5~6, 국가직무능력표준 홈페이지(http://www.ncs.go.kr/ncs/page.do?sk=index)

NCS

직업기초능력평가

문제
해결
능력

사고력

제❶장
사고력

▶▶ 학습목표

구분	학습목표
일반목표	직장생활에서 발생한 문제를 해결하기 위해 창의적·논리적·비판적으로 생각하는 능력을 기를 수 있다.
세부목표	1. 직장생활에서 발생한 문제를 창의적으로 사고할 수 있다. 2. 창의적 사고를 개발하기 위한 방법을 활용할 수 있다. 3. 직장생활에서 발생한 문제를 논리적으로 사고할 수 있다. 4. 논리적 사고를 개발하기 위한 방법을 활용할 수 있다. 5. 직장생활에서 발생한 문제를 비판적으로 사고할 수 있다. 6. 비판적 사고를 개발하기 위한 방법을 활용할 수 있다.

▶▶ 주요 용어 정리

창의적 사고

사물이나 현상에 대해 기존의 생각과 틀에서 벗어나 다르게 생각할 수 있는 능력

논리적 사고

사물이나 현상에 대해 사실에 바탕을 두고 논리적으로 생각할 수 있는 능력

비판적 사고

사물이나 현상의 옳고 그름에 대해 의문을 갖고 깊이 생각할 수 있는 능력

제1절 창의적 사고

1 지식 기반 사회와 창의적 사고의 중요성

우리가 지식 기반 사회에 살고 있다는 것은 누구도 이의를 제기하지 않을 만큼 자명하다고 할 수 있다. 지식과 정보는 국가와 산업뿐만 아니라 개인의 삶에 있어서도 매우 중요해졌으며, 우리의 일상생활과 떼려야 뗄 수 없게 되었다. 친구들과 모임을 갖기 위해 적당한 장소를 찾을 때, 데이트 코스나 맛집이 궁금할 때, 입고 싶은 청바지의 가격이 궁금할 때, 야식으로 치킨을 주문하고 싶을 때, 우리는 일상적이고도 습관적으로 스마트폰을 이용해 정보를 검색할 것이다. 정보를 많이 가질수록 원하는 것을 얻을 가능성이 높아진다는 것을 우리는 잘 알고 있다. 인터넷과 스마트폰이 일상화됨에 따라 우리는 거의 본능적이라 할 만큼 지식과 정보를 탐색한다. 지식과 정보가 필요할 때 스마트폰으로 이를 검색하는 것은 거의 자동적이다. 지식과 정보에 대한 요구가 우리의 몸과 뇌에 새겨져 있다고 해도 과언이 아니다.

지식 기반 사회의 핵심은 '정보 공유'와 '창의성'이다. 이제 지식과 정보는 더 이상 개인이나 특정 단체가 독점하기 어렵게 되었고, 물건처럼 창고에 쌓아 놓을 수가 없다. 지식 기반 사회 이전에 지식과 정보는 특정 단체나 개인에 의해 독점되었다. 마치 금은보화를 창고에 쌓아 놓는 것처럼 지식과 정보 또한 개인이나 단체의 창고에 쌓여 있는 듯했다. 이를 통해 지배 계층은 대중을 쉽게 지배했다. 종교 개혁 이전에 성경은 라틴어로 되어 있어서 일반 대중들은 직접 성경을 읽을 수가 없었기 때문에 사제들이 해 주는 말이 곧 성경의 말씀이요, 신의 말씀이었다. 중세 교회가 지금으로서는 이해할 수 없는 면죄부 판매라는 행위를 일삼을 수 있었던 것은 이처럼 일반 대중이 성경을 읽을 수 없었기 때문이기도 하다. 지식과 정보의 공유라는 관점에서 보면, 루터가 종교 개혁을 위해 성경을 번역하여 일반 대중에게 보급한 것은 창고에 쌓여 있던 지식을 대중에게 나누어 준 것과 같다고 할 수 있다. 이것은 마치 암행어사가 탐관오리의 창고에 쌓여 있는 금은보화를 백성들에게 나누어 주는 것을 연상시키기도 한다.

의학 지식의 경우도 고도의 전문성으로 인해 한동안 일반인들이 접근하기 어렵고 이해하기도 어려웠다. 환자는 의사가 처방한 약이 무엇인지도 모른 채 그냥 받아서 복용해야만 했다. 환자는 알 권리가 있었지만, 의사가 설명해준다고 해도 이해할 수 없는 경우가 대부분이었다. 의학 지식은 환자들이 이해하기에는 너무 전문적이어서 의사들의 입장에서도 '설명해도 모를 것이다'라는 마음으로 잘 설명하지 않는 경우도 있었을 것이다. 하지만 현대 사회에서 환자는 의사에게 자신이 먹는 약에 대한 상세한 설명을 요구할 수 있게 되었으며, 의사가 설명해준 약의 이름을 인터넷으로 검색하는 방법을 통해 의사의 설명보다 상세한 정보를 얻을 수 있게 되었다. 이로 인해 이제 의사들도 환자에게 약명을 포함하여 상세한 설명을 해주는 경우가 많아졌다.

과거에 전문가들의 설명은 대중들에게 비판 없이 받아들여졌다. 일반인들이 해당 분야의 지식이 없으므로 전문가의 설명은 설득력을 가질 수 있었다. 하지만 지금은 그렇지 않다. 건강보조식품 시장을 예로 들어 보자. 현대에는 건강에 대한 관심이 높아지면서 건강보조식품 시장이 점점 커지고 있다. 기업은 자신들의 제품 홍보에 권위 있는 전문가나 권위 있는 기관의 실험 결과를 첨부하는 방법을 사용해 소비자들을 설득하고 있다. 과거에는 이러한 지식과 정보로 소비자들을 설득하기 쉬웠을 수 있었겠지만, 지금의 소비자는 그 전문가나 기관을 인터넷으로 검색해 보거나 그 전문가나 기관의 연구 실적들을 살펴본다. 더불어 그들이 누구의 후원을 받고 있는지도 검색한다. 만약, 그들이 해당 기업의 지속적인 후원을 받고 있었다면, 소비자는 그 기업이 제시하는 실험 결과를 쉽게 믿지 않는다. 전문가나 기관이 해당 기업의 후원을 받고 그 기업이 원하는 결과를 제시했다고 생각할 수 있기 때문이다. 이제 대중들은 전문가 못지않은 지식과 정보를 언제 어디서든 얻을 수 있게 된 것이다.

지식과 정보는 하나의 거대한 흐름과도 같다. 인터넷은 지구적으로 연결되어 있으며, 지식과 정보는 인터넷을 타고 끊임없이 흐르고 있다. 이 흐름은 누구도 막기 어려울 것이다. 정보는 '공유'되고 있다. 그리고 이러한 공유의 흐름은 점점 빨라지고 있다. 지식과 정보가 공유되니 전문가들의 연구와 개발도 가속화될 수밖에 없게 되었고, 사람들의 요구와 눈높이는 더욱 높아지게 되었다. 세상이 빠르게 변화하게 된 것이다. 우리가 스마트폰을 손에 쥐게 된 것은 사실 오래 전 일은 아니다. 불과 20여 년 전만 해도 폴더폰이 유행했었다. 휴대폰이 크기가 컸기 때문에 크기와 무게를 혁신적으로 줄인 폴더폰은 큰 인기를 끌었다. 그땐 지금과 같이 스마트폰이 우리의 삶과 밀접해질 것이라고, 스마트폰이 손에 없으면 불안을 느끼게 될 것이라고 상상하기가 쉽지 않았다. 하지만 이제는 스마트폰을 넘어서 몸에 부착할 수 있는 스마트 기기인 웨어러블 기기(Wearable Device) 시장이 부각되고 있으며, 스마트 기기는 자동차 시장과도 빠르게 접목되고 있다.

1980년대에 〈전격 Z작전(원제: Knight Rider)〉이라는 미국 드라마가 있었다. 이 드라마는 미국 NBC에서 1982년부터 1986년까지 제작·방영된 것으로 국내에도 소개되어 당시 큰 인기를 끌었다. 이 드라마에서 주인공이 손목에 찬 시계로 자동차를 부르면 자동차가 스스로 주행하여 주인공 앞으로 달려왔다. 그 장면을 멋있다고 여긴 사람들은 많았겠지만, 현실적으로 받아들인 사람들은 많지 않았을 것이다. 자동차를 손목시계처럼 생긴 기기로 부르고, 자동차가 스스로 움직인다는 것은 공상 과학 영화에나 등장하는 비현실적인 장면으로 여겨졌다. 그러나 30여 년이 흐른 지금 그것은 거의 현실화되었다. 스마트폰과 연동되는 손목용 웨어러블 기기는 이미 판매되고 있으며, 자동차 회사들은 무인 주행 자동차 개발에 박차를 가하고 있다. 실제 무인 주행 자동차가 도로 주행에 성공했다는 기사가 심심치 않게 올라오고 있다.

세상은 빠르게 변하고 과거의 지식만으로 오늘을 살기 어렵게 되었다. 앨빈 토플러(Alvin Toffler)는 《부의 미래》에서 속도의 중요성을 강조하였다. 고객은 100마일의 속도로 변하는데 기업은 30마일도 되지 않는 거북이 걸음을 걷고 있다는 것이다. 고객이 변한다는 것은 세상이 변한다는 뜻이기도 하다. 이러한 속도의 차이가 지식 기반 시스템 전체의 발전을 방해하고 있기 때문에 속도를 높일 것을 강조하였다. 빠르게 변하는 세상에 빠르게 대처하는 것은 무엇으로 가능할까? 그 해답은 바로 '창의성'에 있다.

빌 게이츠(Bill Gates)는 그의 책 《생각의 속도》에서 우리는 속도의 시대에 살고 있으며, 생각의 속도, 즉 기업 IQ가 높아져야 한다고 주장했다. 기업 IQ는 기업 내에서 정보가 공유되고 이를 통해 새로운 아이디어가 창출되며, 이를 잘 활용하는 것이다. 기업 IQ의 궁극적 목표는 최고의 아이디어를 이끌어 내는 것인데, 이를 달성한다면 높아진 고객의 눈높이와 변화하는 속도에 맞출 수 있게 된다.

공유된 정보는 사람들을 거치면서 점점 확대 재생산되고 이는 창의성의 바탕이 된다. 미국의 대공황을 예고해 큰 명성을 얻은 경제 잡지인 〈비즈니스위크(The

Business Week)〉는 2006년 특별보고서를 통해 이미 "지식 경영이 지고 창의성 경영이 뜬다."라고 언급한 바 있다. 그러나 아이러니하게도 긴 역사와 전통을 자랑하며 오랫동안 큰 명성을 얻은 〈비즈니스위크〉도 2009년 당시 28년 정도 밖에 되지 않은 블룸버그 통신에 인수되었다. 〈월스트리트저널〉은 이를 경쟁사인 〈포브스〉나 〈포춘〉에 비해 경제 분석보다는 뉴스에 초점을 둔 〈비즈니스위크〉의 편집 방향이 인터넷 시대에 불리해지면서 몰락의 길을 걷게 되었다고 분석했는데, 이런 분석은 시사하는 바가 크다고 할 수 있다. 창의적 아이디어로 끊임없이 혁신을 추구하는 개인과 기업만이 경쟁력을 갖게 된 시대라는 것을 보여 주는 것이다.

② 창의란 무엇인가?

1) 창의적 사고란?

창의적 사고란 '사물이나 현상에 대해 기존의 생각과 틀에서 벗어나 다르게 생각할 수 있는 능력'이다. '창의적 사고'를 떠올릴 때 우리는 '새로운 것', '참신한 것'을 먼저 떠올리게 된다. 새로운 것을 만들어 내는 것은 쉬운 일이 아니다. 인간은 환경의 영향을 받고 살아가기 때문에 우리의 사고와 행동은 기존의 경험과 주변의 환경에 기반하고 있다. 환경과 그 안에서의 경험에 따라 우리는 멘탈 모델(Mental Model)을 형성하고, 그것을 기반으로 정보를 인지하고 해석하며 세상과 소통한다. 그러다 보니 그 틀을 벗어나 새로운 생각을 하기란 쉽지 않다. 여기에서 창의적 사고에 대한 오해가 발생할 수 있다. 그러므로 창의적 사고에 대한 오해를 먼저 해소하고, 창의적 사고에 대해서 이해할 필요가 있다.

2) 창의적 사고에 대한 오해와 바람직한 인식

창의적 사고에 대해 흔히 갖는 오해와 이에 대한 바람직한 인식은 다음과 같다.

① 창의는 어린 아이의 전유물이다.

어른들에 비해 아이들이 창의적으로 보일 수 있다. 이는 아이들이 어른들보다 상대적으로 경험이 적기 때문에 기존의 경험에 근거한 생각과 행동에서 벗어난 듯한 말과 행동을 보여줄 가능성이 높기 때문이다. 따라서 어른들도 전문성과 다양한 경험을 활용하여 깊이 있는 통찰력을 발휘하면서도, 아이들처럼 경험과 고정 관념에 탈피해 창의적 사고 기법을 적절히 활용할 필요가 있다.

② 창의는 타고나는 것이다.

우리 주변에 보면 특별히 창의적으로 보이는 사람들이 있다. 그런 사람들을 접하게 되면 일반적으로 '타고났다'고 치부해 버리는 경향이 있는데, 이는 그들이 자신과 다른 특별한 사람이라고 해야 자신이 보통 사람이라 여겨질 수 있기 때문이다. 그들을 일반적이고 평범하다고 여기면 자신이 보통 이하가 되어 버리는 것이다. 하지만 개개인은 모두 특별하고 소중한 존재라는 것을 상기해 본다면, 이는 무의미한 비교일 뿐이다. 과거에는 창의력이 타고나는 것이라고 여겨졌으나, 현대에서는 일종의 사고 기법과 스킬의 영역이라고 여겨진다. 때문에 많은 기업에서 직원들의 창의력 교육과 훈련에 관심을 기울이고 투자와 지원을 아끼지 않는 것이다. 창의력은 후천적인 학습과 경험에 의해 생기는 것이다. 특별히 창의적으로 보이는 사람들은 유아기부터 인지발달과 학습 과정에서 다양한 자극을 받았고, 이러한 자극을 통해 지적 호기심이 남달라졌을 수 있다. 유아기에 창의력을 기를 기회가 없었다고 할지라도, 성인이 된 이후라도 적절한 훈련을 통해 창의력을 기를 수 있다.

③ 창의는 엉뚱하고 기발한 것이다.

창의는 기발하고 때론 엉뚱해 보이기도 한다. 하지만 엉뚱하고 기발한 것만 창의라고 할 수는 없다. 발명품들을 그린 다음의 세 개의 그림들을 잠시 살펴보자.

앞에서 본 첫 번째 그림에 나오는 발명품은 등이 가려워서 긁어 달라고 부탁할 때 정확한 지점을 좌표로 알려 주는 티셔츠이다. 기발하지 않은가? 하지만 조금만 생각해 보면 이 티셔츠가 그다지 유용하지 않다는 것을 알 수 있다. 등이 가려울 경우 티셔츠에 그려진 것과 동일한 격자무늬를 가진 모형 축소판을 보면서 가려운 부분의 좌표를 등을 긁어 주는 사람에게 알려 주어야 하기 때문이다.

두 번째 그림에 나온 발명품은 뜨거운 라면을 먹을 때 면을 식혀 주는 선풍기가 달린 젓가락이다. 정말 기발하지만, 크고 무거운 선풍기가 매달린 젓가락이 과연 얼마나 실용적일지는 의문이다.

세 번째 그림에 나온 발명품은 콧물이 계속 흐를 때를 대비하여 휴지를 머리에 달고 다닐 수 있게 한 것이다. 편리하긴 하겠지만, 착용할 때 주변의 시선에도 아랑곳하지 않는 용기가 필요할 것이다.

물론, 앞에서 본 것과 같은 이런 시도들이 무의미한 것은 아니다. 아이디어는 여러 번의 시행착오를 거쳐야 완성되고 빛을 발할 수 있기 때문이다. 즉, 다소 엉뚱하지만 참신한 시도가 있어야 새로운 것이 나올 수 있다. 하지만 참신한 시도는 조금 더 목적과 방향을 분명하게 해야 할 필요가 있다. 그래야 현실성을 갖출 수 있고 성과로 이어질 수 있기 때문이다.

3) 기업에서 요구하는 창의력

기업에서 요구하는 창의력은 분명한 방향과 목적을 가지고 있는데, 정리해 보면 다음과 같다.

① 문제를 볼 줄 아는 능력

문제해결능력은 성과 향상에 있어서 필수적이며, 이를 위해서는 문제가 무엇인지 파악하는 능력이 중요하다. 앞서 설명한 바와 같이 우리는 환경과 경험에 영향을 받기 때문에 이 틀에서 탈피하려는 시도가 필요하다. 하지만 매일 같은 업무를 반복하다 보면 틀에서 탈피하기란 쉽지 않다. 틀에서 탈피하지 못한다는 것은 같은 프로세스를 반복한다는 것이며, 현재의 성과를 유지할 수는 있지만, 성과의 향상은 기대할 수 없다는 것이다. 같은 프로세스는 같은 수준의 성과 이상을 보장하기 어렵다. 어느 곳에서나 완벽한 프로세스는 존재하지 않는다고 할 수 있으며, 항상 개선의 여지가 존재한다. 이것을 개선해 나아가야 성과가 향상될 수 있는 것이다. 하지만 같은 프로세스를 반복하다 보면 큰 문제가 발생하지 않는 한 현재 상태를 유지하는 것에 만족하기 쉽다. 여기에서 더 잘해 보고자 하는 깊은 관심과 의지를 가지고, 드러나지 않는 문제까지 파악하여 개선하려는 시도가 필요하다. 이것이 기업이 요구하는 문제를 볼 수 있는 능력이며 기업이 요구하는 창의적 사고 능력이다.

② 주어진 시간 안에 보다 많은 아이디어를 생각해 내는 능력

기업은 효율성과 생산성을 높여 최대의 이윤을 창출하려고 하기 때문에 직원에게 업무를 줄 때 자원을 무한정 지원해 주지는 않는다. 한정된 시간과 자원으로 보다 많은 성과를 내기를 요구하는 것이다. 적절한 창의적 사고 기법을 익혀서 주어진 시간에 보다 많은 아이디어를 낼 수 있다면, 이러한 아이디어를 결합하고 발전시켜서 실현성을 높일 수 있을 것이다.

③ 정보를 종합하고 분석하는 능력

정보화 시대에서는 정보를 종합하고 분석하는 능력이 필수적이다. 회사에서 대부분의 업무는 이러한 능력을 바탕으로 하고 있다. 정보를 종합·분석하는 능력이 창의력의 영역에 포함된 이유는 정보를 종합하고 분석하는 과정에서 통찰력을 발휘하여 새로운 아이디어를 얻을 수 있기 때문이다. 다음의 사례를 살펴보자.

사례

캡슐형 커피머신과 캡슐 커피 등을 판매하는 프리미엄 캡슐 커피 브랜드 '네스프레소'는 세계 1위의 종합 식품 기업인 네슬레가 강력한 경쟁력을 보유한 상품이다. 네슬레는 이미 1976년에 캡슐 커피를 개발하여 이에 대한 특허를 출원하였는데, 그 당시에 바로 상품을 시장에 내놓지 않았다. 캡슐 커피 머신이 충분히 개발되어 개인이 쉽게 구매할 수 있는 수준으로 가격이 떨어질 때까지 기다린 것이다. 이는 기업이 자신들이 가진 강점과 시장의 정보를 종합적으로 분석한 성공 사례로, 네슬레는 시장이 열렸다고 판단한 후 기존에 쌓인 노하우로 다양한 제품을 출시하고 공격적으로 마케팅을 한 결과 빠르게 시장을 장악할 수 있었다. 유럽에서는 이미 스타벅스 등 기존의 커피 전문 브랜드를 위협하는 강력한 경쟁자로 대두하였다. 저렴한 가격으로 스타벅스와 같은 품질의 커피를 손쉽게 가정에서 즐길 수 있게 된 소비자들이 네스프레소에 크게 호응하면서 네슬레는 성공을 거둘 수 있었다.

이처럼 정보를 종합하고 분석하는 능력은 새로운 시장을 열어가는 데에도 매우 중요하다.

④ 조잡한 것을 정교하게 만드는 능력

기업의 모든 시스템이 정교한 것은 아니다. 사람이 하는 일이기 때문에 실수와 오류도 많이 발생하고, 좋은 시스템을 갖추고도 잘 활용하지 못하는 일이 종종 있다. 성과를 비약적으로 향상시키는 대단한 업적만이 창의가 아니고, 현장에서 발생하는 사소한 오류를 개선하고 조잡한 것을 정교하게, 정교함이 부족한 것은 더욱 정교하게 만드는 것도 창의이다. 각각의 현장에서 이루어지는 정교화 작업들이 모여서 전체 프로세스를 정교하게 만들고 개선을 이룰 수 있기 때문이다.

하버드대의 테레사 아마빌(Teresa Amabile) 교수는 창의의 3가지 요소로 '전문 지식', '열정', '창의적 사고 기법'을 꼽고 있다. 이는 창의의 삼위일체라고 할 수 있을 것이다.

우선, 창의적 사고를 위해서는 보이지 않는 문제를 찾고 개선하고자 하는 열정이 있어야 한다. 이것이 없으면 기존의 틀에 갇혀 버리기 때문이다. 열정만 있다고 모든 것이 해결되는 것은 아니다. 신입 사원은 열정이 있어서 새로운 시도를 많이 할 수 있지만, 이것이 전체 조직의 룰에 어긋난다면 받아들여지기 어렵다. 또한, 해당 분야의 지식과 경험이 부족한 상태에서 도출한 아이디어는 신선할 수는 있지만 현실성이 떨어질 수 있다. 해당 분야의 전문 지식은 주어진 시간 내에 더 많은 성과를 낼 수 있도록 할 뿐만 아니라, 정보를 분석하고 종합하는 시간을 단축시키며, 이 과정에서 통찰력을 발휘하게 해 새로운 아이디어를 도출해 낼 수도 있다.

열정과 전문 지식에 더하여 적절한 창의적 사고 기법을 갖춘다면 항상 새로운 아이디어를 가지고 개선과 혁신을 시도할 수 있게 될 것이다. 개인은 더 높은 성과를 창출하고 성취감을 갖게 되어 만족스러운 업무를 할 수 있게 되고, 능력을 인정받아 성과 창출의 선순환에 들어설 수가 있다. 기업은 이러한 개인들을 통해 더 많은 이윤과 기회를 창출하여 사회에 기여하는 선순환에 들어서게 될 것이다. 이처럼 창의는 개인, 기업 더 나아가 사회의 발전에도 매우 중요한 요소이다.

3 창의적 사고 기법: 브레인스토밍(Brainstorming)

1) 브레인스토밍의 유래와 특징

아이디어 기법 중 가장 많이 알려져 있으며, 여러 곳에서 활용되고 있는 브레인스토밍은 1939년 미국의 광고회사인 BBDO의 알렉스 오즈번(Alex. F. Osborn)이 개발하였다. 알렉스 오즈번은 BBDO사의 창립 멤버 중 한 사람이며, 광고 제작 책임자였다. 당시 광고는 한 명의 카피라이터가 하나의 광고를 맡아서 제작하는 개인 작업으로 제작되는 것이 일반적이었다. 하지만 그는 '디자이너의 아이디어로 광고를 만든다면 어떨까?'라는 생각으로 새로운 시도를 했다. 카피라이터, 디자이너, 지원부서 담당자 등의 업무 구분을 없애고, 자유롭게 아이디어를 내서 광고를 제작하고자 한 것이다. 이를 위해 오즈번은 회의를 통해 모두가 함께 아이디어를 생각해 낼 수 있는 집단 아이디어 도출 기법을 고안하였다. 그리고 여러 차례의 시행착오 끝에 그는 회사 직원들과 함께 브레인스토밍이라는 기법을 생각해 내고, 이를 적용하게 되었다. 이러한 브레인스토밍은 그의 저서 《독창력을 신장하라》(1953)로 널리 소개되었다.

브레인스토밍이라는 이름은 아이디어 회의에 참여한 사람들의 머릿속(Brain)에서 아이디어가 폭풍(Storm)처럼 일어난다고 해서 지어진 것이다. 브레인스토밍은 특정 주제에 대하여 아이디어 회의를 진행하고, 참가자의 자유로운 발언과 아이디어의 도출을 요구하며, 서로 아이디어를 자유롭게 주고받는 가운데 새로운 아이디어를 찾아내려는 방법이다. 자유로운 발언 속에서 교환된 아이디어가 연상 작용을 일으켜 더 좋은 아이디어로 발전할 수 있도록 하는 아이디어 발상법인 것이다. 즉, 아이디어 회의에 참여한 모든 사람들이 자유롭게 다양한 아이디어를 제시하고, 이 아이디어들을 모으고, 결합하고, 발전시켜서 또 다른 아이디어로 발전시킨다. 이 가운데에서 평소 생각하지 못했던 것을 발견하거나 영감을 얻어 하나의 최종적인 해결안을 도출하게 된다. 참가자들에게 고정 관념의 틀에서 벗어날 수 있는 환경을 제공하여 아이디어를 자유롭게 발상할 수 있도록 하는 것이 브레인스토밍의 핵심이다.

2) 브레인스토밍의 장점과 단점

① 장점

브레인스토밍은 조금 엉뚱해 보이더라도 고정관념의 틀에서 벗어나 자유롭게 생각하고 자유롭게 아이디어를 내는 것이 핵심이다. 따라서 이 과정에서 비판은 배제되어야 한다. 제시된 아이디어에 비판을 가하게 되면 자유로운 발상을 할 수 없게 되기 때문이다. 아이디어 회의 과정에서 비판을 배제함으로써 자유롭게 사고할 수 있도록 하고 발언이 활성화될 수 있도록 하면 주어진 시간 내에 최대한 많은 아이디어를 도출할 수 있다. 창의적 사고의 촉진을 통해, 평소에는 생각해 내기 어려운 독창적이고 기발한 아이디어를 풍부하게 도출할 수 있도록 하는 것이다. 그뿐만 아니라 다른 참가자들이 내놓은 아이디어를 또 다른 참가자가 받아서 아이디어를 결합하고 개선함으로써 획기적 아이디어를 발상하게 할 수도 있다. 매우 효과적인 아이디어 발상 기법인 브레인스토밍의 장점을 정리해 보면 다음과 같다.

- 열린 사고를 통해 자유롭게 아이디어를 도출할 수 있다.
- 참가자의 참여를 자연스럽게 유도할 수 있다.
- 비판을 배제함으로써 발언이 활성화될 수 있기 때문에 많은 아이디어를 얻을 수 있다.
- 평소 생각하기 어려운 기발하고 독특한 아이디어를 통해 획기적인 해결안을 도출할 수 있다.
- 다른 사람의 아이디어를 결합하고 개선할 수 있기 때문에 소극적인 사람이라도 집단 회의에 참여할 수 있다.
- 엉뚱한 상상이라도 자유롭게 발언할 수 있기 때문에 즐거운 분위기에서 활발한 회의를 할 수 있고, 이를 통해 더욱 풍부한 아이디어를 얻을 수 있다.

② 단점

브레인스토밍은 효과적인 아이디어 기법으로 개인 차원이나 조직 차원에서 많이 활용되고 있기는 하지만, 만병통치약은 아니기 때문에 단점도 있다. 브레인스토밍의 단점을 정리해 보면 다음과 같다.

- 너무 자유롭게 발언하게 되면 자칫 회의가 주제에서 벗어나 산만해지기 쉽다.
- 자유로운 발언에 치우치다 보면 정해진 시간 내에 결과를 도출하지 못할 수 있다.
- 엉뚱한 아이디어를 경쟁적으로 발언하려고 해서 회의가 초점을 잃을 수 있다.
- 생산적인 아이디어와 자유로운 분위기 사이의 균형을 잡는 것이 어려울 수 있다. 자칫 분위기가 경직된다면, 브레인스토밍의 가장 큰 장점인 자유로운 발상을 제한할 수 있다.

이러한 단점을 극복하기 위해서는 브레인스토밍의 기본 원칙을 잘 지켜야 한다. 또한, 회의를 이끄는 리더의 역할이 중요하다.

3) 브레인스토밍의 기본 원칙

① 비판 금지

브레인스토밍의 네 가지 기본 원칙 중 가장 중요한 원칙이다. 다른 참가자들로부터 비판을 받지 않기 때문에 자유롭게 아이디어를 내놓을 수 있게 되는 것이며, 무한 상상이 가능해지는 것이다. 이것을 지키지 않는다면, 그것은 브레인스토밍이 아니다. 아이디어가 엉뚱해 보이고 현실성이 없어 보일 수도 있지만, 결합과 개선을 반복하다 보면 완전히 새로운 해결안을 도출할 수도 있을 것이다. 또한, 비판을 가하게 되면 풍부한 아이디어는 기대하기 어렵다. 풍부한 아이디어 속에서 새로운 아이디어를 얻는 브레인스토밍의 장점을 살릴 수가 없게 되는 것이다. 자신이 내놓은 아이디어를 다른 사람이 비판하면, 비판을 받은 사람은 자신의 주장을 지키기 위해 반론하게 되고, 최초 비판한 사람은 여기에 다시 반론을 제기하게 된다. 새로운 아이디어는 사라지고 반론만 남게 되는 것이다. 아이디어의 좋고 나쁨에 대한 평가뿐만 아니라, '그건 전에 해봤는데 소용이 없었다', '실패한 방법이다', '전에 비슷한 아이디어가 있었다', '너무 황당하다'라는 식으로 말하는 것도 아이디어를 제한하는 발언이다.

② 자유로운 발상

상상에 제한을 두지 않고 자유롭게 생각하고 이야기하는 것이 중요하다. 이렇게 해야 풍부한 아이디어를 얻을 수 있다. 제한된 아이디어로는 제한된 해결안만을 도출할 수 있다. 따라서 새로운 아이디어를 얻기 위해서는 엉뚱하고 황당하더라도 자유롭게 발언할 수 있는 분위기를 만드는 것이 중요하다.

③ 질(質)보다 양(量)

많은 아이디어는 브레인스토밍의 핵심이다. 브레인스토밍은 아이디어의 결합과 개선을 통해서 아이디어를 발전시키는 기법이므로 풍부한 아이디어가 필수적이다. 많은 아이디어가 없다면, 아이디어의 결합과 개선이 어렵기 때문이다. 처음부터 완벽한 아이디어, 정말 좋은 아이디어를 내려고 하기보다는 생각나는 대로 즉흥적으로 이야기하는 가운데 영감을 얻는 것이 중요하다.

④ 결합과 개선

브레인스토밍은 자유로운 발상 기법이므로 아이디어의 결합과 개선이 중요하다. 결합과 개선을 하지 않으면 단지 엉뚱한 이야기로 끝나 버리기 때문이다. 자신의 아이디어, 타인의 아이디어를 구분하지 말고 제시된 아이디어들을 결합하고 조합시켜서 더 좋은 아이디어를 얻을 수 있도록 하는 것이 중요하다. 그러기 위해서는 자신의 아이디어에 집착하지 말고, 타인의 아이디어를 잘 경청하는 것이 중요하다. 타인의 아이디어에서 또 다른 발상이 가능해질 수 있기 때문이다.

4) 브레인스토밍 활용의 유의 사항

브레인스토밍은 장점이 많은 아이디어이기 때문에 다음과 같은 사항을 염두에 두어야 한다.

① 주제는 구체적이고 단순명료한 것으로 한다.

브레인스토밍은 복잡한 문제나 광범위한 주제에 사용하기에는 적합하지 않을 수 있다. 너무 복잡하거나 광범위한 주제는 초점을 잡기가 어렵기 때문이다. 주제는 구체적이고 단순명료하게 하는 것이 좋다.

② 리더는 자신의 역할에 최선을 다해야 한다.

브레인스토밍은 기본적으로 참가자들이 중심이 되는 아이디어 기법이지만, 생산적 아이디어와 자유로운 분위기 사이의 균형을 유지하고, 회의가 초점에서 벗어나지 않도록 하기 위해서는 리더의 역할이 중요하다. 리더의 역량에 따라 결과가 달라질 수 있으며, 아이디어 회의의 성공 여부가 달려 있다.

5) 브레인스토밍을 활용한 아이디어 회의 프로세스

① 구체적인 회의 주제 선정

브레인스토밍을 위한 회의 주제는 구체적이고 알기 쉬우며, 단순명료하게 정해야 한다. 예를 들어 '경비 절감을 위한 방안은 무엇인가?'라는 광범위한 주제보다는 '경비 절감을 위해 사무용품을 절약하는 방안은 무엇인가?'라는 식으로 범위를 좁히고 단순하게 하는 것이 좋다.

② 참가자 선정

바람직한 참가자의 수는 6~12명이다. 참가자들은 회의의 목적을 이해하고 적극적인 자세를 가진 사람들이 좋다. 그렇지 않다고 하면 사전에 회의의 목적을 알려주고 적극적인 참여를 당부하는 것이 좋다. 회의에서 도출된 해결 방안을 결정하고 실행에 옮길 수 있는 권한을 가진 사람들이 참가한다면, 효율성을 높일 수 있다. 권한을 가진 사람들은 자칫 권위적 의견과 자세로 다른 참가자들의 자유로운 발언과 상상력을 제한할 수도 있는데, 이는 오히려 역효과가 되기 때문에 주의해야 한다.

③ 회의의 리더 선정

리더는 브레인스토밍의 기본 원칙을 잘 숙지하고 있어야 하며, 브레인스토밍 회의 진행 경험이 풍부할수록 좋다. 리더는 참가자들이 자유롭게 발언하고 활발하게 의견을 개진할 수 있도록 분위기를 조성하되, 회의가 산만해지거나 주제에서 벗어나지 않도록 해야 한다. 회의의 리더가 반드시 상급자일 필요는 없으며, 직급에 관계없이 회의를 잘 이끌 수 있는 사람을 선정하도록 한다.

④ 서기 임명

서기는 회의 내용을 기록하고 정리하는 역할을 한다. 플립차트, 화이트보드 등을 설치하는 것도 도움이 될 수 있다. 반드시 회의록을 쓸 필요는 없으며, 플립차트나 화이트보드에 회의의 내용을 기록하고 정리하여 참가자들이 이것을 보고 새로운 발상을 할 수 있도록 돕는다. 아이디어를 그림이나 도형 등으로 표현하여 상상력을 자극하는 것도 좋다.

⑤ 시간 관리

회의 운영 시간은 기본 1시간 정도가 좋고, 그 이상 걸릴 필요가 있을 때에는 휴식을 취하면서 진행한다. 리더는 시간 관리를 잘하여 정해진 시간 안에 회의를 마칠 수 있도록 하는 것이 좋다.

⑥ 아이디어 평가

아이디어 평가는 회의 참가자들이 할 수도 있지만, 종료 후 리더나 평가자가 따로 평가하는 것이 참가자들을 존중하고 배려할 수 있는 방법이다. 회의를 마칠 때까지는 아이디어를 평가하지 않으며, 마무리 단계에서 다음과 같은 세 가지 아이디어 목록을 만든다.

- 당장 사용 가능한 아이디어
- 좀 더 개선시켜야 할 아이디어
- 과제에 대한 새로운 접근 방식

평가자는 여러 아이디어를 결합 또는 개선하여 더 높은 단계의 아이디어로 정리한다.

| 표 1-1 | 활용도를 높이기 위한 사전 체크리스트

	항목	일시	기한	완료 여부	협의 부서	비고
1	주제 선정					
2	참가자 선정 및 일정 확인					
3	참가자 사전 안내 및 공지					
4	회의 장소 선정 및 예약					

5	준비물 (플립차트, 화이트보드, 전지, 마카펜, A3(B4) 용지, 메모지, 필기구)					
6	간단한 다과					
7	회의 안내문 공지					
8	회의실 세팅					
9	회의 시나리오 작성 (인사말/ 아이스브레이킹/ 정리 멘트 등)					
기타 의견 및 특이 사항						

| 표 1-2 | **활용도를 높이기 위한 사후 평가지**

	문항	Yes	No	비고
1	회의 주제는 구체적으로 잘 선정되었는가?			
2	참가자는 적절하게 구성되었는가?			
3	회의 장소는 조용하고 쾌적하였는가?			
4	기록과 메모를 위한 준비는 잘 되었는가?			
5	리더는 역할을 잘 수행했는가?			
6	서기는 참가자의 의견을 빠짐없이 기록하였는가?			
7	발표된 아이디어는 총 몇 개였는가?			발표된 아이디어의 수:
8	참가자들이 자유롭고 활발하게 참가했는가?			
9	다른 참가자의 발언을 평가하고 비판하려는 시도가 있었는가?			
10	다른 참가자의 발언에 대한 비판이 있었다면, 이후 적절하게 새로운 아이디어에 대한 유도가 있었는가?			
11	시간 관리는 적절했는가?			
12	계획된 시간 대비 진행된 시간은?			계획 시간: /진행 시간:
13	아이디어는 적절하게 분류·평가되었는가?			
14	아이디어는 문제해결에 도움이 되는가?			
기타 의견 및 특이 사항				

| 표 1-3 | 활용도를 높이기 위한 브레인스토밍 아이디어 회의 매뉴얼

단계	중점 추진 사항	유의 사항	준비물	협조 사항
사전 준비 단계	주제 선정	주제는 단순명료하고 구체적인 것으로 선정한다. : 주제 선정의 배경이 되는 현상에 대한 자료를 수집하고, 구체적이고, 측정 가능하며, 달성 가능한 목표를 설정한 뒤 이에 따라 주제를 선정하는 것이 좋다. [예] '사내 커뮤니케이션 활성화를 위한 방안' → 사내 커뮤니케이션 활성화의 현상에 대한 자료를 수집한 결과 사내 게시판의 공지 사항 확인율이 낮았다. 이를 개선하기 위해 → '사내 게시판 공지 사항 확인율을 현재 50% 수준에서 30일 뒤 80% 수준으로 제고하기 위한 방안'으로 주제를 선정하였다.		자료 수집을 위해 타 부서 협조 요청
	참가자 선정	참가자는 서로 다른 분야의 전문가 6~12명으로 구성하는 것이 바람직하며, 보다 효과적인 회의를 하기 위해서는 8명 이내가 좋다. 1) 사내 핵심 인재 및 고성과자들로 구성하는 것도 현업의 암묵적 노하우를 공유할 수 있는 좋은 방법이 된다. 2) 현업의 일정을 고려하여 미리 참가 대상자를 선정한 후 유선상으로 일정을 확인하여 참가 여부를 결정하도록 한다. 3) 만약 결정해야 할 안건이 있을 경우 결정권자가 참석하는 것이 좋지만, 권위에 의해 자유로운 회의가 방해받지 않도록 사전에 회의의 취지를 설명할 수 있도록 한다.		참가자 일정 확인
	회의 장소 선정	회의 장소는 조용하고 쾌적한 곳이 좋다. : 다른 회의나 교육에 방해를 받지 않는 조용하고 쾌적한 곳으로 선정하되, 너무 넓지 않은 곳으로 한다.		회의 장소 예약 및 협조
	회의 내용 공지	선정된 주제, 대상, 장소, 일시 등을 사내 양식에 따라 공지한다. : 공지한 이후 일정에 차질이 없도록 유선상으로 한 번 더 확인하는 것이 좋다.		

단계	중점 추진 사항	유의 사항	준비물	협조 사항
사전 준비 단계	회의실 세팅	회의실 세팅은 아래와 같이 하도록 한다. 1) 참가 인원에 맞게 탁자나 책상을 배치한다(책상은 타원형이나 사각형이 좋다). 2) 참가자 전원이 상호 간 얼굴을 볼 수 있도록 배치한다. 3) 기록을 위해 플립차트, 화이트보드, 전지를 준비하고, 서기를 위해 A3 정도의 용지를 넉넉하게 준비하는 것이 좋다. 4) 참가자들에게도 간단한 메모지와 필기구를 세팅한다. 5) 주제의 정확한 인지를 위해 플립차트 상단에 주제를 적어 놓는 것이 좋다. 6) 회의를 위한 세팅이 끝나면 회의실 주변을 깔끔하게 정리하여 산만해지지 않도록 한다. 7) 참가자를 위한 간단한 다과를 준비하는 것도 좋다. 플립차트 ⬚ 책상	• 플립차트 (화이트보드/ 전지) • A3(B4) 용지 • 마카펜 • 필기구 • 간단한 다과	회의 장소 확인 및 협조
	최종 점검	모든 준비가 끝났으면, 사전 체크리스트를 확인하며 최종 점검하도록 한다.	사전 체크리스트	

단계	중점 추진 사항	유의 사항	준비물	협조 사항
회의 진행 단계	상호 간 인사 및 아이스브 레이킹	진행자는 회의의 개회를 선언하고 다음과 같은 순서에 의해 진행한다. 1) 진행자 인사말: 진행자 소개/ 참가자 존 중/ 참석에 대한 감사 인사 　* 필요하다면 시나리오를 작성해 본다. 2) 참가자 상호 간 인사: 부서/ 직책(직급)/ 성명/ 관심사 등 3) 아이스브레이킹(Icebreaking)은 진행자가 별도로 주제와 관련된 가벼운 소재로 준 비해도 좋고, 참가자 상호 간 소개와 인사 를 통해 진행해도 좋다. 4) 아이스브레이킹이 끝나면 주제에 대해 설 명하고, 회의 시간 등 개요에 대해 소개 한다. 5) 리더와 서기를 선정하도록 한다. 참가자 자율로 정해도 좋고, 운영자가 효과적인 회의를 위해 적임자를 미리 선정하여 회 의 시간 전 소개해도 무방하다. 6) 리더와 서기가 미리 선정된 경우에는 사 전에 운영 원칙에 대해 충분히 조율하도 록 한다. 7) 참가자들이 자율적으로 선정한 경우에 는 선정된 리더와 서기의 역할에 대해 회 의 시작 전 알려 주어 충분히 숙지하도록 한다. 8) 회의의 내용에 따라 진행자가 리더나 서 기를 맡아도 무방하다. 9) 리더나 서기는 겸임도 가능하다.	• 인사말 • 아이스 브레이킹 시나리오	자료 수집을 위해 타 부서 협조 요청
	회의 진행	리더는 기본 원칙에 대해 다시 한 번 참가자 들에게 안내하고 이를 지켜주도록 당부하고, 비판이 가해지거나 회의가 주제에서 벗어날 때 리더가 적절하게 통제할 수 있음을 그라 운드 룰로 알린다. 참가자들이 동의하면 회 의를 시작한다.		

단계	중점 추진 사항	유의 사항	준비물	협조 사항
회의 진행 단계	회의 진행	1. 리더의 역할 　1) 참가자들의 긴장을 풀기 위해 유머와 재치 　　있는 질문들을 활용한다. 　2) 과제에 초점을 맞출 수 있도록 한다. 　3) 어떠한 아이디어라도 좋다는 입장을 갖는다. 　4) 아이디어를 풍부하게 확대 재생산할 수 있 　　도록 질문을 활용한다. 　　[예] '그밖에 또 뭐가 있죠?', '그리고 어떻 　　게 하면 좋을까요?' 등 　5) 참가자를 존중하고 그들의 독특한 가치를 　　인정한다. 　6) 비판을 하는 사람과 이를 반론하려고 하는 　　발표자의 논쟁을 적절하게 통제하면서 유 　　연하게 새로운 아이디어를 요구한다. 　7) 시간을 잘 관리하여 주어진 시간에 원하는 　　결과를 도출할 수 있도록 한다. 2. 서기의 역할 　1) 참가자의 발언을 모두 적는다. 　2) 발언을 기록할 때는 키워드를 사용하여 요 　　약하도록 한다. 단, 너무 요약해서 발언자 　　의 의도를 흐려서는 안 된다. 　3) 회의를 마치고 난 뒤에 리더, 진행자와 함 　　께 아이디어를 분류하고 결합·개선하여 　　정리한다. 　　① 당장 사용 가능한 아이디어 　　② 좀 더 개선시켜야 할 아이디어 　　③ 과제에 대한 새로운 접근 방식		
	휴식 시간	회의 시간은 1시간 정도가 적당하지만, 시간이 늘어나게 되면 중간에 휴식을 취하는 것이 좋다.		

단계	중점 추진 사항	유의 사항	준비물	협조 사항
정리 단계	폐회 선언	회의가 종료된 후 진행자는 참가자의 적극적인 참여와 좋은 아이디어에 대한 감사 인사를 하고 폐회를 선언한다. * 폐회 인사: 회의 주제와 진행 사항 정리/ 참가자 존중/ 감사 인사/ 향후 일정에 대한 안내	정리 멘트	
	아이디어 정리 및 평가	1. 아이디어의 평가는 회의 참가자들이 할 수도 있지만, 종료 후 리더나 평가자가 따로 평가하는 것이 참가자를 존중하고 배려할 수 있는 방법이다. 2. 회의를 마칠 때까지는 아이디어를 평가하지 않는다. 3. 마무리 단계에서 세 가지 아이디어 목록을 만든다. 　1) 당장 사용 가능한 아이디어 　2) 좀 더 개선시켜야 할 아이디어 　3) 과제에 대한 새로운 접근 방식 4. 평가자는 여러 가지 아이디어를 높은 단계의 아이디어로 정리한다.		
	회의 장소 정리	회의실을 원래 상태로 정리하고 소등, 퇴실한다.		
	Feed-Back	정리된 아이디어나 결정된 사항을 사내 양식으로 정리하여 참가자들에게 공지하고, 전사적 공유가 필요한 경우 사내 인트라넷망을 통해 회의 내용을 공유하도록 한다.		

４ 창의적 사고 기법: 희망점·결점 열거법

1) 희망점·결점 열거법이란?

희망점·결점 열거법은 세계적인 기업인 미국의 제너럴 일렉트릭(GE)사의 자회사였던 주방 가전제품 전문 메이커인 '핫포인트(Hot Point)'사에서 개발한 기법이다. 핫포인트는 GE의 자회사이기도 했지만, GE와 CS센터를 공유할 정도로 밀접한 관계를 유지했기 때문에 GE 고유의 혁신 문화를 가지고 있었다. GE는 발명왕 토마스 에디슨이 설립한 회사인데, 일반적으로 사람들은 이 사실은 잘 모른다. 하지만 GE의 전(前) 회장이었던 잭 웰치(Jack Welch)를 아는 사람들은 많다. 잭 웰치는 1960년에 GE에 입사하여 1981년에 GE의 최연소 회장이 되었다. 잭 웰치는 GE를 새로운 조직으로 탈바꿈시켰고, '고쳐라, 매각하라, 아니면 폐쇄하라'라는 전략을 통해 10만 명 이상의 직원을 해고하면서 '중성자탄 잭'이라는 별명을 얻을 정도로 강도 높은 구조 조정을 실시했다. 잭 웰치는 GE의 사업 부문 중 1위나 2위를 하고 있는 사업 부문만 남기고, 나머지는 모두 매각·처분했다. 또한, GE의 혁신을 위하여 6시그마, 세계화, e비즈니스 등의 전략을 적용했고, 이를 통해 GE의 시장 가치를 120억 달러에서 4,500억 달러로 끌어올렸다.

GE는 1898년 다우존스가 산업지수에 포함시킨 12개의 우량기업 중 현재까지 남아 있는 유일한 기업이다. GE 코리아의 이채욱 전(前) 회장은 그 비결을 '변화와 혁신'으로 꼽았을 정도로 GE의 기업 문화에는 '변화와 혁신'이 바탕에 깔려 있다고 할 수 있다. 이 기법은 그러한 GE의 기업 문화를 가지고 있는 핫포인트사에서 문제의 해결과 그에 따른 개선책을 얻기 위해 브레인스토밍을 개량하여 만들어 낸 방법이다.

2) 희망점·결점 열거법의 특징

희망점·결점 열거법은 희망점 열거법과 결점 열거법이라는 두 가지의 서로 다른 기법이다. 하지만 출처가 같고, 기본적인 특징과 방법이 유사하므로 본 책에서는 이들을 함께 다루도록 하겠다.

희망점·결점 열거법은 브레인스토밍으로부터 만들어진 기법으로 구체적인 사고를 통해 사물을 개량하기 위한 기법으로 발전된 것이다. 희망점 열거법과 결점 열거법, 각각의 기법 모두 두 번의 회의를 거쳐 활용하기 때문에 '2회의법'

이라고 하기도 하는데, 각각의 기법 또한 브레인스토밍을 두 번 진행한다.

희망점 열거법은 '이렇게 되었으면 좋겠다'라는 미래에 대한 긍정적 바람을 바탕으로 더 좋게 개선하고자 하는 욕구를 자극하고 여기에서 개선안을 얻으려고 하는 것이다. 이를 위한 두 번의 회의는 '희망 사항을 나열하는 브레인스토밍'과 '그것을 실현하기 위한 아이디어를 도출하는 브레인스토밍'으로 나뉘어 진행된다. 희망점 열거법은 현재의 상태를 더욱 바람직하고 개선된 상태로 만들기 위해 적극적으로 아이디어를 내고 구체적으로 사고함으로써 실제로 적용 가능한 아이디어를 도출하는 기법인 것이다.

이와 반대로 결점 열거법은 대상의 단점을 보완하고 극복하여 개선하기 위해 그 대상의 결점 사항을 나열하고 이에 대해 분석한 다음, 각 결점마다 구체적인 개선 아이디어를 내놓는 기법이다. 희망점 열거법과 마찬가지로 두 번의 회의를 거치게 되는데, '결점을 찾아내기 위한 브레인스토밍'과 '결점을 보완하는 개선안을 도출하기 위한 브레인스토밍'으로 이루어진다. 전자에서는 브레인스토밍을 사용해서 대상이 가지고 있는 모든 결점을 나열하게 되고, 후자에서는 나열된 결점들을 보완·개선하는 구체적인 해결안을 찾기 위한 브레인스토밍이 진행된다.

결점 열거법은 문제를 해결하고 현재 상태를 개선하는 기법으로, 문제해결 후 달성하게 될 '미래의 바람직한 모습', 즉 '목표'와 관련해서도 다음의 세 가지 차원을 고려해 볼 수 있다.

- Will be: 미래에 대한 예측을 통해 목표를 세우는 방법으로 '앞으로 이렇게 될 것이다'라는 예측과 가정에서 출발한다.
- Could be: 가능성으로부터 목표를 설정하는 방법으로 '우리가 할 수 있는 것은 무엇인가?'라는 질문과 가능성으로부터 출발한다.
- Should be: 당위성으로부터 목표를 설정하는 방법으로 '미래에 마땅히 있어야 할 것은 무엇인가?', '미래에 당연히 해야 하는 것은 무엇인가?'라는 질문으로부터 출발한다.

희망점 열거법은 예측(Will be), 가능성(Could be), 당위성(Should be)으로부터 '미래의 바람직한 모습', 즉 '목표'를 먼저 설정하고, 현재의 상태를 분석해서 목표와 현상의 차이를 분석하고 문제에 대한 해결책을 찾는 기법이다. 반면에 결점 열거법은 현재의 상태를 분석하고, 분석을 통해 문제의 원인을 찾아 해결안을 도출하는 기법이다.

3) 희망점·결점 열거법의 장점과 단점

① 장점

희망점·결점 열거법은 브레인스토밍에 구체적인 방향성과 프로세스를 더하여 개선된 기법으로 활용이 쉬우면서도 구체적인 해결안을 도출할 수 있다. 희망점·결점 열거법의 장점은 다음과 같다.

- 활용이 쉬워 즉시 활용할 수 있다.
- 제품, 서비스, 업무 프로세스, 조직의 제도 등 활용 범위가 넓다.
- 구체적인 개선 방안을 도출할 수 있다.

② 단점

- 시간 관리를 하지 않을 경우 회의가 길어지고 산만해질 수 있다.
- 결점 열거법만을 사용할 경우 생각의 범위가 한정되고, 새로운 아이디어를 얻기 어렵다.
- 문제와 현상에 대한 아이디어를 희망점과 결점만으로 한정하여 복잡한 문제에는 적합하지 않을 수 있다.
- 참가자 상호 간 상하 직급 차이가 있다면, 분위기가 경직되어 자유로운 발상을 제한할 수 있다.

4) 희망점·결점 열거법을 활용한 아이디어 회의 프로세스

희망점·결점 열거법은 기본적으로 같은 프로세스가 적용될 수 있다. 프로세스를 숙지한 뒤, 회의의 주제에 맞게 희망점 열거법으로 할 것인지, 결점 열거법으로 할 것인지, 아니면 하나의 주제에 대해 두 기법을 모두 적용할 것인지를 선택하면 된다.

① 구체적인 회의 주제 선정

회의 주제는 단순명료하고 구체적인 것이어야 한다. 적용의 범위가 매우 넓기 때문에 주제는 제품이어도 좋고, 현장의 프로세스 또는 제도, 조직의 문

제 등도 좋다. 절실한 과제일수록 적극적인 참여 유도와 성과 창출에 효과적
이다.

② 참가자 선정

창의력 개발 차원이나 담당 업무에 대한 개선을 위해 혼자 실시해도 좋지
만, 그룹으로 실시할 경우 바람직한 참가자의 수는 5~6명에서 10명 이내로
하는 것이 좋다. 두 번의 회의 단계에서 브레인스토밍을 활용하게 되므로 참
가자들은 브레인스토밍에 대한 이해와 경험이 많을 수록 좋다. 하지만 브레
인스토밍 자체가 어렵지는 않으므로 반드시 경험이 풍부할 필요는 없다. 다
만, 적극적인 자세와 풍부하고 유연한 사고방식의 소유자들이어야 하며, 새
로운 문제해결과 개선에 대한 적극적인 의욕을 가지고 있어야 한다. 해결 방
안을 결정하고 실천에 옮길 수 있는 권한을 가진 사람이 참가하면 좋지만,
권위적 의견으로 참가자들의 상상력을 억제하는 일이 발생하지 않도록 주의
해야 한다.

③ 회의의 리더 임명

리더는 브레인스토밍의 기본 원칙 및 진행 요령, 본 기법의 프로세스를 숙지
하고 있어야 하며, 의견이 활발하게 개진될 수 있도록 분위기를 조성하고,
주제에서 벗어나지 않도록 회의를 이끌 수 있어야 한다. 또한, 창의적이고
새로운 아이디어를 도출할 수 있도록 편안한 분위기를 조성하고, 적절한 유
머와 질문으로 상상력을 자극할 수 있어야 한다.

④ 서기 임명

자유로운 발언이 이루어짐과 동시에 서기는 판서 또는 기록을 통해 회의 내
용을 정리한다. 과제 해결에 도움을 주기 위해 플립차트, 화이트보드 등을
설치하는 것도 도움이 될 수 있다.

⑤ 시간 관리

회의당 1시간 정도가 좋고, 길어도 2시간 이내로 끝내는 것이 좋다. 만일 그
이상이 걸릴 것 같은 주제인 경우에는 주제를 몇 개로 분할하고, 여러 번 나
누어 실시하는 편이 효과적이다. 두 번의 회의를 진행해야 하므로 적절히 휴
식을 취하면서 진행한다. 리더는 시간 관리를 잘해서 정해진 시간 안에 회

의를 마칠 수 있도록 해야 한다.

⑥ 제1회의(희망점 또는 결점 열거)

리더의 질문과 제시를 근거로 브레인스토밍 기법을 활용하여 희망 사항 또는 결점을 생각해 내고, 그것에 번호를 매겨 적어 간다. 하나의 주제에서 어느 정도 아이디어가 나오면(50~100개), 다음 회의를 진행하는 것이 좋다. 더 오랜 시간을 두고 회의를 진행해야 한다고 판단되면, 다음 날 다시 진행하는 것이 좋다. 하나의 주제에 대해 너무 오랜 시간, 너무 많은 아이디어를 요구하다 보면 참가자들이 지쳐서 새로운 아이디어를 내기 힘들어지기 때문이다. 다음 날 다시 진행하게 되면, 전날 나왔던 아이디어를 결합시키거나, 새로운 각도에서 다른 아이디어를 연상하게 되는 등 의외로 좋은 결과를 도출할 가능성이 높아진다.

⑦ 중간 평가

열거된 것 중에서 중요한 사항을 골라내는 과정이다. 즉, 리더의 진행에 따라 참가자들이 함께 제시된 희망 사항이나 결점에 대해 평가하여 적절한 사항을 골라내는 것이다. 골라내야 할 아이디어의 수가 제한되는 것이 아니므로 리더는 주제와 회의에 따라 리더십을 발휘해 적절한 평가를 실시하여 다음 회의를 위한 아이디어를 선별할 수 있도록 한다. 제품의 경우 기능, 소재, 성질 등 특성에 따른 분류를 실시하는 것도 좋은 방법이다.

⑧ 제2회의(개선 브레인스토밍)

리더의 제시나 질문에 따라 선별된 희망점이나 결점별로 개선책을 생각하는 브레인스토밍을 실시하고 정리해 나간다. 개선책이 현실적인 것이 될 수 있도록 하는 것이 중요하다.

⑨ 최종 평가

도출된 개선책에 대해 최종적으로 평가하고, 문제해결에 적용할 수 있는지 검토하여 정리한다. 개선책은 단 하나가 아니므로 참가자들과 함께 평가를 실시하여 최종안을 도출할 수 있도록 한다. 원하는 결론이 나오지 않을 경우 같은 주제로 다시 회의를 할 것인지 결정하고, 향후 일정을 공유한다.

| 표 1-4 | 활용도를 높이기 위한 사전 체크리스트

	항목	일시	기한	완료 여부	협의 부서	비고
1	주제 선정					
2	참가자 선정 및 일정 확인					
3	참가자 사전 안내 및 공지					
4	회의 장소 선정 및 예약					
5	준비물 (플립차트, 화이트보드, 전지, 마카펜, 기록 용지, 메모지, 필기구)					
6	간단한 다과					
7	회의 안내문 공지					
8	회의실 세팅					
9	회의 시나리오 작성 (인사말/ 아이스브레이킹/ 정리 멘트 등)					
기타 의견 및 특이 사항						

| 표 1-5 | 활용도를 높이기 위한 사후 평가지

	문항	Yes	No	비고
1	회의 주제는 구체적으로 잘 선정되었는가?			
2	참가자는 적절하게 구성되었는가?			
3	회의 장소는 조용하고 쾌적하였는가?			
4	기록과 메모를 위한 준비는 잘 되었는가?			
5	리더는 역할을 잘 수행했는가?			
6	서기는 참가자의 의견을 빠짐없이 기록하였는가?			
7	발표된 아이디어는 총 몇 개였는가?	발표된 아이디어의 수:		
8	참가자들이 자유롭고 활발하게 참가했는가?			
9	다른 참가자의 발언을 평가하고 비판하려는 시도가 있었는가?			

10	다른 참가자의 발언에 대한 비판이 있었다면, 이후 적절하게 새로운 아이디어에 대한 유도가 있었는가?			
11	시간 관리는 적절했는가?			
12	계획된 시간 대비 진행된 시간은?	계획 시간: 　/진행 시간:		
13	아이디어는 적절하게 분류·평가되었는가?			
14	구체적인 개선 방안이 도출되었는가?			
15	추후 같은 주제로 다시 회의를 해야 하는가?			
기타 의견 및 특이 사항				

| 표 1-6 | **활용도를 높이기 위한 희망점·결점 열거법 아이디어 회의 매뉴얼**

단계	중점 추진 사항	유의 사항	준비물	협조 사항
사전 준비 단계	주제 선정	주제는 단순명료하고 구체적인 것으로 선정한다. : 적용의 범위가 매우 넓기 때문에, 주제는 제품이어도 좋고 현장의 프로세스 또는 제도, 조직의 문제 등도 좋다. 절실한 과제일수록 적극적인 참여 유도와 성과 창출에 효과적이다. 자료 수집이나 정보가 필요하다면, 사전에 관련 부서의 협조를 얻어 준비하는 것도 좋다.		자료 수집을 위해 관련 부서 협조 요청
	참가자 선정	참가자는 5~6명에서 10명 이내로 구성하는 것이 바람직하다. 1) 사내 핵심 인재 및 고성과자들로 구성하는 것도 현업의 암묵적 노하우를 공유할 수 있는 좋은 방법이다. 2) 현업의 일정을 고려하여 미리 참가 대상자를 선정한 후 유선상으로 일정을 확인하여 참가 여부를 결정하도록 한다. 3) 만약 결정해야 할 안건이 있을 경우 결정권자가 참석하는 것이 좋지만, 권위에 의해 자유로운 회의가 방해받지 않도록 사전에 회의의 취지를 설명할 수 있도록 한다.		참가자 일정 확인
	회의 장소 선정	회의 장소는 조용하고 쾌적한 곳이 좋다. : 다른 회의나 교육에 방해를 받지 않는 조용하고 쾌적한 곳으로 선정하되, 너무 넓지 않은 곳으로 한다.		회의 장소 예약 및 협조

단계	중점 추진 사항	유의 사항	준비물	협조 사항
사전 준비 단계	회의 내용 공지	선정된 주제, 대상, 장소, 일시 등을 사내 양식에 따라 공지한다. : 공지한 이후 일정에 차질이 없도록 유선상으로 한 번 더 확인하는 것이 좋다.		
	회의실 세팅	회의실 세팅은 아래와 같이 하도록 한다. 1) 참가 인원에 맞게 탁자나 책상을 배치한다(책상은 타원형이나 사각형이 좋다). 2) 참가자 전원이 상호 간 얼굴을 볼 수 있도록 배치한다. 3) 기록을 위해 플립차트, 화이트보드, 전지를 준비하고, 서기를 위해 기록 용지를 넉넉하게 준비하는 것이 좋다. 4) 참가자들에게도 간단한 메모지와 필기구를 세팅한다. 5) 주제의 정확한 인지를 위해 플립차트 상단에 주제를 적어 놓는 것이 좋다. 6) 회의를 위한 세팅이 끝나면 회의실 주변을 깔끔하게 정리하여 산만해지지 않도록 한다. 7) 참가자를 위한 간단한 다과를 준비하는 것도 좋다. 플립차트 ☐ 책상	• 플립차트 (화이트보드/ 전지) • 기록 용지 • 마카펜 • 메모 용지 • 필기구 • 간단한 다과	회의 장소 확인 및 협조
	최종 점검	모든 준비가 끝났으면, 사전 체크리스트를 확인하며 최종 점검하도록 한다.	사전 체크리스트	

단계	중점 추진 사항	유의 사항	준비물	협조 사항
회의 진행 단계	상호 간 인사 및 아이스브 레이킹	진행자는 회의의 개회를 선언하고 다음과 같은 순서에 의해 진행한다. 1) 진행자 인사말: 진행자 소개/ 참가자 　존중/ 참석에 대한 감사 인사 　* 필요하다면 시나리오를 작성해 본다. 2) 참가자 상호 간 인사: 부서/ 직책(직 　급)/ 성명/ 관심사 등 3) 아이스브레이킹은 진행자가 별도로 주 　제와 관련된 가벼운 소재로 준비해도 　좋고, 참가자 상호 간 소개와 인사를 　통해 진행해도 좋다. 4) 아이스브레이킹이 끝나면 주제에 대해 　설명하고, 회의 방법, 운영 시간 등 개 　요에 대해 소개한다. 5) 리더와 서기를 선정하도록 한다. 참가 　자 자율로 정해도 좋고, 운영자가 효과 　적인 회의를 위해 적임자를 미리 선정 　하여 회의 시작 전 소개해도 무방하다. 6) 리더와 서기가 미리 선정된 경우에는 　사전에 운영 원칙에 대해 충분히 조율 　하도록 한다. 7) 참가자들이 자율적으로 선정한 경우에 　는 선정된 리더와 서기의 역할에 대해 　회의 시작 전 알려 주어 충분히 숙지하 　도록 한다. 8) 회의의 내용에 따라 진행자가 리더나 　서기를 맡아도 무방하다. 9) 리더나 서기는 겸임도 가능하다.	• 인사말 • 아이스브레이킹 　시나리오	
	회의 진행	희망점·결점 열거법은 두 번의 브레인스 토밍 회의를 하게 되므로 리더는 브레인 스토밍 기본 원칙에 대해 다시 한 번 참가 자들에게 안내한 후 이를 지키도록 당부 하고, 비판이 가해지거나 회의가 주제에 서 벗어날 때 리더가 적절하게 통제할 수 있음을 그라운드 룰로 알린다. 참가자들 이 동의하면 회의를 시작한다.		

단계	중점 추진 사항	유의 사항	준비물	협조 사항
회의 진행 단계	제1회의 (희망점· 결점 열거)	리더의 질문과 제시를 근거로 브레인스토밍 기법을 활용하여 희망 사항 또는 결점을 생각해 내고, 그것을 번호로 매겨 적어 간다. 하나의 주제에서 어느 정도 아이디어가 나오면(50~100개), 다음 회의를 진행하는 것이 좋다.		
	중점 평가	열거된 것 중에서 중요한 사항을 골라낸다.		
	제2회의 (개선 브레인스토밍)	리더의 제시나 질문에 따라 선별된 희망점이나 결점마다 개선책을 생각해 내는 브레인스토밍을 실시하고 정리해 나간다. 현실적인 개선책이 될 수 있도록 하는 것이 중요하다.		
	최종 평가	1. 도출된 개선책에 대해 최종적으로 평가하고, 문제해결에 적용할 수 있는지 검토하여 정리한다. 2. 개선책은 단 하나가 아니므로 참가자들과 함께 평가를 실시하여 최종안을 도출할 수 있도록 한다. 3. 원하는 결론이 나오지 않을 경우, 같은 주제로 다시 회의를 할 것인지 결정하고, 향후 일정을 공유한다.		
정리 단계	폐회 선언	회의가 종료된 후 진행자는 참가자의 적극적인 참여와 좋은 아이디어에 대한 감사 인사를 하고 폐회를 선언한다. * 폐회 인사: 회의 주제와 진행 사항 정리/ 참가자 존중/ 감사 인사/ 향후 일정에 대한 안내	정리 멘트	
	회의 장소 정리	회의실을 원래 상태로 정리하고 소등, 퇴실한다.		
	Feed-Back	정리된 아이디어나 결정된 사항을 사내 양식으로 정리하여 참가자들에게 공지하고, 전사적 공유가 필요한 경우 사내 인트라넷 망을 통해 회의 내용을 공유하도록 한다.		

5 창의적 사고 기법: 만다라트법(Mandal-Art)

1) 만다라트법이란?

만다라트법은 일본의 디자이너 이마이즈미 히로아키(今泉浩晃)가 개발한 아이디어 기법이다. 만다라트는 아이디어를 간편하고 쉽게 얻을 수 있다는 장점이 있어서 활용도가 높다. 만다라트는 신조어로, 인도의 고대 언어인 산스크리트어 '만다라(Mandala)'와 영어 '아트(Art)'를 결합하여 만든 용어이다. '만다라(Mandala)'는 '원 모양'이라는 의미를 가진 단어로, 어근 '만다(Manda)'와 접미사 '라(la)'로 구성되어 있다. '만다(Manda)'는 본질 또는 참을 의미하고 접미사 '라(la)'는 성취 또는 소유를 의미한다. 즉, 만다라는 '본질과 참의 소유', '본질과 참의 성취'를 의미하므로 '목적의 달성'을 뜻한다고 할 수 있다. 목적의 달성을 뜻하는 '만다라'에 기술을 의미하는 영어 '아트(Art)'를 결합하여, '목적을 달성하는 기술'이라는 뜻을 가진 신조어를 만들어 낸 것이다. 만다라트는 '목적을 달성하는 기술'이라는 뜻을 가졌을 뿐만 아니라, 만다라가 '원 모양'이라는 뜻을 가졌으므로 아이디어를 방사형으로 자유롭게 발상하도록 한다는 의미를 담고 있다.

2) 만다라트법의 특징

창안자인 이마이즈미 히로아키는 아이디어를 방사형으로 발상하기 위해 가로 3칸, 세로 3칸으로 이루어진 매트릭스를 고안하였다. 9개의 블록을 가진 이 매트릭스는 '만다라트'라고 불렸으며 후에 더 많은 아이디어를 얻기 위해 만든 '5×5 만다라트'와 구분하여 '3×3 만다라트'라고 부르게 되었다. '3×3 만다라트'는 총 9개의 블록으로 구성되어 있으며, 가운데 블록을 중심으로 주변 8개의 블록에 아이디어를 채우는 형식이다. 매트릭스의 가운데 블록에 아이디어의 주제어를 적고, 이 주제와 관련되어 연상되는 아이디어를 주변의 8개 블록에 자유롭게 적어 나가는 것이다. 8개의 아이디어만으로는 충분하지 않으므로 8개 아이디어 중에서 추가로 깊이 있게 발상하고자 하는 아이디어를 선택하여 다시 만다라트를 실시한다. 이렇게 원하는 아이디어를 얻을 때까지 반복하는 것이다. 이 과정에서 많은 아이디어를 얻을 수 있게 된다. 8개의 블록을 채우기 위해 주제에 대하여 발상할 때는 브레인스토밍의 원칙을 그대로 적용한다. 자유로운 발상, 비판 금지, 질보다는 양, 결합과 개선이 그것이다.

아이디어를 자유롭게 발상하는 것과 아이디어를 평가하고 선택하는 일은 별개의 것이기 때문에 어느 정도 원하는 아이디어를 얻을 때까지는 만다라트를 반복하고 아이디어에 대한 평가는 하지 않는다. 만다라트는 발상의 힌트가 되는 아이디어들을 한눈에 볼 수 있어서 결합과 개선을 통해 새로운 아이디어를 만들기 쉽다. 또한, 빈칸을 채워야 하기 때문에 어느 정도의 강제성이 부여되어 참여를 이끌어 낼 수도 있다. 자유 발상 기법과 강제 연상 기법을 적절하게 활용할 수 있게 되는 것이다. 브레인스토밍을 활용하여 자유롭게 발상하면서도 다음 단계에 필요한 주제를 선택하여 아이디어의 방향을 정하고, 발상의 범위를 좁히기 때문이다. 즉, 만다라트 기법은 자유 발상 기법과 강제 연상 기법을 반복적으로 혼합한 형태라고 할 수 있다.

3) 만다라트법의 장점과 단점

① 장점

- 형식이 간단하여 언제 어디서든 쉽게 사용할 수 있다.
- 빈칸을 채워야 한다는 강제성이 부여되고, 이러한 강제성은 적절한 긴장과 압박을 주어 아이디어의 발상을 촉진할 수 있다.
- 주제어를 중심으로 한 매트릭스의 구조는 방사형으로 아이디어를 발상하게 하므로 두뇌의 사고 구조와 비슷하다고 할 수 있다. 이를 통해 자연스러운 아이디어의 발상을 돕는다.
- 아이디어를 한눈에 볼 수 있어 아이디어의 결합과 개선을 쉽게 할 수 있도록 하여 이를 통해 또 다른 아이디어를 발상하는 데 유리하다.
- 집단 아이디어 회의에 활용하면 매우 많은 아이디어를 얻을 수 있다.

② 단점

- 만다라트가 제공하는 블록이 9개로 한정되어 있어서 9개 이상의 아이디어를 적기에 불편하다. 이럴 경우 '5×5 만다라트'를 활용할 수 있지만, 주제어를 중심으로 24개의 아이디어를 채우기란 생각보다 쉽지 않다.
- 강제성을 너무 강조하여 억지로 빈칸을 채우게 되면, 비생산적인 회의가 될 수 있다. 따라서 리더는 아이디어를 어느 정도 얻었다고 판단되면, 계속해서 주제어를 확장해 나갈 필요가 있다. 이를 통해 도출된 아이디어들을 결합하고 개선하여 결론에 이를 수 있도록 회의를 이끌어 가야 한다.

4) 만다라트를 활용한 아이디어 회의 프로세스

① 구체적인 주제 선정

회의 주제는 구체적인 것으로 정하도록 한다. 만다라트의 중앙에 적을 수 있도록 서술형보다는 간단한 단어로 표현하는 것이 좋다.

② 참가자 선정

바람직한 참가자의 수는 4~5명으로 소그룹으로 하는 것이 좋다. 하나의 주제에 대해 5명이 개별적으로 만다라트를 실시할 경우 45개(5×9=45)의 아이디어를 짧은 시간 안에 얻을 수 있기 때문에 인원이 많아지면 정리할 수 없을 만큼의 많은 아이디어가 쏟아져 나올 수 있다. 이외에도 하나의 주제에 대해 집단적으로 동시에 발상을 할 경우에도 정리하기 어려울 수 있다. 따라서 효과적인 회의를 위해서는 소그룹으로 운영하도록 한다.

③ 회의의 리더 임명

리더는 유연한 사고와 혁신적인 자세를 가진 사람으로 선정하는 것이 좋다. 또한 리더는 참가자의 의견을 존중하고, 최대한 모든 참가자들이 충분히 발언할 기회를 주어야 한다. 참가자들의 의견을 정리하며 공유하고, 참가자들 간의 충분한 협의를 통해 다음 단계의 주제어나 결론을 이끌어낼 수 있어야 한다. 리더는 주제에 따라 개별적 만다라트를 실시하고 아이디어를 모으거나 집단적으로 실시하는 방법을 적절하게 구사할 수 있어야 한다.

④ 서기 임명

서기는 참가자들의 의견을 기록·정리하여 만다라트를 작성하도록 한다. 만다라트는 리더와 참가자들 전원이 볼 수 있도록 작성되어 아이디어를 자극하도록 해야 한다. 참가자들이 개별적으로 만다라트를 실시하고 아이디어를 모으는 경우, 서기는 참가자들이 작성한 만다라트를 모아 정리하도록 한다.

⑤ 휴식 시간

리더는 시간 관리를 할 수 있도록 하고, 중간중간에 적절한 휴식을 취할 수 있도록 한다. 휴식 시간을 갖게 될 때 리더는 지금까지의 회의 내용을 정리하여 공유하고, 휴식 시간이 끝나고 회의가 재개될 때, 다시 한 번 지난 시간까지의 회의 내용과 이번 시간부터 계속될 내용에 대해 공유할 수 있도록 한다.

⑥ 만다라트 실시

회의가 시작되면, 리더나 진행자에 의해 주제어가 제시되고, 만다라트를 실시한다. 만다라트를 실시하는 방법에는 다음과 같이 두 가지가 있다.

- 참가자들이 각자 개별적으로 만다라트를 작성하고, 모으는 방법: 이것은 마치 브레인라이팅 기법과도 같다. 작성된 만다라트를 공유하고, 리더의 진행에 따라 다음 주제어를 선택하고, 반복적으로 만다라트를 실시해 나간다.
- 참가자들이 집단적으로 동시에 만다라트를 작성하는 방법
  - 리더는 브레인스토밍의 원칙을 적용하여 참가자들에게 다시 한 번 원칙을 알려주고, 동기 부여를 하도록 한다.
  - 서기는 참가자들이 제시한 아이디어를 만다라트에 간단한 단어 형식으로 기입하도록 한다. 이때 참가자의 의견을 너무 축약하여 의도가 흐려지지 않도록 주의해야 한다. 제시된 아이디어의 수가 많을 경우 서기는 동일한 주제어로 새로운 만다라트를 계속 작성해 나간다.
  - 아이디어가 어느 정도 도출되었다고 판단되면, 리더는 더 이상 아이디어를 요구하지 말고 참가자들과 함께 아이디어를 선택한다. 그리고 그것을 다음 주제어로 하여 반복적으로 만다라트를 실시해 나간다.

⑦ 아이디어의 평가

만다라트는 다음 주제어를 정하기 위해서 참가자들과 함께 아이디어를 평가·선택하는 과정을 반복하게 되지만, 마지막 단계에서는 문제해결을 위한 최종적인 아이디어를 도출하기 위해 가장 현실적인 해결안을 평가하여 정리한다.

| 표 1-7 | **활용도를 높이기 위한 사전 체크리스트**

	항목	일시	기한	완료 여부	협의 부서	비고
1	구체적인 주제의 선정					
2	참가자 선정 및 일정 확인					
3	참가자 사전 안내 및 공지					
4	회의 장소 선정 및 예약					

5	준비물 (플립차트, 화이트보드, 전지, 마카펜, 만다 라트 용지, 메모지, 필기구)					
6	간단한 다과					
7	회의 안내문 공지					
8	회의실 세팅					
9	회의 시나리오 작성 (인사말/ 아이스브레이킹/ 정리 멘트 등)					
기타 의견 및 특이 사항						

| 표 1-8 | **활용도를 높이기 위한 사후 평가지**

	문항	Yes	No	비고
1	주제는 구체적으로 적절하게 선정되었는가?			
2	참가자는 적절하게 구성되었는가?			
3	회의 장소는 조용하고 쾌적하였는가?			
4	기록과 메모를 위한 준비는 잘 되었는가?			
5	리더는 역할을 잘 수행했는가?			
6	참가자들이 기법에 대해 충분히 숙지하였는가?			
7	발표된 아이디어는 총 몇 개였는가?	발표된 아이디어의 수:		
8	참가자들이 자유롭고 활발하게 참가했는가?			
9	다른 참가자의 발언을 평가하고 비판하려는 시도가 있었는가?			
10	다른 참가자의 발언에 대한 비판이 있었다면, 이후 적절하게 새로운 아이디어에 대한 유도가 있었는가?			
11	다음 단계의 주제어는 적절하게 선정되었는가?			
12	아이디어는 문제해결에 도움이 되는가?	계획 시간: /진행 시간:		
13	시간 관리는 적절했는가?			
14	계획된 시간 대비 진행된 시간은?			
기타 의견 및 특이 사항				

| 표 1-9 | **활용도를 높이기 위한 만다라트법 아이디어 회의 매뉴얼**

단계	중점 추진 사항	유의 사항	준비물	협조 사항
사전 준비 단계	구체적인 주제 선정	1. 회의 주제는 구체적인 것으로 정하도록 한다. 2. 만다라트의 중앙에 적을 수 있도록 서술형보다는 간단한 단어로 표현하는 것이 좋다. 3. 자료가 필요하다면, 관련 부서에 협조를 얻어 미리 사전에 수집·정리해 놓도록 한다.		자료에 대해 관련 부서 협조 요청
	참가자 선정	바람직한 참가자의 수는 4~5명으로 소그룹으로 하는 것이 좋다. 1) 참가자를 구성하는 것에 특별한 제약은 없지만, 문제해결을 위한 회의라면, 문제에 관련된 사람들을 중심으로 구성하도록 한다. 2) 현업의 일정을 고려하여 미리 참가 대상자를 선정한 후 유선상으로 일정을 확인하여 참가 여부를 결정하도록 한다. 3) 만약 결정해야 할 안건이 있을 경우 결정권자가 참석하는 것이 좋지만, 권위에 의해 자유로운 회의가 방해받지 않도록 사전에 회의의 취지를 설명할 수 있도록 한다.		참가자 일정 확인
	회의 장소 선정	회의 장소는 조용하고 쾌적한 곳이 좋다. : 다른 회의나 교육에 방해를 받지 않는 조용하고 쾌적한 곳으로 선정하되, 너무 넓지 않은 곳으로 한다.		회의 장소 예약 및 협조
	회의 내용 공지	선정된 주제, 대상, 장소, 일시 등을 사내 양식에 따라 공지한다. : 공지한 이후 일정에 차질이 없도록 유선상으로 한 번 더 확인하는 것이 좋다.		

단계	중점 추진 사항	유의 사항	준비물	협조 사항
사전 준비 단계	회의실 세팅	회의실 세팅은 아래와 같이 하도록 한다. 1) 참가 인원에 맞게 탁자나 책상을 배치한다(책상은 타원형이나 사각형이 좋다). 2) 참가자 전원이 상호 간 얼굴을 볼 수 있도록 배치한다. 3) 회의 도중 메모나 기록을 통해 아이디어를 자극할 수 있도록 플립차트, 화이트보드를 준비해도 좋다. 4) 만다라트가 인쇄된 용지를 충분히 준비한다. 5) 참가자들에게도 간단한 메모지와 필기구를 세팅한다. 6) 주제의 정확한 인지를 위해 플립차트 상단에 주제를 적어 놓는 것이 좋다. 7) 회의를 위한 세팅이 끝나면 회의실 주변을 깔끔하게 정리하여 산만해지지 않도록 한다. 8) 참가자를 위한 간단한 다과를 준비하는 것도 좋다. 플립차트　　책상	• 플립차트 　(화이트보드) • 전지 • 마카펜 • 만다라트 　용지 • 메모지 • 필기구 • 간단한 다과	회의 장소 확인 및 협조
	최종 점검	모든 준비가 끝났으면, 사전 체크리스트를 확인하며 최종 점검하도록 한다.	사전 체크리스트	

단계	중점 추진 사항	유의 사항	준비물	협조 사항
회의 진행 단계	상호 간 인사 및 아이스 브레이킹	진행자는 회의의 개회를 선언하고 다음과 같은 순서에 의해 진행한다. 1) 진행자 인사말: 진행자 소개/ 참가자 존중/ 참석에 대한 감사 인사 　* 필요하다면 시나리오를 작성해 본다. 2) 참가자 상호 간 인사: 부서/ 직책(직급)/ 성명/ 관심사 등 3) 아이스브레이킹은 진행자가 별도로 주제와 관련된 가벼운 소재로 준비해도 좋고, 참가자 상호 간 소개와 인사를 통해 진행해도 좋다. 4) 아이스브레이킹이 끝나면 주제에 대해 설명하고, 회의 방법, 운영 시간 등 개요에 대해 소개한다. 5) 리더와 서기를 선정하도록 한다. 참가자 자율로 정해도 좋고, 운영자가 효과적인 회의를 위해 적임자를 미리 선정하여 회의 시작 전 소개해도 무방하다. 6) 리더와 서기가 미리 선정된 경우에는 사전에 운영 원칙에 대해 충분히 조율하도록 한다. 7) 참가자들이 자율적으로 선정한 경우에는 선정된 리더와 서기의 역할에 대해 회의 시작 전 알려 주어 충분히 숙지하도록 한다. 8) 회의의 내용에 따라 진행자가 리더나 서기를 맡아도 무방하다. 9) 리더나 서기는 겸임도 가능하다.	• 인사말 • 아이스브레이킹 시나리오	
	회의 진행	리더는 참가자들에게 기법의 특징과 방법에 대해 다시 한 번 안내하여 참가자들에게 동기 부여를 충분히 하고 회의를 시작하는 것이 좋다.		

단계	중점 추진 사항	유의 사항	준비물	협조 사항

회의
진행
단계
	회의 진행	1. 리더의 역할
		 1) 사람들의 긴장을 풀기 위해 유머와 재치 있
		   는 질문들을 활용한다.
		 2) 과제에 초점을 맞출 수 있도록 한다.
		 3) 어떠한 아이디어라도 좋다는 입장을 갖
		   는다.
		 4) 아이디어를 풍부하게 확대 재생산할 수 있
		   도록 질문을 활용한다.
		   [예] '그 밖에 또 뭐가 있죠?', '그리고 어떻
		   게 하면 좋을까요?' 등
		 5) 참가자를 존중하고 그들의 독특한 가치를
		   인정한다.
		 6) 비판을 하는 사람과 이를 반론하려고 하는
		   발표자의 논쟁을 적절하게 통제하면서 유
		   연하게 새로운 아이디어를 요구한다.
		 7) 시간을 잘 관리하여 주어진 시간에 원하는
		   결과를 도출할 수 있도록 한다.
		 8) 자유 연상 기법과 강제 연상 기법을 적절하
		   게 활용하여 참가자들의 아이디어를 유도
		   하도록 한다.
		2. 서기의 역할
		 1) 서기는 참가자들의 의견을 기록하고 정리
		   하여 만다라트를 작성하도록 한다.
		 2) 만다라트는 리더와 참가자들 전원이 볼 수
		   있도록 작성되어 아이디어를 자극하도록
		   해야 한다.
		 3) 참가자들이 개별적으로 만다라트를 실시하
		   고 아이디어를 모으는 경우 서기는 참가자
		   들이 작성한 만다라트를 모아 정리하도록
		   한다.		

	휴식 시간	불필요하게 회의가 길어지지 않도록 리더는 시간 관리를 할 수 있도록 하고, 중간중간에 적절한 휴식을 취할 수 있도록 한다.		

단계	중점 추진 사항	유의 사항	준비물	협조 사항
회의 진행 단계	만다라트 실시	회의가 시작되면 리더나 진행자에 의해 주제어가 제시되고, 만다라트를 실시한다. 만다라트를 실시하는 방법에는 아래의 두 가지 방법이 있다. 1) 참가자들이 각자 개별적으로 만다라트를 작성하고, 모으는 방법: 이것은 마치 브레인라이팅(Brainwriting) 기법과도 같다. 작성된 만다라트를 공유하고, 리더의 진행에 따라 다음 주제어를 선택하고, 반복적으로 만다라트를 실시해 나간다. 2) 참가자들이 집단적으로 동시에 만다라트를 작성하는 방법 ① 리더는 브레인스토밍의 원칙을 적용하여 참가자들에게 다시 한 번 원칙을 알려주고, 동기 부여를 하도록 한다. ② 서기는 참가자들이 제시한 아이디어를 만다라트에 간단한 단어 형식으로 기입하도록 한다. 이때 참가자의 의견을 너무 축약하여 의도가 흐려지지 않도록 주의해야 한다. 제시된 아이디어의 수가 많을 경우 서기는 동일한 주제어로 새로운 만다라트를 계속 작성해 나간다. ③ 아이디어가 어느 정도 도출되었다고 판단되면, 리더는 더 이상 아이디어를 요구하지 말고, 참가자들과 함께 아이디어를 선택하고, 그것을 다음 주제어로 하여 반복적으로 만다라트를 실시해 나간다.		
	아이디어의 평가	만다라트는 다음 주제어를 정하기 위해서 참가자들과 함께 아이디어를 평가·선택하는 과정을 반복하게 되지만, 마지막 단계에서는 문제해결을 위한 최종적인 아이디어를 도출하기 위해 가장 현실적인 해결안을 평가하여 정리한다.		

단계	중점 추진 사항	유의 사항	준비물	협조 사항
정리 단계	폐회 선언	회의가 종료된 후 진행자는 참가자의 적극적인 참여와 좋은 아이디어에 대한 감사 인사를 하고 폐회를 선언한다. * 폐회 인사: 회의 주제와 진행 사항 정리/ 참가자 존중/ 감사 인사/ 향후 일정에 대한 안내	정리 멘트	
	회의 장소 정리	회의실을 원래 상태로 정리하고 소등, 퇴실한다.	회의 장소 정리	
	Feed-Back	정리된 아이디어나 결정된 사항을 사내 양식으로 정리하여 참가자들에게 공지하고, 전사적 공유가 필요한 경우 사내 인트라넷망을 통해 회의 내용을 공유하도록 한다.		

6 창의적 사고 기법: 여섯 색깔 생각의 모자(Six Thinking Hats)

1) 여섯 색깔 생각의 모자 기법이란?

독창적인 아이디어 기법인 '여섯 색깔 생각의 모자' 기법은 영국의 심리학자인 에드워드 드 보노(Edward de Bono)가 만든 창의적 사고 기법이다. 드 보노는 심리학, 생리학, 의학 분야에 이르기까지 다방면에 조예가 깊은 학자로서 창의력 사고 개발 분야의 거장이다.

드 보노의 '여섯 색깔 생각의 모자' 기법은 일본의 NTT(Nippon Telegraph and Telephone)와 관련된 일화로 유명하다. NTT의 CEO가 드 보노의 책인 《Six Thinking Hats》의 일본어판 출판 기념회에 참석해서 깊은 감명을 받은 후, NTT의 전 임원들에게 그의 책을 읽도록 하였는데, 실제로 6개월 후 임원들의 사고가 보다 창의적이고 건설적으로 변화되었음을 입증했다는 것이다. 이와 같은 '여섯 색깔 생각의 모자' 기법은 일본뿐만 아니라 IBM, 듀퐁, 푸르덴셜 등 글로벌 기업에서 널리 사용되고 있다.

2) 여섯 색깔 생각의 모자 기법의 특징

'여섯 색깔 생각의 모자'는 다른 아이디어 기법과는 차별화된 색다른 아이디어 기법이다. 여섯 색깔을 통해 아이디어 발상과 사고의 기본 틀을 정하고, 이에 따라 한 번에 한 가지 사고를 하게 하는 기법이다. 여섯 가지의 색깔은 각각 하얀색, 빨간색, 검은색, 노란색, 초록색, 파란색이다.

하얀색 모자는 중립성, 빨간색 모자는 감정·기분·느낌, 검은색 모자는 신중함, 노란색 모자는 장점과 긍정적 가치, 초록색 모자는 창의적인 아이디어의 발상, 마지막으로 파란색 모자는 통제를 의미한다. '모자 기법'이라고 한 것은 모자는 머리에 쓰는 것이고, 아이디어는 머리에서 나오는 것이므로 모자를 통해 아이디어를 한 가지로 제한한다는 의미를 표현한 것이다. 특정한 색깔의 모자를 쓰고 있다고 상상함으로써 한 가지 사고만을 하도록 한 것이며, 실제로 모자를 쓴 것처럼 시각화하기 위해 색깔을 모자에 부여한 것이다. 각각의 색깔은 고유한 상징을 가질 수 있기 때문에 연상 작용을 불러일으키기에 적절하다는 것이다.

여섯 색깔의 모자는 여섯 가지 사고의 기본 양식이 된다. 고유한 색깔은 특정한 형태의 사고를 요구하는 것이다. 즉, 한 번에 한 가지 색깔의 모자만을 사용함으로써 한 가지 유형의 사고만을 하게 된다. 또한, 모자를 바꿔 쓰는 것처럼 여섯 색깔의 모자를 통해 하나의 사고 양식에서 다른 양식으로 사고를 바꿀 수 있다. 이 모자들은 특정한 사고 양식과 사고에 대한 의지와 욕구를 불러일으키고 일상적인 사고의 틀과는 다른 관점에서 사고할 수 있도록 해주는 역할을 한다. '여섯 색깔 생각의 모자' 기법의 특징을 정리하면 다음과 같다.

① '역할 연기(Role Playing)' 방식의 기법

토론이나 회의에서 아이디어를 제시하고 타인의 반론을 받을 경우, 뜻하지 않게 감정적이 되어서 자신 논리를 방어하려고 한다거나, 불필요하게 소모적인 논쟁을 하기 쉽다. 이 과정에서 아이디어와 의도는 왜곡되기 쉽다. 그러나 이 기법은 감정이나 자신에 대한 방어는 접어 두고 여섯 색깔의 모자가 지닌 특성에 맞추어 다른 역할을 해보는 것이고, 제안한 아이디어가 반박이 나오더라도 자신에 대한 반박이나 공격이 아니기 때문에 감정과 논리를 분리할 수 있게 된다.

② 의도적인 사고

여섯 색깔 생각의 모자 기법은 주제에 대해 여섯 가지의 서로 다른 관점에서 의도적인 생각의 방향과 지향점을 제공해 준다. 우리의 사고 과정이 길을 잃지 않고 원하는 목적지에 도달하기 위해서 특정한 방향으로의 지향점을 만들어 준다고 할 수 있다.

③ 편리성

모자의 색깔은 미리 약속된 정해진 의미가 있고, 참가자들은 이것을 미리 파악하고 있기 때문에 자신은 물론 타인의 발언과 질문의 의도를 이해하고 수용하는 데 편리하다. 뿐만 아니라 아이디어 발상과 회의 진행에 유연함을 더할 수 있다.

④ 우뇌와 좌뇌를 모두 활용

여섯 색깔 생각의 모자 기법은 색깔에 자극을 받는 우뇌에 영향을 미쳐 자유롭게 상상하고 아이디어를 펼칠 수 있도록 해준다. 뿐만 아니라 생성된 아이디어를 색깔의 의미에 맞추어 정리할 때에는 좌뇌를 자극시킨다. 즉, 우뇌와 좌뇌를 모두 자극하고 활용하도록 해주는 아이디어 기법인 것이다.

⑤ 다양한 사고 유형의 활용

여섯 색깔 생각의 모자 기법은 여섯 가지의 서로 다른 사고를 통해 새로운 관점에서 사고하도록 함으로써 풍부한 아이디어를 얻을 수 있도록 해준다.

3) 여섯 색깔 생각의 모자 기법의 장점과 단점

① 장점

- 다양한 사고 유형을 접하게 됨으로써 새로운 관점에서 창의적 사고를 할 수 있게 된다.
- 한 번에 한 가지씩 사고하고 해결할 수 있기 때문에 효율성이 높아지고 시간이 절약된다.
- 참가자들이 하나의 사고 방향을 가지고 집중하여 아이디어를 발상할 수 있기 때문에 논쟁의 우려가 적어져 회의를 효과적으로 진행할 수 있게 된다.
- 모자의 특성에 따라 발언하기 때문에 중립적이고 객관적인 문제해결이 가능하다.

② 단점

- 정해진 모자의 특성을 잘못 파악하게 되면 회의 진행이 어려울 수 있다. 따라서 리더는 사전에 기법에 대해 충분히 숙지하고, 정해진 주제의 어느 부분에 어떤 색깔 모자의 사고를 활용할 것인가를 미리 점검하고 준비해야 한다.

- 참가자들이 기법에 익숙하지 않을 경우 기존 아이디어 회의 방식의 틀에서 벗어나지 못하게 될 수도 있다. 따라서 리더는 회의를 시작하기 전에 기법에 대해 충분히 설명하고, 실제로 색깔별 모자를 준비한다거나, 색깔을 시각적으로 볼 수 있게 회의 장소에 준비하는 것이 좋다. 회의 시작 전 색깔에 대한 이미지 트레이닝을 하는 것도 효과적이다.

4) 여섯 색깔 생각의 모자 기법의 원칙

모자를 쓰는 순서 등에 대한 원칙은 없지만, 반드시 지켜야 할 원칙 2가지가 있다.

① 모자의 선택권은 리더만 보유

모자의 선택권은 오직 리더만 가질 수 있다. 참가자들은 자신의 임의대로 모자를 선택할 수 없고, 리더의 진행에 협조해야 한다.

② 시간 활용의 원칙

가능한 발언 시간을 모두 사용하되 1인당 1분 정도의 발언 시간을 허용하는 것이 바람직하다. 예를 들어 5명이 회의를 하고 있다면, 한 모자당 한 사람이 1분씩 발언하고, 하나의 모자는 전체 5분으로 운영하는 것이다. 한 사람이 발언 시간을 오래 갖거나 길게 끌게 되면 효율적인 회의 진행을 할 수 없다. 물론 중요한 아이디어가 나올 경우에는 시간을 제한하기보다는 깊이 있게 토의하는 것도 필요하다.

5) 여섯 색깔 생각의 모자 기법을 활용한 아이디어 회의 프로세스

'여섯 색깔 생각의 모자' 기법을 활용한 회의를 성공적으로 진행하기 위해서는 참가자들이 모자의 특성에 맞는 발언을 해야 한다. 즉, 각각의 색깔에 대한 역할을 잘 이해해야 하는 것이다. 이것이 습관화되기까지는 시간이 걸릴 수 있으므로 리더는 각 색깔 모자의 특성을 잘 파악하고, 모자에 맞는 질문을 잘 활용할 필요가 있다.

'여섯 색깔 생각의 모자' 기법을 활용한 회의는 집단 회의 프로세스와 동일하다. 실제 회의 시에 적절한 시점에 모자를 바꿔 주고, 모자가 갖는 의미에 맞게 아이디어를 발언하도록 진행하면 된다. 집단 회의에 맞춰 프로세스를 구성해보면 다음과 같다.

① 구체적인 주제 선정

회의 주제는 구체적인 것으로 정하도록 한다.

② 참가자 선정

바람직한 참가자의 수는 4~6명으로, 10명 이내로 하는 것이 좋다. 참가자 선정에 특별한 제약은 없지만, 참가자들이 모자의 특성에 맞는 역할 연기를 잘 수행해야 하므로 기법에 익숙할수록 좋다. 그렇지 않다면 '여섯 색깔 생각의 모자' 기법에 대한 자료를 사전에 나누어 주고, 한 번씩 읽어오도록 하는 것도 좋은 방법이다.

③ 회의의 리더 임명

리더는 기법을 잘 이해하고 숙지하고 있어야 하며, 유연한 사고와 혁신적인 자세를 가진 사람으로 선정하는 것이 좋다. 또한, 참가자의 의견을 존중하고, 최대한 모든 참가자들이 충분히 발언할 수 있는 기회를 주어야 한다. 리더는 주제와 진행에 맞게 적절한 모자를 쓸 것을 요청하고, 적절한 질문을 활용해 참가자들이 모자의 특성을 잘 이해하고 회의에 적극적으로 참가할 수 있도록 유도한다. 또한, 시간 관리를 잘하여 참가자들의 발언 시간을 조정해 주어야 한다. 회의 시작 전에 그라운드 룰을 정해 발언 시간이 초과하면 리더에 의해 중단될 수도 있음을 상기시켜 효율적인 회의가 될 수 있도록 하고, 참가자의 자존심을 존중하는 태도를 보여야 한다.

④ 서기 임명

서기는 참가자들의 발언을 기록하고 정리한다. 발언의 요지를 잘 살려 정리하도록 하고, 너무 축약하여 의미를 훼손하지 않도록 주의한다. 또한, 정리된 내용은 리더와 참가자들에게 적절히 제공하여 회의의 진행을 도와야 한다.

⑤ 휴식 시간

리더는 시간 관리를 할 수 있도록 하고, 중간중간에 적절한 휴식을 취할 수 있도록 한다. 휴식 시간을 갖게 될 때 리더는 지금까지의 회의 내용을 정리하여 공유하고, 휴식 시간이 끝나고 회의가 재개될 때 다시 한 번 지난 시간까지의 회의 내용과 이번 시간부터 계속될 내용에 대해 공유할 수 있도록 한다.

⑥ 회의 실시

리더의 제안에 따라 '여섯 색깔 생각의 모자'를 한 번에 하나씩 쓰고 그에 맞는 사고와 발언을 통해 회의를 진행한다. 모자를 쓰는 순서는 따로 없으며, 리더가 주제와 진행에 맞게 적절하게 조절하도록 한다.

| 표 1-10 | 활용도를 높이기 위한 사전 체크리스트

	항목	일시	기한	완료 여부	협의 부서	비고
1	구체적인 주제의 선정					
2	참가자 선정 및 일정 확인					
3	참가자 사전 안내 및 공지					
4	회의 장소 선정 및 예약					
5	준비물(플립차트, 화이트보드, 전지, 마카펜, 메모지, 필기구 등)					
6	간단한 다과					
7	회의 안내문 공지					
8	회의실 세팅					
9	회의 시나리오 작성 (인사말/ 아이스브레이킹/ 정리 멘트 등)					
기타 의견 및 특이 사항						

| 표 1-11 | **활용도를 높이기 위한 사후 평가지**

	문항	Yes	No	비고
1	주제는 구체적으로 적절하게 선정되었는가?			
2	참가자는 적절하게 구성되었는가?			
3	회의 장소는 조용하고 쾌적하였는가?			
4	기록과 메모를 위한 준비는 잘 되었는가?			
5	리더는 역할을 잘 수행했는가?			
6	참가자들이 기법에 대해 충분히 숙지하였는가?			
7	참가자들이 모자의 역할을 잘 연기했는가?			
8	발언을 길게 끄는 참가자가 있었는가? 있었다면 리더에 의해 적절하게 통제되어 효율적으로 진행되었는가?			
9	회의 단계에 맞는 모자가 적절하게 사용되었는가?			
10	아이디어는 문제해결에 도움이 되는가?			
11	시간 관리는 적절했는가?			
12	계획된 시간 대비 진행된 시간은?	계획 시간: / 진행 시간:		
기타 의견 및 특이 사항				

| 표 1-12 | **활용도를 높이기 위한 여섯 색깔 생각의 모자 아이디어 회의 매뉴얼**

단계	중점 추진 사항	유의 사항	준비물	협조 사항
사전 준비 단계	구체적인 주제 선정	회의 주제는 구체적인 것으로 정하도록 한다. 자료가 필요하다면, 관련 부서에 협조를 얻어 미리 사전에 수집·정리해 놓도록 한다.		자료에 대해 관련 부서 협조 요청
	참가자 선정	바람직한 참가자의 수는 4~6명으로 10명 이내로 하는 것이 좋다. 1) 참가자들이 모자의 특성에 맞는 역할 연기를 잘 수행해야 하므로 기법에 익숙할수록 좋다. 그렇지 않다면, '여섯 색깔 생각의 모자' 기법에 대한 자료를 사전에 나눠 주고 한 번씩 읽어오도록 하는 것도 좋은 방법이다. 2) 현업의 일정을 고려하여 미리 참가 대상자를 선정한 후 유선상으로 일정을 확인하여 참가 여부를 결정하도록 한다. 3) 만약 결정해야 할 안건이 있을 경우 결정권자가 참석하는 것이 좋지만, 권위에 의해 자유로운 회의가 방해받지 않도록 사전에 회의의 취지를 설명할 수 있도록 한다.		참가자 일정 확인
	회의 장소 선정	회의 장소는 조용하고 쾌적한 곳이 좋다. : 다른 회의나 교육에 방해를 받지 않는 조용하고 쾌적한 곳으로 선정하되, 너무 넓지 않은 곳으로 한다.		회의 장소 예약 및 협조
	회의 내용 공지	선정된 주제, 대상, 장소, 일시 등을 사내 양식에 따라 공지한다. : 공지한 이후 일정에 차질이 없도록 유선상으로 한 번 더 확인하는 것이 좋다.		

단계	중점 추진 사항	유의 사항	준비물	협조 사항
사전 준비 단계	회의실 세팅	회의실 세팅은 아래와 같이 하도록 한다. 1) 참가 인원에 맞게 탁자나 책상을 배치한다(책상은 타원형이나 사각형이 좋다). 2) 참가자 전원이 상호 간 얼굴을 볼 수 있도록 배치한다. 3) 회의 도중 메모나 기록을 통해 아이디어를 자극할 수 있도록 플립차트, 화이트보드를 준비해도 좋다. 4) 서기를 위해 회의록 등을 준비한다. 5) 참가자들에게도 간단한 메모지와 필기구를 세팅한다. 6) 주제의 정확한 인지를 위해 플립차트 상단에 주제를 적어 놓는 것도 좋다. 7) 회의를 위한 세팅이 끝나면 회의실 주변을 깔끔하게 정리하여 산만해지지 않도록 한다. 8) 참가자를 위한 간단한 다과를 준비하는 것도 좋다. ［플립차트 | 책상］	• 플립차트 (화이트보드) • 전지 • 마카펜 • 메모지 • 필기구 • 간단한 다과	회의 장소 확인 및 협조
	최종 점검	모든 준비가 끝났으면, 사전 체크리스트를 확인하며 최종 점검하도록 한다.	사전 체크리스트	

단계	중점 추진 사항	유의 사항	준비물	협조 사항
회의 진행 단계	상호 간 인사 및 아이스브 레이킹	진행자는 회의의 개회를 선언하고 다음과 같은 순서에 의해 진행한다. 1) 진행자 인사말: 진행자 소개/ 참가자 존중/ 참석에 대한 감사 인사 　* 필요하다면 시나리오를 작성해 본다. 2) 참가자 상호 간 인사: 부서/ 직책(직급)/ 성명/ 관심사 등 3) 아이스브레이킹은 진행자가 별도로 주제와 관련된 가벼운 소재로 준비해도 좋고, 참가자 상호 간 소개와 인사를 통해 진행해도 좋다. 4) 아이스브레이킹이 끝나면 주제에 대해 설명하고, 회의 방법, 운영 시간 등 개요에 대해 소개한다. 5) 리더와 서기를 선정하도록 한다. 참가자 자율로 정해도 좋고, 운영자가 효과적인 회의를 위해 적임자를 미리 선정하여 회의 시작 전 소개해도 무방하다. 6) 리더와 서기가 미리 선정된 경우에는 사전에 운영 원칙에 대해 충분히 조율하도록 한다. 7) 참가자들이 자율적으로 선정한 경우에는 선정된 리더와 서기의 역할에 대해 회의 시작 전 알려 주어 충분히 숙지하도록 한다. 8) 회의의 내용에 따라 진행자가 리더나 서기를 맡아도 무방하다. 9) 리더나 서기는 겸임도 가능하다.	• 인사말 • 아이스브레이킹 　시나리오	
	회의 진행	리더는 참가자들에게 기법의 특징과 방법, 시간 관리 룰에 대해 다시 한 번 안내하여 참가자들에게 동기 부여를 충분히 하고 회의를 시작하는 것이 좋다.		

단계	중점 추진 사항	유의 사항	준비물	협조 사항

회의
진행
단계
	회의 진행	1. 리더의 역할
		  1) 사람들의 긴장을 풀기 위해 유머와 재치 있는 질문들을 활용한다.
		  2) 과제에 초점을 맞출 수 있도록 한다.
		  3) 어떠한 아이디어라도 좋다는 입장을 갖는다.
		  4) 아이디어를 풍부하게 확대 재생산할 수 있도록 질문을 활용한다.
		    [예] '그 밖에 또 뭐가 있죠?', '그리고 어떻게 하면 좋을까요?' 등
		  5) 참가자를 존중하고 그들의 독특한 가치를 인정한다.
		  6) 기법에 따라 적절하게 참가자들에게 모자의 특성에 맞는 사고를 해줄 것을 요청한다.
		  7) 시간을 잘 관리하여 주어진 시간에 원하는 결과를 도출할 수 있도록 한다.
		2. 서기의 역할
		  서기는 참가자들의 발언을 기록하고 정리한다. 발언의 요지를 잘 살려 정리하도록 하고, 너무 축약하여 의미를 훼손하지 않도록 주의한다. 정리된 내용은 리더와 참가자들에게 적절히 제공하여 회의의 진행을 돕는다.		

	휴식 시간	불필요하게 회의가 길어지지 않도록 리더는 시간 관리를 할 수 있도록 하고, 중간중간에 적절한 휴식을 취할 수 있도록 한다.		

단계	중점 추진 사항	유의 사항	준비물	협조 사항
회의 진행 단계	회의 실시	1. 리더는 제안에 따라 '여섯 색깔 생각의 모자'를 한 번에 하나씩 쓰고 그에 맞는 사고와 발언을 통해 회의를 진행한다. 모자를 쓰는 순서는 따로 없으며, 리더가 주제와 진행에 맞게 적절하게 조절하도록 한다. 2. 모자의 활용 순서가 명확히 정해진 바는 없지만 '제시된 아이디어에 대한 의사를 결정할 때'와 '새로운 아이디어를 찾는 경우'는 진행 순서가 조금 다르다는 것에 유념한다.		
정리 단계	폐회 선언	회의가 종료된 후 진행자는 참가자의 적극적인 참여와 좋은 아이디어에 대한 감사 인사를 하고 폐회를 선언한다. * 폐회 인사: 회의 주제와 진행 사항 정리/ 참가자 존중/ 감사 인사/ 향후 일정에 대한 안내	정리 멘트	
	회의 장소 정리	회의실을 원래 상태로 정리하고 소등, 퇴실한다.	회의 장소 정리	
	Feed–Back	정리된 아이디어나 결정된 사항을 사내 양식으로 정리하여 참가자들에게 공지하고, 전사적 공유가 필요한 경우 사내 인트라넷 망을 통해 회의 내용을 공유하도록 한다.		

7 창의적 사고 기법: 마인드맵(Mind Map)

1) 마인드맵이란?

마인드맵은 영국의 심리학자인 토니 부잔(Tony Buzan)이 개발한 아이디어 기법으로 세계 50개국 초등학교 교과서에도 소개되어 있을 정도로 유명한 아이디어 기법이다. 마인드맵이란 '생각의 지도'라는 뜻으로 특정 주제를 종이 한가운데에 그림과 이미지로 표현해 두고 그로부터 방사형으로 자유롭게 가지를 쳐서 핵심 단어, 이미지, 색깔, 기호 등으로 아이디어를 펼치고 정리하는 기법이다. 아이디어를 발상함과 동시에 정리할 수 있어 매우 유용하고 편리하다. 그림과 이미지를 통해 우뇌를 자극하고, 단어를 통해 좌뇌를 자극함으로써 우뇌와 좌뇌를 동시에 활용할 수 있게 되어 창의적 사고를 자극할 뿐만 아니라, 기억력을 높이는 데에도 도움이 된다.

토니 부잔은 7살 때부터 같은 반 친구들 중 어떤 친구는 똑똑하고 어떤 친구는 그렇지 않은 점에 대하여 의문을 가졌다고 한다. 이 의문은 이후에도 계속 그의 머리를 떠나지 않았고, 대학 시절부터 연구를 진행한 결과, 그 원인이 바로 사람이 두뇌를 어떻게 효율적으로 사용하는지에 달려 있다는 결론을 얻게 되었다고 한다. 그래서 토니 부잔은 우뇌와 좌뇌를 모두 사용하여 효율적으로 두뇌를 사용할 수 있는 기법을 개발하게 되었고, 그것이 바로 마인드맵이다.

2) 마인드맵의 특징

마인드맵은 매우 쉽고 간단하여 일상생활뿐만 아니라 업무에도 쉽게 적용이 가능한 기법이다. 마인드맵의 특징은 다음과 같이 정리해 볼 수 있다.

① 방사형 사고(Radiant Thinking)

창의적 사고가 우뇌와 좌뇌의 효과적인 상호 작용을 기반으로 한다는 것에 근거하면, 방사형 사고는 마인드맵의 핵심이다. 우리의 뇌는 하나의 주제에 대해 생각을 떠올림에 있어서 자유분방하게 사방팔방으로 '방사형' 사고를 한다고 한다. 또한, 이 생각을 계속 이어 나가고 집중할 수 있는 시간이 제한적이어서 자세히 기록하는 데에 한계가 있다는 것이다. 마인드맵은 이러한 두뇌의 방사형 사고를 자연스럽게 그대로 따르는 기법이다.

② 사고력 개발

마인드맵은 그림과 이미지, 핵심 단어, 색깔과 기호 등을 사용하여 우뇌와 좌뇌를 효과적으로 연결하고 활용함으로써 우리 뇌의 기능을 최대한 발휘할 수 있도록 유도한다. 이를 통해 사고력이 개발될 수 있다.

③ 집중력을 높이는 기법

복잡한 현대 사회를 살아가는 현대인들은 한번에 많은 일을 동시에 처리하는 멀티플레이를 하고 있는 듯하지만, 사실 사람은 한 번에 한 가지 이상의 일에 집중하지 못한다. 집중할 수 있는 시간은 대상과 대상에 대한 흥미에 따라 차이가 있지만, 보통 5~7분 정도밖에 되지 않는다고 한다.

자세하고 상세하게 기록하면 내용은 길어질 수밖에 없고, 이렇게 되면 사람들은 많은 정보에 집중하지 못한다. 마인드맵은 그림과 이미지, 핵심 단어를 이용하여 사람들이 집중할 수 있도록 도와준다.

④ 기억력을 높이는 기법

마인드맵은 단순히 아이디어와 정보를 나열하고 정리하는 것이 아니라 연상과 동시에 정리하여 오래 기억할 수 있도록 해준다.

마인드맵은 색깔, 이미지, 도형 등을 활용하여 우뇌를 자극하고, 단어나 숫자 등을 통해 좌뇌를 활용할 수 있도록 하여 우뇌와 좌뇌를 효과적으로 연결한다. 이를 통해 우리의 사고 기능과 기억력을 향상시키는 데 도움을 준다.

3) 마인드맵의 장점과 단점

① 장점
- 짧은 시간 동안 많은 아이디어를 발상할 수 있다.
- 창의적 아이디어의 발상과 동시에 논리적인 순서나 세부 사항의 정리 및 체계화를 가능하게 한다.
- 많은 양의 정보를 한 장으로 효율적으로 정리할 수 있다.
- 전체 내용을 보다 오랫동안 기억할 수 있게 한다.
- 일상생활부터 업무 영역까지 폭넓게 활용될 수 있다.

② 단점

- 이미지의 표현과 깔끔한 정리에 치우치게 되면 비효율적이 될 수 있다. 중요한 것은 아이디어의 발상이므로 표현은 정리 단계에서 하도록 하고, 핵심 단어와 이미지를 통한 아이디어의 발상에 집중하도록 한다.
- 너무 화려하고 현란한 색깔을 사용하거나 단어나 이미지를 너무 함축적으로 표현하게 되면 나중에 알아보기 어려울 수도 있다. 아이디어의 흐름을 중요시하는 태도가 필요하다.

4) 마인드맵을 활용한 아이디어 회의 프로세스

마인드맵의 프로세스는 매우 단순하고 쉽다. 핵심 단어나 중심 이미지를 주제로 삼고, 이것과 관련하여 연상되는 것들을 주변에 나열한 다음, 서로 간의 관계를 연결하면 되는 것이다. 시각적으로 이미지화하는 것도 필요하지만, 중요한 것은 형식이 아니라 아이디어의 흐름과 자유로운 발상이기 때문에 빠른 시간 내에 결론을 얻고자 할 때는 문자와 단어 중심으로 작성해도 좋다.

마인드맵 기법을 집단 회의의 프로세스에 맞추어 구성하면 다음과 같다.

① 구체적인 주제 선정

회의 주제는 구체적인 것으로 정하도록 한다. 주제는 서술형보다는 간단한 단어로 표현하는 것이 좋다. 서술형의 주제가 선정되었다면, 실제 회의를 진행하면서 이것을 핵심 단어나 이미지로 표현하는 별도의 작업을 거치면 된다.

② 참가자 선정

바람직한 참가자의 수는 4~6명으로 10명 이내로 하는 것이 좋다. 참가자 선정에 특별한 제약은 없지만, 문제해결이 필요한 경우 문제와 관계된 사람들로 구성하는 것이 바람직하다.

③ 회의의 리더 임명

리더는 기법을 잘 이해하고 숙지하고 있어야 하며, 유연한 사고와 혁신적인 자세를 가진 사람으로 선정하는 것이 좋다. 리더는 참가자의 의견을 존중하고, 최대한 모든 참가자들이 충분히 참여할 기회를 주어야 한다.

④ 서기 임명

서기는 참가자들의 발언을 마인드맵으로 표현하도록 하고, 발언의 요지를 잘 살려 정리·기록하도록 한다. 이미지나 기호로 표현하고, 설명이 될 수 있는 단어들로 표현하면 더욱 효과적이다. 단, 너무 축약하여 의미를 훼손하지 않도록 주의한다. 정리된 내용은 리더와 참가자들에게 적절히 제공하여 회의의 진행을 돕는다. 회의의 형태나 주제에 따라 서기를 두지 않고 참가자들에게 자유롭게 표현할 수 있도록 하거나, 같은 주제에 대해 참가자들에게 각자 마인드맵을 작성하게 한 후, 취합하여 선택하는 것도 좋은 방법이 될 수 있다.

⑤ 휴식 시간

리더는 시간 관리를 할 수 있도록 하고, 중간중간에 적절한 휴식을 취할 수 있도록 한다. 휴식 시간을 갖게 될 때 리더는 지금까지의 회의 내용을 정리하여 공유하고, 휴식 시간이 끝나고 회의가 재개될 때, 다시 한 번 지난 시간까지의 회의 내용과 이번 시간부터 계속될 내용에 대해 공유할 수 있도록 한다.

⑥ 마인드맵의 작성

마인드맵을 작성하는 단계로, 세부적으로 구분하면 다음과 같다.

- 마인드맵 작성 준비 단계
- 주제 작성 단계
- 하위 주제 작성 단계
- 확장 및 전개 단계
- 완성 및 점검 단계

다음에서 마인드맵의 작성 단계를 자세히 살펴보도록 하자.

5) 마인드맵의 작성 단계

① 마인드맵 작성 준비 단계

마인드맵의 작성 준비 단계는 다음과 같다.

- **용지 준비**: 용지는 클수록 좋다. 집단적으로 작성할 경우는 전지, 개인적으로 작성할 경우는 B4(또는 A3) 용지를 준비한다.
- **컬러펜 준비**
  - 그림과 기호 등을 그리기 위해 컬러펜을 준비한다(보통 흑, 청, 적 3색 또는 녹, 황을 추가하여 5가지 색).
  - 회의를 시작하기 전에 미리 준비해 놓았다면, 이 단계는 생략해도 좋다.
  - 주제나 회의의 성격에 따라 각자 마인드맵을 실시한 후에 취합하는 경우는 이 단계에서 진행자나 리더가 참가자들에게 용지와 펜을 나누어 주도록 한다.

② 주제 작성 단계

주제 작성 단계는 용지의 중앙에서부터 시작한다. 핵심 단어나 중심 이미지를 용지의 중앙에 작성하는 것이다. 함축적인 단어, 주제를 상징화한 그림, 이미지, 기호, 사진 등 주제를 가장 효과적으로 시각화하면서 상상력을 자극할 수 있는 방법을 선택한다. 중심 이미지는 계속해서 뻗어 나갈 아이디어에 많은 영향을 주게 되므로 주제를 잘 시각화할 수 있도록 하는 것이 중요하다. 단, 용지의 크기를 고려하여 적당한 크기로 작성해야 한다. 채색이 필요하면 컬러펜을 이용해 표현하도록 하되 구속을 뜻하는 '틀'이나 '테두리'는 만들지 않는 것이 좋다.

③ 하위 주제 작성 단계

중심 이미지나 핵심 단어에서 연상되는 아이디어를 표현하는 단계이다. 하위 주제는 가급적 문자로 표현해야 나중에 알아보기 쉽고, 혼란이 생기지 않는다. 그렇기 때문에 기본적으로 문자로 표현하고 그림을 추가하는 형식이 좋다. 하위 주제들을 모두 작성하고 나중에 연결해도 무방하지만, 이 단계에서 연결하고 싶다면 주제에서 연결되는 하위 주제는 굵은 선으로 연결하되 주제 쪽 방향을 좀 더 굵게 표현하는 것이 시각적으로 효과적이다. 연결 가지 위에 필요한 단어를 표현해도 좋다. 중요한 것은 형식이 아니라 주제로부터 자유롭게 연상되는 아이디어를 도출하는 것이므로 연결 가지 등의 표현은 나중에 추가해도 된다. 이 단계에서는 아이디어에 집중하도록 하자.

④ 확장 및 전개 단계

확장 및 전개 단계는 다음과 같다.

- 하위 주제에서 연상되는 것을 세부적으로 기록하고 표현하여 생각의 흐름을 나타낸다.
- 하위 주제에서 확장되는 아이디어는 문자나 그림으로 자유롭게 표현해도 좋다.
- 가지를 연결하고 싶다면 주제와 하위 주제의 연결 가지보다는 가늘게 표현하고, 글씨도 작게 쓰도록 한다. 그래야 구분이 되고 생각의 흐름을 정확히 파악할 수 있기 때문이다.
- 가지의 연결은 마지막 단계에서 완성해도 무방하므로 이 단계에서도 역시 아이디어에 집중하도록 한다. 단, 생각의 흐름에 따라 용지상에서 주제와 하위 주제 및 세부 사항의 위치는 구분해 놓도록 한다.

⑤ 완성 및 점검 단계

주제로부터의 아이디어 생산이 끝났으면, 이제 마인드맵을 완성해야 할 단계이다.

- 주제와 하위 주제 및 세부 사항의 가지를 연결한다. 가지의 뿌리 부분을 좀 더 굵게 표시하는 것이 시각적으로 효과적이며, 색깔도 자유롭게 활용하도록 한다.
- 상호 관련 있는 하위 주제나 세부 사항들은 화살표로 연결한다.
- 혼란을 가져올 수 있는 단어나 문장, 이미지 등을 주제에 맞게 수정하고, 불필요하면 삭제한다.

| 표 1-13 | **활용도를 높이기 위한 사전 체크리스트**

	항목	일시	기한	완료 여부	협의 부서	비고
1	구체적인 주제의 선정					
2	참가자 선정 및 일정 확인					
3	참가자 사전 안내 및 공지					
4	회의 장소 선정 및 예약					
5	준비물 (플립차트, 화이트보드, 전지, 마카펜, B4(A3) 용지, 컬러펜, 메모지, 필기구 등)					
6	간단한 다과					
7	회의 안내문 공지					
8	회의실 세팅					
9	회의 시나리오 작성 (인사말/ 아이스브레이킹/ 정리 멘트 등)					
기타 의견 및 특이 사항						

| 표 1-14 | **활용도를 높이기 위한 사후 평가지**

	문항	Yes	No	비고
1	주제는 시각적으로 적절하게 표현되었는가?			
2	참가자는 적절하게 구성되었는가?			
3	회의 장소는 조용하고 쾌적하였는가?			
4	리더는 역할을 잘 수행했는가?			
5	참가자들이 기법에 대해 충분히 숙지하였는가?			
6	참가자들이 적극적으로 참가했는가?			
7	마인드맵은 연상하기 쉽고, 기억하기 쉽게 작성되었는가?			
8	아이디어는 문제해결에 도움이 되는가?			
9	시간 관리는 적절했는가?			
10	계획된 시간 대비 진행된 시간은?	계획 시간:　/진행 시간:		
기타 의견 및 특이 사항				

| 표 1-15 | **활용도를 높이기 위한 마인드맵 아이디어 회의 매뉴얼**

단계	중점 추진 사항	유의 사항	준비물	협조 사항
사전 준비 단계	구체적인 주제 선정	1. 회의 주제는 구체적인 것으로 정하도록 한다. 　주제는 서술형보다는 간단한 단어로 표현하 　는 것이 좋다. 2. 서술형의 주제가 선정되었다면, 실제 회의를 　진행하면서 이것을 핵심 단어나 이미지로 표 　현하는 별도의 작업을 거치면 된다. 3. 자료가 필요하다면, 관련 부서에 협조를 얻어 　미리 사전에 수집·정리해 놓도록 한다.		자료에 대해 관련 부서 협조 요청
	참가자 선정	바람직한 참가자의 수는 4~6명으로 10명 이내 로 하는 것이 좋다. 1) 참가자 선정에 특별한 제약은 없지만, 문제해 　결이 필요한 경우 문제와 관계된 사람들로 구 　성하는 것이 바람직하다. 2) 현업의 일정을 고려하여 미리 참가 대상자를 　선정한 후 유선상으로 일정을 확인하여 참가 　여부를 결정하도록 한다. 3) 만약 결정해야 할 안건이 있을 경우 결정권자 　가 참석하는 것이 좋지만, 권위에 의해 자유로 　운 회의가 방해받지 않도록 사전에 회의의 취 　지를 설명할 수 있도록 한다.		참가자 일정 확인
	회의 장소 선정	회의 장소는 조용하고 쾌적한 곳이 좋다. : 다른 회의나 교육에 방해를 받지 않는 조용하고 쾌적한 곳으로 선정하되, 너무 넓지 않은 곳으로 한다.		회의 장소 예약 및 협조
	회의 내용 공지	선정된 주제, 대상, 장소, 일시 등을 사내 양식에 따라 공지한다. : 공지한 이후 일정에 차질이 없도록 유선상으 로 한 번 더 확인하는 것이 좋다.		

단계	중점 추진 사항	유의 사항	준비물	협조 사항
사전 준비 단계	회의실 세팅	회의실 세팅은 아래와 같이 하도록 한다. 1) 참가 인원에 맞게 탁자나 책상을 배치한다(책상은 타원형이나 사각형이 좋다). 2) 참가자 전원이 상호 간 얼굴을 볼 수 있도록 배치한다. 3) 회의 도중 메모나 기록을 통해 아이디어를 자극할 수 있도록 플립차트, 화이트보드를 준비해도 좋다. 4) 마인드맵 작성을 위해 전지 또는 B4(A3) 용지, 컬러펜(3색 또는 5색)을 준비한다. 5) 참가자들에게도 간단한 메모지와 필기구를 세팅한다. 6) 주제의 정확한 인지를 위해 플립차트 상단에 주제를 적어 놓는 것도 좋다. 7) 회의를 위한 세팅이 끝나면 회의실 주변을 깔끔하게 정리하여 산만해지지 않도록 한다. 8) 참가자를 위한 간단한 다과를 준비하는 것도 좋다. ┌──┬──────────┐ │플립차트│ 책상 │ └──┴──────────┘	• 플립차트 (화이트보드) • 전지 • B4(A3) 용지 • 마카펜 • 컬러펜 • 메모지 • 필기구 • 간단한 다과	회의 장소 확인 및 협조
	최종 점검	모든 준비가 끝났으면, 사전 체크리스트를 확인하며 최종 점검하도록 한다.	사전 체크리스트	

단계	중점 추진 사항	유의 사항	준비물	협조 사항
회의 진행 단계	상호 간 인사 및 아이스브레이킹	진행자는 회의의 개회를 선언하고 다음과 같은 순서에 의해 진행한다. 1) 진행자 인사말: 진행자 소개/ 참가자 존중/ 참석에 대한 감사 인사 　* 필요하다면 시나리오를 작성해 본다. 2) 참가자 상호 간 인사: 부서/ 직책(직급)/ 성명/ 관심사 등 3) 아이스브레이킹은 진행자가 별도로 주제와 관련된 가벼운 소재로 준비해도 좋고, 참가자 상호 간 소개와 인사를 통해 진행해도 좋다. 4) 아이스브레이킹이 끝나면 주제에 대해 설명하고, 회의 방법, 운영 시간 등 개요에 대해 소개한다. 5) 리더와 서기를 선정하도록 한다. 참가자 자율로 정해도 좋고, 운영자가 효과적인 회의를 위해 적임자를 미리 선정하여 회의 시작 전 소개해도 무방하다. 6) 리더와 서기가 미리 선정된 경우에는 사전에 운영 원칙에 대해 충분히 조율하도록 한다. 7) 참가자들이 자율적으로 선정한 경우에는 선정된 리더와 서기의 역할에 대해 회의 시작 전 알려 주어 충분히 숙지하도록 한다. 8) 회의의 내용에 따라 진행자가 리더나 서기를 맡아도 무방하다. 9) 리더나 서기는 겸임도 가능하다.	• 인사말 • 아이스브레이킹 시나리오	
	회의 진행	리더는 참가자들에게 기법의 특징과 방법 등에 대해 다시 한 번 안내하여 참가자들에게 동기 부여를 충분히 하고 회의를 시작하는 것이 좋다.		

단계	중점 추진 사항	유의 사항	준비물	협조 사항
회의 진행 단계	회의 진행	1. 리더의 역할 1) 사람들의 긴장을 풀기 위해 유머와 재치 있는 질문들을 활용한다. 2) 과제에 초점을 맞출 수 있도록 한다. 3) 어떠한 아이디어라도 좋다는 입장을 갖는다. 4) 아이디어를 풍부하게 확대 재생산할 수 있도록 질문을 활용한다. [예] '그 밖에 또 뭐가 있죠?', '그리고 어떻게 하면 좋을까요?' 등 5) 참가자를 존중하고 그들의 독특한 가치를 인정한다. 6) 주제나 회의 성격에 따라 마인드맵을 집단적으로 실시할 것인지, 참가자들이 개별적으로 작성하여 취합할 것인지 결정한다. 7) 시간을 잘 관리하여 주어진 시간에 원하는 결과를 도출할 수 있도록 한다. 2. 서기의 역할 1) 서기는 참가자들의 발언을 마인드맵으로 표현하도록 한다. 2) 발언의 요지를 잘 살려 정리·기록하도록 한다. 이미지나 기호로 표현하고, 설명이 될 수 있는 단어들로 표현하면 더욱 효과적이다. 단, 너무 축약하여 의미를 훼손하지 않도록 주의한다. 정리된 내용은 리더와 참가자들에게 적절히 제공하여 회의의 진행을 돕는다. 3) 회의의 형태나 주제에 따라 서기를 두지 않고 참가자들에게 자유롭게 표현할 수 있도록 하거나, 같은 주제에 대해 참가자들이 각자 마인드맵을 작성하고 취합하여 선택하는 것도 좋은 방법이 될 수 있다.		
	휴식 시간	불필요하게 회의가 길어지지 않도록 리더는 시간 관리를 할 수 있도록 하고, 중간중간에 적절한 휴식을 취할 수 있도록 한다.		

단계	중점 추진 사항	유의 사항	준비물	협조 사항
회의 진행 단계	마인드맵 작성 준비 단계	1. 마인드맵의 작성 준비 단계는 다음과 같다. 　1) 용지를 준비한다. 　2) 그림과 기호 등을 그리기 위해 컬러펜을 준비한다. 회의를 시작하기 전에 미리 준비해 놓았다면, 이 단계는 생략해도 좋다. 2. 주제나 회의의 성격에 따라, 각자 마인드맵을 실시한 후 취합할 경우에는 이 단계에서 진행자나 리더가 참가자들에게 용지와 펜을 나누어 주도록 한다.	용지, 컬러펜	
	주제 작성 단계	주제 작성 단계는 다음과 같다. 1) 용지의 중앙에서부터 시작한다. 2) 핵심 단어나 중심 이미지를 용지의 중앙에 작성한다.		
	하위 주제 작성 단계	1. 중심 이미지나 핵심 단어에서 연상되는 아이디어를 표현하는 단계이다. 2. 하위 주제는 가급적 문자로 표현해야 나중에 알아보기 쉽고, 혼란이 생기지 않는다. 기본적으로 문자로 표현하고 그림을 추가하는 형식이 좋다. 3. 연결 가지 등의 표현은 나중에 추가해도 된다. 이 단계에서는 아이디어에 집중하도록 한다.		
	확장 및 전개 단계	확장 및 전개 단계는 다음과 같다. 1) 하위 주제에서 연상되는 것을 세부적으로 기록하고 표현하여, 생각의 흐름을 나타낸다. 2) 하위 주제에서 확장되는 아이디어는 문자나 그림을 자유롭게 표현해도 좋다. 3) 가지를 연결하고 싶다면, 주제와 하위 주제의 연결 가지보다는 가늘게 표현하고, 글씨도 작게 쓰도록 한다. 그래야 구분이 되고, 생각의 흐름을 파악할 수 있기 때문이다. 4) 가지의 연결은 마지막 단계에서 완성해도 무방하므로 이 단계에서도 역시 아이디어에 집중하도록 한다. 단, 생각의 흐름에 따라 용지 상에서 주제와 하위 주제 및 세부 사항의 위치는 구분해 놓도록 한다.		

단계	중점 추진 사항	유의 사항	준비물	협조 사항
회의 진행 단계	완성 및 점검 단계	주제로부터의 아이디어 생산이 끝났으면, 이제 마인드맵을 완성해야 할 단계이다. 1) 주제와 하위 주제 및 세부 사항의 가지를 연결한다. 가지의 뿌리 부분을 좀 더 굵게 표시하는 것이 시각적으로 효과적이며, 색깔도 자유롭게 활용하도록 한다. 2) 상호 관련 있는 하위 주제나 세부 사항들은 화살표로 연결한다. 3) 혼란을 가져올 수 있는 단어나 문장, 이미지 등을 주제에 맞게 수정하고, 불필요하면 삭제한다.		
정리 단계	폐회 선언	회의가 종료된 후 진행자는 참가자의 적극적인 참여와 좋은 아이디어에 대한 감사 인사를 하고 폐회를 선언한다. * 폐회 인사: 회의 주제와 진행 사항 정리/ 참가자 존중/ 감사 인사/ 향후 일정에 대한 안내	정리 멘트	
	회의 장소 정리	회의실을 원래 상태로 정리하고 소등, 퇴실한다.	회의 장소 정리	
	Feed-Back	정리된 아이디어나 결정된 사항을 사내 양식으로 정리하여 참가자들에게 공지하고, 전사적 공유가 필요한 경우 사내 인트라넷망을 통해 회의 내용을 공유하도록 한다.		

사례연구

아사히야마 동물원 이야기

홋카이도에 있는 작은 동물원인 아사히야마 동물원은 '날아다니는 펭귄'을 선보이며 선풍적인 인기를 끌었다. 펭귄이 어떻게 날 수 있냐고?

일반적으로 동물원을 방문하여 펭귄을 보면 짧은 다리와 팔로 뒤뚱거리며 걷는 모습밖에 볼 수 없었을 것이다. 펭귄의 팔다리는 땅 위를 걷기에는 적합하지 않지만, 바닷속에서는 시속 20km의 속도로 매우 빠르게 헤엄칠 수 있다. 이처럼 빠른 속도로 물고기를 사냥할 수 있는 것이다. 펭귄은 바닷속에서 빠르게 헤엄치기 위해 유선형 몸통과 강한 추진력을 낼 수 있는 날개와 다리를 갖게 되었다.

아사히야마 동물원은 펭귄이 물속에서 빠르게 헤엄치는 모습을 관람객들에게 보여 주었다. 동물원의 펭귄 우리를 수족관처럼 바꾼 것이다. 관람객은 수중 터널을 통해 펭귄의 역동적인 모습을 볼 수 있게 되었고, 이는 '날아다니는 펭귄'으로 아사히야마 동물원을 유명하게 만들었다. 이로 인해 일본 전역에서 아사히야마 동물원으로 관람객이 몰려들었다. 그뿐만 아니라 이 이야기는 드라마와 영화로도 제작되었으며, 책으로도 소개되었고, 기업들의 벤치마킹 대상이 되기도 했다.

아사히야마 동물원은 펭귄으로 히트를 치기 전에도 혁신적인 시도를 거듭해 왔었다. 처음에는 아이들이 직접 동물을 만져보는 체험을 할 수 있도록 하는 프로그램을 운영했다. 여기에서 더 나아가 점점 과감한 시도를 해나갔다. '새들의 마을'이라는 이름을 붙인 새장을 만든 것이다.

'새들의 마을'은 새를 우리 밖에서 관람하는 것이 아니라 새장 안으로 관람객이 들어가는 형태로, 새장을 아주 크게 만든 것이다. 이는 엄청난 발상의 전환이었다. 아사히야마 동물원은 여기에 그치지 않고 아주 놀라운 표범 우리를 제작하였다. 표범 우리에 높은 공간을 만들고, 표범이 그 위를 걸을 수 있도록 한 것이다. 그리고 관람객은 그 밑에서 표범을 관찰하게 했다. 이를 통해 관람객들은 평소에 볼 수 없는 표범의 배와 발바닥을 관찰할 수 있게 되었다. 더불어 고양이과인 표범은 높은 곳을 좋아하기 때문에 표범의 스트레스를 줄이는 효과도 누리게 되었다.

이와 같은 시도를 보면, 아사히야마 동물원은 관람객들에게 동물의 가장 활발한 모습을 보여주려는 일관성 있는 의도를 가지고 있음을 알 수 있다. 동물이 가지고 있는 본연의 모습을 보여주고자 한 것이다. 그뿐만 아니라 동물이 스트레스를 적게 받을 수 있도록 고심한 흔적도 엿보인다.

'동물원에서 관람객이 보고 싶어 하는 것은 무엇인가?', '동물이 가지고 있는 본연의 모습은 무엇인가?', '동물과 관람객이 함께 행복할 수 있는 방법은 무엇인가?' 등에 대해 끊임없이 질문하고 해답을 찾고자 노력한 것이다.

교육적 시사점

- 아이디어는 본질의 추구에서 나온다.
- 하나의 성공에서 멈추지 말고 끊임없이 새로운 아이디어를 추구하려는 노력이 필요하다.
- 작은 성공이 계속되면 큰 성과를 볼 수 있다.

탐구활동

1. 일상생활에서 창의력을 높이기 위한 자신만의 노하우를 개발하여 팀원들과 공유해 보자.

2. 주제를 정해 창의적 사고 기법을 적용하여 팀원들과 아이디어 회의를 진행해 보자. (자유 주제)

학습평가

정답 및 해설 p.252

※ 다음 문장의 내용이 맞으면 ○, 틀리면 ×에 ✓표시를 하시오. (1~4)

1   창의력은 훈련으로 개발할 수 없고, 타고나는 것이다. (○, ×)

2   창의력은 아이의 전유물이다. (○, ×)

3   조잡한 것을 정교하게 만드는 것도 기업에서 요구하는 창의력에 해당한다.
     (○, ×)

4   짧은 시간에 많은 아이디어를 생각해 내는 것은 기업에서 요구하는 창의력에 해
     당한다. (○, ×)

5   브레인스토밍의 기본 원칙으로 적절하지 않은 것을 고르시오.
     ① 비판 금지
     ② 자유로운 발상
     ③ 양보다 질
     ④ 결합과 개선

6   테레사 아마빌(Teresa Amabile) 교수가 언급한 창의의 3요소에 해당하지 않는
     것은?
     ① 전문 지식
     ② 열정
     ③ 창의적 사고 기법
     ④ 비판적 사고

7 희망점·결점 열거법의 장점으로 적절하지 않은 것을 고르시오.

① 활용이 쉬워 실무 경험이 없는 신입 사원들도 즉시 활용할 수 있다.

② 제품, 업무 프로세스, 조직의 제도 등 활용 범위가 넓다.

③ 브레인스토밍의 자유로운 발상을 충분히 활용하면서, 구체적인 개선 방안을 도출할 수 있다.

④ 결점 열거법만을 사용할 경우 새로운 아이디어를 얻기가 쉽다.

8 다음 설명에 해당하는 것은? (   )

> 9개의 블록을 가진 매트릭스에서 가운데 블록에 주제어를 적고, 이 주제와 관련되어 연상되는 아이디어를 나머지 8개의 블록에 자유롭게 적어 나가는 아이디어 발상 기법이다.

9 '여섯 색깔 생각의 모자' 기법에서 활용하는 모자의 색깔에 해당하지 않는 것은?

① 보라색

② 하얀색

③ 빨간색

④ 노란색

10 마인드맵의 장점으로 적절하지 않은 것을 고르시오.

① 짧은 시간 동안 많은 아이디어를 얻을 수 있다.

② 창의성을 자극함과 동시에 논리적인 순서나 세부 사항의 정리 및 체계화를 가능하게 한다.

③ 화려한 색채를 사용할수록 효과적이다.

④ 일상생활부터 업무 영역까지 폭넓게 활용될 수 있다.

Tip

브레인스토밍에서 많은 사람들이 발언하도록 하는 Tip

브레인스토밍을 위한 회의를 진행할 때, 참가자들이 모두 동일한 수준으로 참여하는 것은 아니다. 사람에 따라서 참여의 정도가 차이가 있을 수밖에 없다. 특정한 사람들이 많이 발언하는 가운데 상대적으로 적게 발언하는 사람들이 있다면, 그들은 자신들이 소외되고 있다고 느낄 수도 있다. 중요한 것은 회의에 참가한 사람들이 모두 동등하다고 느끼는 것이다. 가능하다면 비슷한 수준의 구성원으로 아이디어 회의를 진행하는 것이 좋다. 이것이 어려울 경우, 리더가 참가자들에게 적당히 발언의 기회를 부여하거나, 한 사람당 하나의 아이디어를 순서대로 발언하도록 한다거나, 참가자들이 동등하다는 것을 강조하기 위해 상호 존칭을 사용하는 것도 도움이 될 수 있다. 한 번의 발언은 1분 이내로 한다거나 타이머를 사용해서 시간을 지키도록 하는 것도 좋다. 또한, 리더가 발언이 적은 사람을 지명해서 "○○님의 생각은 어떠신가요?", "또 다른 각도에서 살펴보도록 하도록 합시다."라는 말을 함으로써 아이디어를 유도하거나 참여를 촉진할 수도 있다. 하지만 기계적으로 순서를 정해서 발언하게 한다거나, 발언이 적다고 해서 강제적으로 발언하게 하면, 브레인스토밍의 원칙을 훼손할 수 있으므로 주의해야 한다.

아이디어가 막히면 브레인라이팅(Brainwriting)도 활용
브레인라이팅법은 독일의 형태분석법 전문가인 홀리거(Holiger)가 개발한 아이디어 기법으로 브레인스토밍처럼 자유롭게 발상을 하지만, 생각을 발언하지 않고 적어 내는 것이다.
참가자들은 주제에 대해 자유롭게 개인적인 발상을 진행하다가 아이디어가 떠오르면 말을 하지 않고 용지에 아이디어를 적어 낸다. 브레인라이팅은 처음에는 6.3.5법이라고 불리기도 했는데, 이는 초기에 홀리거가 다음과 같은 방식을 적용했기 때문이다.

1. 참가자는 6명이다.
2. 각자 3개의 아이디어를 생각한다.
3. 아이디어는 5분 이내에 용지에 기입하며, 5분 후에 옆 사람에게 용지를 넘긴다.
4. 위의 1~3을 반복한다.

이러한 홀리거의 6.3.5법은 후에 독일 프랑크푸르트에 있는 바텔연구소에 의해 개선되어 브레인라이팅법으로 발전하게 되었다.

Tip

희망점·결점 열거법을 활용하는 Tip

누군가의 장점을 얘기해야 하는 상황에서는 단번에 말이 나오지 않지만, 누군가의 단점을 얘기해야 하는 상황에서는 바로 말이 나오는 경우가 있다. 이는 우리가 장점을 말하는 것보다는 단점을 말하는 것에 더 익숙해져 있기 때문일지도 모른다. 그리고 이것은 우리가 결점 열거법을 희망점 열거법보다 활용하기 쉬운 이유가 되기도 한다. 그렇다면 결점 열거법만을 활용해야 하는 것일까?

결점을 나열하게 되면 보완할 수 있는 개선안을 쉽게 발견할 수는 있지만, 참신한 아이디어나 혁신적인 방안을 도출하기는 쉽지 않을 것이다. 나열된 결점을 보완하는 방법은 우리가 쉽게 접하는 상식적인 내용을 바탕으로 나오게 되는 경우가 많기 때문이다. 따라서 희망점 열거법과 결점 열거법을 아이디어 회의의 목적에 따라 적절하게 활용해야 한다. 현실적인 관점에서 출발하여 구체적인 개선안을 도출하고자 할 때는 결점 열거법을 활용하는 것이 도움이 될 수 있으며, 참신하고 혁신적인 방안을 도출하고자 할 때에는 희망점 열거법이 효과적일 것이다.

Tip

만다라트법을 활용하는 Tip

만다라트법은 쉽게 활용할 수 있고, 아이디어를 한눈에 볼 수 있다는 장점이 있지만, 주제어를 중심으로 8개의 칸에 한정하여 아이디어를 발상한다는 점, 빈칸을 채우기 위해 강제로 발상해야 한다는 점 등의 단점이 있어서 보완책을 마련하여 아이디어 회의를 진행하는 것이 좋다. 만다라트법의 장점을 살리고 단점을 보완하기 위한 Tip을 정리해 보면 다음과 같다.

1. 포스트잇이나 메모지를 활용한다.
2. 8칸을 채우지 못했더라도 아이디어가 막히면 새로운 용지에 만다라트를 그려서 또 다른 발상을 해본다.
3. 아이디어가 막혀서 더 이상 회의가 진행되기 어려울 경우 다른 아이디어 기법을 활용한다.
4. 주제어를 바꿔서 발상을 해본다.
5. 8칸에 적은 아이디어 중에서 새로운 주제어를 선택해서 또 다른 만다라트를 실시한다.

Tip

'여섯 색깔 생각의 모자' 기법을 활용하는 Tip

'여섯 색깔 생각의 모자'의 활용 순서는 정해진 바가 없지만, 새로운 아이디어를 얻고자 하는 경우와 대안을 선택하기 위해 의사결정을 할 때 모자 순서가 조금씩 다를 수 있다. 아래의 경우를 참고해 보도록 하자.

1. 새로운 아이디어를 찾을 때: 하얀색(중립) → 노란색(긍정) → 초록색(창의) → 검은색(신중) → 초록색(창의) → 검은색(신중)
2. 현재의 아이디어를 개선할 때: 초록색(창의) → 검은색(신중)을 반복
3. 의사 결정을 할 때: 빨간색(감정) → 노란색(긍정) → 검은색(신중) → 초록색(창의) → 하얀색(중립) → 초록색(창의) → 검은색(신중) → 빨간색(감정)
4. 진행 결과를 요약하고 대안을 결정할 때: 파란색(통제) → 초록색(창의) → 검은색(신중) → 파란색(통제)

학/습/정/리

1. 브레인스토밍의 기본 원칙은 다음과 같다.

    1) 비판 금지

    2) 자유로운 발상

    3) 질(質)보다 양(量)

    4) 결합과 개선

2. 희망점 열거법은 예측(Will be), 가능성(Could be), 당위성(Should be)으로부터 '미래의 바람직한 모습', 즉 '목표'를 먼저 설정하고, 현재 상태를 분석해서 목표와 현상의 차이를 분석하고 문제에 대한 해결책을 찾는 기법이다. 반면에 결점 열거법은 현재의 상태를 분석하고, 분석을 통해 문제의 원인을 찾아 해결안을 도출하는 기법이다.

3. 만다라트법은 9개의 블록을 가진 매트릭스에서 가운데 블록에 주제어를 적고, 이 주제와 관련되어 연상되는 아이디어를 나머지 8개의 블록에 자유롭게 적어 나가는 아이디어 발상 기법이다.

4. '여섯 색깔 생각의 모자' 기법에서 하얀색 모자는 중립성, 빨간색 모자는 감정·기분·느낌, 검은색 모자는 신중함, 노란색 모자는 장점과 긍정적 가치, 초록색 모자는 창의적인 아이디어의 발상, 파란색 모자는 통제를 의미한다.

5. 마인드맵이란 '생각의 지도'라는 뜻으로 특정 주제를 종이 한 가운데에 그림과 이미지로 표현해 두고 그로부터 방사형으로 자유롭게 가지를 쳐서 핵심 단어, 이미지, 색깔, 기호 등으로 아이디어를 펼치고 정리하는 기법이다.

제2절 논리적 사고

■ 1 논리적 사고의 중요성

사례

> 영식: 민호야, 우리 조별 과제를 위해서 역할을 나누고 일정 계획을 수립하도록
> 하자.
> 민호: 그래, 영식아. 네가 리더를 해.
> 영식: 무슨 소리야? 조별 과제 수행을 잘 이끌 수 있는 사람으로 누가 좋을지 모
> 여서 선출해야지.
> 민호: 아니, 그냥 네가 하는 게 좋겠어.
> 영식: 왜?
> 민호: 아니, 그냥… 네가 처음으로 조별 과제에 대한 이야기를 꺼냈으니까.
> 영식: 그러면 네가 먼저 이야기를 꺼냈으면 네가 리더를 하려고 했어?
> 민호: 아니.
> 영식: 그럼, 뭐야?
> 민호: 나는 처음에 이야기를 꺼내지 않을 거였으니까.
> 영식: 그건 말도 안 되는 이야기야. 아무튼 다 같이 모여서 리더를 뽑도록 하자.
> 민호: 뭐가 이렇게 복잡하니? 그냥 영식이 네가 해.
> 영식: 민호야, 이건 조별 과제에 대한 이야기라고. 너랑 내가 점심을 뭘 먹을지
> 결정하는 것처럼 간단한 문제가 아니야. 그렇게 무조건 우기기만 하면 어떻
> 게 하니? 합당한 근거를 가지고 설득해야지.
> 민호: 아, 난 그런 복잡한 거 몰라. 그냥 네가 해.

앞에서 본 사례에서 영식이는 논리적으로 대화를 하는 반면, 민호는 그냥 우기
는 것처럼 보인다. 민호에 비해 영식이가 상대적으로 논리적이라는 생각이 들 것
이다. 하지만 그렇다고 영식이의 논리에 문제가 없지는 않다. 민호가 영식이를 조
별 과제 리더로 하는 것이 좋겠다는 주장의 이유로 내세우는 것은 '조별 과제를
어떻게 할지 처음으로 이야기를 꺼냈다'는 것이다. 여기에 대한 영식이의 반박은
'반대의 경우로 민호가 처음에 이야기를 꺼냈으면 어떻게 했겠느냐'는 것이다. 이
반박은 리더를 뽑는 공동의 목적을 가진 이슈를 개인의 영역으로 치환해 버리는

위험이 있을 수 있다. 리더를 뽑는 목적과 조별 과제 수행에 적합한 리더의 요건을 가지고 반박했다면 더 좋았을 것이다.

이처럼 논리는 사람들과 의견을 주고받고 소통하는 데 매우 중요한 것으로, 무심코 지나치기 쉬운 일상의 대화에도 포함되어 있다. 상대방과 소통을 하고 자신의 의견을 주장하는 데 논리가 없다면, 상대방을 설득할 수 없다. 다양한 사람들이 모여 사는 현대 사회에서 소통과 설득은 필수적이다. 여기에 논리적 사고가 결여되어 있다면, 상대방의 이야기를 분석하고 해석하기 힘들기 때문에 상대가 하는 말의 의미를 파악하는 것 자체가 어렵게 된다. 자신의 생각을 논리정연하게 이야기 할 수 없다면 일상생활에서도 큰 불편을 겪게 될 것이며, 회사생활은 거의 불가능하다고 할 수 있다.

아리스토텔레스는 설득의 3요소로 '에토스(Ethos)', '파토스(Pathos)', '로고스(Logos)'를 들고 있다. 에토스는 개인적인 신뢰감이라고 할 수 있다. 신뢰감이 높은 사람이 설득을 잘 할 수 있는 것이다. 파토스는 감정이다. 인간은 감정의 동물이기 때문에 상대방의 감정을 상하게 한다면, 기분이 나빠진 상대방은 내 이야기를 잘 듣지 않고 무조건 거부할 가능성이 높아진다.

로고스의 경우는 우선 다음의 상황을 먼저 살펴본 후 얘기해 보도록 하자. 청바지를 구매할 때를 떠올려 보자. 친구를 따라 매장에 갔다가 무심코 디자인이 마음에 들어서 구매할 수도 있고, 매장 직원의 친절하고 상세한 설명에 구매를 결정할 수도 있고, 철저한 사전 계획과 가격 비교를 통해 구매하는 사람도 있을 것이다. 구매의 과정은 각자 다를 수 있겠지만, 여기에는 공통점이 있다. 바로 '마음에 든다'는 생각이 들 때 구매한다는 것이다. 어떤 과정을 거치든 구매자는 '마음에 들었기 때문에' 청바지를 구매한다. 아무리 좋은 품질, 좋은 가격의 상품이라고 할지라도 마음에 들지 않으면 사지 않을 것이다. 이번에는 가격을 살펴보자. 청바지는 어느 정도의 가격대가 적당한가? 누군가는 5만 원, 누군가는 10만 원, 또 어떤 누군가는 한 벌에 30만 원이 넘는 청바지를 구매하기도 한다. 5만 원 정도의 청바지를 선택한 사람은 30만 원 이상의 청바지를 구매하는 사람을 이해하기 힘들 수도 있다. 하지만 30만 원 이상의 청바지가 그 구매자에게는 충분한 가치가 있고, 만족감을 주기 때문에 구매를 결정했을 것이다. 이는 모두 감성의 활동이다. 그리고 나서 자신의 행동에 대한 적절한 근거를 마련한다. '나는 합리적이기 때문에 청바시는 5만 원이면 충분하다', '나는 패션 감각이 뛰어나기 때문에

30만 원짜리 청바지가 필요하다' 등이 그것이다. 이처럼 인간의 대부분의 행동은 감정에 기반하고 있다. 그러나 우리는 이성을 가진 고등 동물이기 때문에 우리의 행동을 정당화해 줄 이성적 근거가 필요하다. 이것이 바로 '로고스', 이성과 논리이다. 우리는 행동과 주장에 정당성을 부여해 줄 논리적 근거를 필요로 하며, 이는 타인과의 소통과 설득에서 필수적이다. 자신이 납득할 수 없다면, 타인도 납득시킬 수 없기 때문이며, 사람은 각기 다른 입장과 경험에 의해 같은 상황에서도 다른 판단과 결정을 내리기 때문이다.

예를 들어 횡단보도에서 신호를 기다리고 있다고 해보자. 신호는 여전히 붉은색인데 누군가가 급하게 무단 횡단을 하고 있다. 신호를 기다리는 입장에서 무단 횡단을 한 사람을 비난할 것인가? 그 사람이 무단 횡단을 할 수 밖에 없었던 급한 사정이 있지는 않았을까? 수업에 늦은 경우를 생각해 보자. 이 수업은 졸업에 필수적인 수업이고, 피치못할 사정으로 이미 몇 번의 지각을 했기 때문에 교수님께 한 번만 더 늦으면 학점을 인정해 줄 수 없다고 경고를 받은 상태이다. 신호를 기다리고 있을 여유가 없다. 신호를 무시하고 무단 횡단을 하여 뛰어간다면, 아슬아슬하게 수업 시간에 늦지 않게 도착할 수 있을 것이다. 이러한 상황에도 불구하고 끝까지 신호를 준수하여 양심을 지키는 사람도 있을 것이다. 그렇다고 무단 횡단을 한 사람을 비난할 수 있을까? 상황을 좀 더 좋지 않게 만들어 보자. 가족 중 누군가가 안타까운 사고로 응급실에서 사경을 넘나들고 있다. 이런 상황에서 무단 횡단을 한 사람을 비난할 수 있을까? 무단 횡단을 한 사람은 안타깝지만 타인이 납득할 수 있는 근거를 가지고 있다. 이러한 사정이라면 대부분의 사람들은 그 사람의 행동을 이해할 수 있을 것이다. 이처럼 상황에 따라 다른 생각을 하는 사람들과 소통하고 설득하기 위해서는 타당한 근거를 가지고 있어야 한다.

논리적 사고는 사물이나 현상에 대해 사실에 바탕을 두고 논리적으로 생각할 수 있는 능력이다. 이를 위해서는 사물이나 현상에서 객관적 사실을 파악할 수 있는 분석적 사고가 필요하다. 다음에서 분석을 위한 사고 기법을 살펴보도록 하자.

2 논리적 사고 기법: KJ법

1) KJ법이란?

KJ법은 일본의 문화인류학자 가와키타 지로(川喜田二郎)가 개발한 기법으로 아이디어 정리 기법 중 하나이다. 가와키타 지로는 중국과 네팔 등에서의 학술 조사를 진행하던 중 방대한 양의 데이터를 정리하기 위해 KJ법을 개발하게 되었다. KJ법이라는 이름은 가와키타 지로의 영문 이름 첫 글자에서 따온 것이다. 가와키타 지로는 문화인류학 분야에서의 연구 업적과 그가 개발한 KJ법으로 일본능률협회 경영기술개발상, 막사이사이상, 네팔 훈장 등 많은 상을 수상하였으며, 일본창조학회 회장을 역임하기도 하였다.

많은 양의 정보와 아이디어를 정리하는 데 도움이 되는 기법인 KJ법은 현재 학교 및 기업에서 다양하게 활용되고 있다.

2) KJ법의 특징

KJ법은 일종의 압축 기법으로 많은 정보 간의 연관성을 이용하여 그룹으로 묶고 압축해 나가는 과정을 활용한다. 이를 'W형 문제해결 모델(W 모델)'이라고 부르기도 하는데, 이는 알파벳 더블유(W) 문자의 모양에서 착안한 것이다. 위에 있는 3개의 꼭지점에서 아래에 있는 2개의 꼭지점으로 모이는 W문자의 형태에 빗대어 세 가지 문제에서 두 가지로, 그리고 다시 한 가지로 점점 압축해 나가는 KJ법의 과정을 의미하는 것이다.

KJ법이 과거 문명에 대한 학술 조사 과정에서 발견되었다고 했는데, 이는 과거 문명의 탐구 방식과 깊은 연관이 있다. 과거 문명에 대한 탐구는 아주 작은 단서로부터 출발하게 된다. 조사 과정에서 아주 작은 단서들을 하나둘씩 모으게 되는데, 이들은 서로 관련성을 찾기 어렵다. 그렇기 때문에 단서들 사이에서 힌트를 발견하고, 결론을 도출해 내기 위해서는 작은 단서들 사이의 관련성을 찾아내고 방대한 양의 데이터를 압축하는 일이 필수적이다. 즉, 이에 사용되는 KJ법은 정보들 사이의 관련성을 발견하여 이것을 논리적으로 연결해 정보를 압축하고, 이 과정을 통해 결론을 도출하는 것을 핵심으로 한다. KJ법은 단순하게 아이디어를 분류하는 것이 아니라, 객관적 사실과 정보를 수집하고 이를 분석하여 범주화하며, 개념화하는 기법이기 때문에 귀납적 접근 방법이라고 할 수 있다.

3) KJ법의 장점과 단점

① 장점

- 상황, 정보, 문제의 전체 형태를 파악하는 데 효과적이다.
- 객관적인 사실과 정보를 바탕으로 출발하게 되므로 현실적인 대안을 도출할 수 있다.
- 복잡한 문제의 정리를 필요로 하는 분야에서 폭넓게 활용될 수 있다.

② 단점

- 정보의 수집과 분석에 시간과 비용이 많이 투입될 수 있다.
- KJ법은 귀납적 접근 방법이기 때문에 연역적 접근 방법을 사용할 경우, 중요한 정보를 누락하는 등의 오류가 발생할 수도 있다.

4) KJ법의 전개 순서

① 주제를 선정한다.

주제는 구체적이고 명확한 것으로 하고, 효과적인 회의와 결론의 도출을 위해 주제의 선정과 함께 회의의 목적을 분명히 한다.

② 참가자들을 선정한다.

바람직한 참가자의 수는 10명 이내이다. 참가자들은 관련 전문가 집단으로 구성하는 것이 효과적이다. 결정해야 할 사안일 때는 결정권자를 참석시키는 것도 좋다.

③ 회의의 리더를 임명한다.

리더는 기본 원칙 및 진행 요령에 능숙해야 하며, 의견이 활발하게 개진될 수 있도록 분위기를 조성해야 한다. KJ법은 많은 양의 아이디어를 정리하는 과정에서 결론을 도출하는 기법이므로 우선 자유로운 분위기에서 많은 아이디어를 낼 수 있도록 하는 것이 중요하다.

④ 서기를 임명한다.

서기는 참가자의 모든 아이디어를 모으고, 정리하여야 하며, 리더에게 이를 적절하게 제공함으로써 리더가 회의를 효과적으로 진행할 수 있도록 돕는 역할을 한다. KJ법에서는 하나의 아이디어를 하나의 카드에 적는 기법을 사용하므로 포스트잇 등을 활용하여 플립차트, 화이트보드, 전지 등에 모으고, 정리하여 부착한다. 벽면에 전지 등을 붙이고, 참가자들과 공유하면서 진행하여도 좋다.

⑤ 카드에 데이터를 적는다.

원칙적으로 1개의 카드에 하나의 뜻 또는 정보를 가진 데이터를 적는데, 짧더라도 단순한 어구가 아닌 문장으로 적는다. 필요하다면, 데이터에 대한 취재 및 조사를 실시하여 생생한 정보를 예리하게 관찰하고 기록하여도 좋다.

⑥ 뜻이 가장 가까운 카드끼리 모은다.

카드에 적은 아이디어 중에서 내용이 본질적으로 비슷하거나 가까운 것을 5~6장씩 모은다. 정리하지 못한 카드는 단독 카드로 남겨두고 새로운 아이디어가 추가되면 다시 그룹핑을 한다.

⑦ 라벨을 만든다.

모아서 세트로 된 카드 각각에 왜 그것들이 모아졌는지에 대한 이유를 정확하게 표현하고 문장으로 만드는 과정이다. 즉, 개념 형성의 절차라고 할 수 있다. 비슷한 내용의 카드를 묶고, 그 카드들에 라벨을 붙여 표시한다. 정리한 각 카드에 라벨을 붙일 때는 다음의 네 가지에 주의하도록 한다.

- 정리한 카드들의 내용을 요약한다.
- 내용의 일부만을 나타내는 표현은 지양한다.
- 간결한 표현의 문장으로 작성한다.
- 다른 라벨과 중복되지 않도록 한다.

라벨 작성 시에는 각기 다른 색상의 카드나 펜을 활용하는 것이 보다 효과적이다.

⑧ 계속해서 상위 그룹으로 차례로 정리한다.

정리한 카드들과 단독 카드를 소그룹에서 조금 큰 그룹으로 정리하고, 다시 라벨을 붙인다. 그리고 다시 큰 그룹으로 정리해서 큰 라벨을 붙인다. 최종적으로 10개 이내의 그룹으로 정리하도록 한다.

⑨ 큰 종이 위에 그림이나 도표를 그린다.

전지 등을 활용하여 우선 몇 묶음을 전지에 적절하게 배치한다. 전체적인 의미가 잘 드러나도록 구도와 배치를 찾아 간다. 높은 수준 그룹의 라벨을 배치하고, 그 다음 하위 그룹을 배치한다. 이렇게 해서 최종적으로 모든 카드 배치가 끝나면, 각각의 그룹을 시각적으로 구분하기 좋게 동그라미를 그려서 영역을 표시한다. 이때 각 그룹마다 다른 색깔의 펜을 사용하면 효과적이다. 이렇게 모든 그룹을 배치하고 영역 표시를 하였으면, 각 그룹 사이의 관계를 화살표나 선 등으로 표시한다.

⑩ 전체적인 관련성으로부터 결론을 도출한다.

전체적인 배치와 관련성을 바탕으로 추론을 하여 결론을 도출한다. 작은 정보와 아이디어를 모아 압축해 나감으로써 전체를 파악하는 KJ법은, 문제 전체를 파악할 때와 사실로부터 현실적인 대안을 도출할 때 효과적이다. 단순하거나 쉬운 과제는 정보를 수집하고 압축하는 과정을 1회 실시하는 것만으로 충분할 수 있지만, 복잡하거나 방대한 과제의 경우 이러한 전체 과정을 몇 회 반복해야 할 수도 있다.

| 표 1-16 | **활용도를 높이기 위한 사전 체크리스트**

	항목	일시	기한	완료 여부	협의 부서	비고
1	주제 선정					
2	참가자 선정 및 일정 확인					
3	참가자 사전 안내 및 공지					
4	회의 장소 선정 및 예약					
5	준비물(플립차트, 화이트보드, 전지, 마카펜, 포스트잇(색깔별), 메모지, 필기구 등)					
6	간단한 다과					
7	회의 안내문 공지					
8	회의실 세팅					

		Yes	No	비고
9	회의 시나리오 작성 (인사말/ 아이스브레이킹/ 정리 멘트 등)			
기타 의견 및 특이 사항				

| 표 1-17 | **활용도를 높이기 위한 사후 평가지**

	항목	Yes	No	비고
1	주제는 구체적으로 잘 선정되었는가?			
2	참가자는 적절하게 구성되었는가?			
3	회의 장소는 조용하고 쾌적하였는가?			
4	기록과 메모를 위한 준비는 잘 되었는가?			
5	리더는 역할을 잘 수행했는가?			
6	참가자들이 자유롭고 활발하게 참가했는가?			
7	데이터는 적절하게 모아졌는가?			
8	라벨은 데이터의 본질을 잘 파악해서 작성되었는가?			
9	적절한 해결안이 작성되었는가?			
10	시간 관리는 적절했는가?			
11	계획된 시간 대비 진행된 시간은?	계획 시간:　/진행 시간:		
12	아이디어는 문제해결에 도움이 되는가?			
기타 의견 및 특이 사항				

| 표 1-18 | **활용도를 높이기 위한 KJ법 회의 매뉴얼**

단계	중점 추진 사항	유의 사항	준비물	협조 사항
사전 준비 단계	주제의 선정	구체적인 주제를 선정한다. : 주제는 구체적이고 명확한 것으로 하고, 효과적인 회의와 결론의 도출을 위해 주제의 선정과 함께 회의의 목적을 분명히 한다. 정보나 자료가 필요한 경우 시간의 절약을 위해 미리 수집해 놓도록 한다.		자료 수집을 위해 관련 부서 협조 요청
	참가자 선정	바람직한 참가자의 수는 10명 이내로 한다. 참가자들은 관련 전문가 집단으로 구성하는 것이 효과적이다. 결정해야 할 사안일 때는 결정권자를 참석시키는 것도 좋다. 1) 현업의 일정을 고려하여 미리 참가 대상자를 선정한 후 유선상으로 일정을 확인하여 참가 여부를 결정하도록 한다. 2) 만약 결정해야 할 안건이 있을 경우 결정권자가 참석하는 것이 좋지만, 권위에 의해 자유로운 회의가 방해받지 않도록 사전에 회의의 취지를 설명할 수 있도록 한다.		참가자 일정 확인
	회의 장소 선정	회의 장소는 되도록 조용하고 쾌적한 곳이 좋다. : 다른 회의나 교육에 방해를 받지 않는 조용하고 쾌적한 곳으로 선정하되, 너무 넓지 않은 곳으로 한다.		회의 장소 예약 및 협조
	회의 내용 공지	선정된 주제, 대상 장소, 일시 등을 사내 양식에 따라 공지한다. : 공지한 이후 일정에 차질이 없도록 유선상으로 한 번 더 확인하는 것이 좋다.		

단계	중점 추진 사항	유의 사항	준비물	협조 사항
사전 준비 단계	회의실 세팅	회의실 세팅은 아래와 같이 하도록 한다. 1) 참가 인원에 맞게 탁자나 책상을 배치한다(책상은 타원형이나 사각형이 좋다). 2) 참가자 전원이 상호 간 얼굴을 볼 수 있도록 배치한다. 3) 기록을 위해 포스트잇을 준비하는 것이 좋고, 이것을 모으고 붙여 나가기 위한 플립차트나 화이트보드, 전지 등을 준비하는 것이 좋다. 포스트잇은 색깔별로 준비하여 라벨에 활용할 수 있도록 한다. 4) 참가자들에게도 간단한 메모지와 필기구를 세팅한다. 5) 회의를 위한 세팅이 끝나면 회의실 주변을 깔끔하게 정리하여 산만해지지 않도록 한다. 6) 참가자를 위한 간단한 다과를 준비하는 것도 좋다. 플립차트 | 책상	• 플립차트 (화이트보드/ 전지) • 마카펜 • 포스트잇 (색깔별) • 메모 용지 • 필기구 • 간단한 다과	회의 장소 확인 및 협조
	최종 점검	모든 준비가 끝났으면 사전 체크리스트를 확인하며 최종 점검하도록 한다.	사전 체크리스트	

단계	중점 추진 사항	유의 사항	준비물	협조 사항
회의 사전 단계	상호 간 인사 및 아이스브레이킹	진행자는 회의의 개회를 선언하고 다음과 같은 순서에 의해 진행한다. 1) 진행자 인사말: 진행자 소개/ 참가자 존중/ 참석에 대한 감사 인사 * 필요하다면 시나리오를 작성해 본다. 2) 참가자 상호 간 인사: 부서/ 직책(직급)/ 성명/ 관심사 등 3) 아이스브레이킹은 진행자가 별도로 주제와 관련된 가벼운 소재로 준비해도 좋고, 참가자 상호 간 소개와 인사를 통해 진행해도 좋다. 4) 아이스브레이킹이 끝나면 회의의 취지와 기법에 대해 설명한다. KJ법은 데이터로부터 개념을 도출하는 과정이므로 아이디어의 분류가 아닌 '모으기'와 '개념화'라는 것을 충분히 숙지할 수 있도록 한다. 5) 리더와 서기를 선정하도록 한다. 참가자 자율로 정해도 좋고, 운영자가 효과적인 회의를 위해 적임자를 미리 선정하여 회의 시작 전 소개해도 무방하다. 6) 리더와 서기가 미리 선정된 경우에는 사전에 운영 원칙에 대해 충분히 조율하도록 한다. 7) 참가자들이 자율적으로 선정한 경우에는 선정된 리더와 서기의 역할에 대해 회의 시작 전 알려 주어 충분히 숙지하도록 한다. 8) 회의의 내용에 따라 진행자가 리더나 서기를 맡아도 무방하다. 9) 리더나 서기는 겸임도 가능하다.	• 인사말 • 아이스브레이킹 시나리오	

단계	중점 추진 사항	유의 사항	준비물	협조 사항

회의 단계	리더와 서기의 역할	1. 리더의 역할
		  1) 사람들의 긴장을 풀기 위해 유머와 재치 있는 질문들을 활용한다.
		  2) 참가자를 존중하고 그들의 독특한 가치를 인정한다.
		  3) 시간을 잘 관리하여 주어진 시간에 원하는 결과를 도출할 수 있도록 한다.
		2. 서기의 역할
		  : 참가자의 발언이 작성된 포스트잇을 모으고, 정리하고, 라벨을 붙일 때, 플립차트나 전지에 표현할 때, 리더의 회의 진행을 돕는다.		

	카드에 데이터를 적는다.	1. 원칙적으로 1개의 카드에 하나의 뜻 또는 정보를 가진 데이터를 적는데, 짧더라도 단순한 어구가 아닌 문장으로 적는다. 2. 리더나 진행자는 이 점을 참가자들에게 안내하여 충분히 숙지할 수 있도록 한다.		
	뜻이 가장 가까운 카드끼리 모은다.	1. 모아서(모인 것을 나누는 분류가 아님) 개념을 만드는 방법이다. 2. 카드에 적은 데이터 중에서 내용이 본질적으로 비슷하거나, 가까운 것을 5~6장씩 모은다. 3. 정리하지 못한 카드는 단독 카드로 남겨두고 새로운 데이터도 카드로 만들어서 추가한다.		
	휴식 시간	리더는 적절하게 휴식 시간을 배분하도록 한다.		

	라벨을 만든다.	1. 세트의 카드를 묶음으로 하고, 표면에 라벨을 붙여 표시한다. 각 라벨은 다른 색상의 카드나 펜을 활용하면 보다 효과적이다.
		2. 정리한 각 카드에 라벨을 붙일 때는 다음의 네 가지에 주의하도록 한다.
		  1) 정리한 카드들의 내용을 요약한다.
		  2) 내용의 일부만을 나타내는 표현은 피한다.
		  3) 간결한 표현의 문장으로 한다.
		  4) 다른 라벨의 표제와 중복되지 않도록 한다.		

단계	중점 추진 사항	유의 사항	준비물	협조 사항
회의 단계	계속해서 상위 그룹으로 차례 로 정리한다.	1. 정리한 카드들과 단독 카드를 소그룹에 서 조금 큰 그룹으로 정리를 하고, 다시 라벨을 붙인다. 2. 그리고 다시 큰 그룹으로 정리해서 큰 라벨을 붙인다. 3. 마지막으로 묶음의 수가 아무리 많더라 도 10묶음(1묶음이 1장인 경우도 있다) 이내로 될 때까지 계속 실시한다. 최종 적으로 10개 이내의 그룹으로 정리하도 록 한다.		
	큰 종이 위에 그림이나 도표를 그린다.	정리한 카드를 큰 묶음부터 전지에 배치하 고, 붙이고, 묶음별로 모아 두거나 묶음 사 이의 관계를 화살표 등으로 연결하고 표현 한다.		
	그림이나 도표를 기본으로 문장을 만들거나 발표한다.	그림이나 도표를 토대로 그 내용을 문장화 한다.		
정리 단계	폐회 선언	회의가 종료된 후 진행자는 참가자의 적극 적인 참여와 좋은 아이디어에 대한 감사 인사를 하고 폐회를 선언한다. * 폐회 인사: 회의 주제와 진행 사항 정리/ 　참가자 존중/ 감사 인사/ 향후 일정에 대 　한 안내	정리 멘트	
	회의 장소 정리	회의실을 원래 상태로 정리하고 소등, 퇴실 한다.		
	Feed-Back	정리된 아이디어나 결정된 사항을 사내 양 식으로 정리하여 참가자들에게 공지하고, 전사적 공유가 필요한 경우 사내 인트라넷 망을 통해 회의 내용을 공유하도록 한다.		

③ 논리적 사고 기법: 특성요인도법(Cause and Effect Diagram)

1) 특성요인도법이란?

특성요인도법은 일본의 품질관리 전문가인 이시카와 카오루(石川薰) 박사가 개발한 것으로 '이시카와 다이어그램(Ishikawa Diagram)'이라고도 하며, 작성했을 때의 모양이 물고기 뼈를 닮아서 '피쉬본 기법(Fishbone Diagram)'이라고도 한다. 처음부터 품질관리 분야에 활용하기 위해 개발된 기법이므로 현재까지도 생산 현장이나 품질관리 분야에서 많이 활용되고 있다. 특성요인도법은 문제의 결과가 어떤 원인으로 일어나게 된 것인지 그 인과관계를 살펴보고, 그것을 그림으로 심플하게 표현함으로써 문제점을 한눈에 파악하는 데 도움을 준다. 미국의 미드웨이 항공사에서 실시한 '항공기 지연 출발에 대한 원인 분석'에서 특성요인도를 활용했던 사례는 지금까지도 유명하다.

2) 특성요인도법의 특징

특성요인도에서 '특성'은 '결과'를, '요인'은 '원인'을 의미한다. 물고기 뼈 모양을 상상해 보면 이해가 쉽다. 앞쪽에는 문제가 되고 있는 현상과 결과를 적고, 그 결과에 영향을 주고 있다고 여겨지는 요인이나 원인으로 추정되는 것들을 큰 것부터 작은 것까지 큰 뼈, 중간 뼈, 작은 뼈로 써넣어 가는 것이다. 즉, 주요 요인은 큰 뼈, 중간 요인은 중간 뼈, 작은 요인은 작은 뼈로 정리해 가는 것이다. 이렇게 문제의 인과관계를 파악하여 정리해 나가는 것이 피쉬본 기법의 특징이다. 이렇게 하면 원인과 결과가 하나의 그림에 나타나기 때문에 개선이 필요한 중대 원인을 쉽게 찾을 수 있다.

3) 특성요인도법의 장점과 단점

① 장점
- 문제의 결과와 원인을 한눈에 파악하여 개선이 필요한 문제점을 찾아내기 쉽다.
- 품질관리 분야에서는 이 기법이 대표적 기법으로 채용되고 있을 정도로 생산 현장 등에서 문제를 파악하고 개선점을 찾아내는 데 효과적이다.
- 적용하기 쉽고 활용 범위가 넓다.

② 단점

- 결과에 영향을 미치는 요인들 중 간과되거나 빠진 것이 있다면, 효과적인 개선안을 도출하기 어려울 수도 있다. 이를 방지하기 위해서는 최대한 자유롭게 발상을 하여 많은 아이디어를 내도록 하고, 중점 요인을 분석하는 단계에서 빠진 사항은 없는지 꼼꼼하게 점검하여야 한다.
- 문제를 단순화시킬 수 있다. 이를 극복하기 위해 리더는 적절한 질문을 통해 참가자들에게 충분한 아이디어를 내도록 요구하고, 결과와 원인들 사이의 인과관계를 확인하고 점검하도록 한다.

4) 특성요인도법의 진행 단계

특성요인도법의 진행 단계를 정리해 보면 다음과 같다.

① 특성(결과)을 정한다.
② 요인을 밝혀낸다.
③ 특성요인도를 작성한다.
④ 중점 요인을 분석한다.

특성요인도법은 적용 범위가 넓고, 적용 프로세스와 작성 방법이 쉬우므로 잘 숙지하여 활용하도록 하자.

5) 집단 토의에서의 특성요인도법 진행 단계

집단 토의에 맞게 특성요인도법의 진행 단계를 다시 정리해 보면 다음과 같다.

① 특성(문제의 결과)을 정한다.

이때는 '무엇이 어떻게 문제인가'를 알기 쉽게 표현한다. 희망점·결점 열거법에서 문제를 추출하고, 그중에서 고르는 것도 좋은 방법이다. 꼭 해결해야 할 문제를 골라내는 것이 효과적이며, 가능하면 '무엇이 어떠하다' 등의 '명사 + 동사'의 표현으로 하는 것이 좋다. 또는 조직에 있어서의 '문제'는 현상과 목표의 차이라고 정의될 수 있으므로 그에 따라 정의된 문제를 선정하는 것도 좋다.

[예] 목표: 불량률 0.5%, 현상: 불량률 1%, 문제: 불량률 0.5% 초과

② 참가자들을 선정한다.

바람직한 참가자의 수는 6~10명 정도로 10명 이내로 하는 것이 좋다. 적용이 쉽기 때문에 참가자 선정에 특별한 조건이나 제약은 없지만, 문제에 관계가 있는 사람들을 중심으로 구성하는 것이 효과적이다.

③ 회의의 리더를 임명한다.

특성요인도법은 그 자체로도 충분히 폭넓게 활용될 수 있지만, 희망점·결점 열거법이나 브레인스토밍 등과 조합하여 실시될 수도 있으므로 여러 가지 창의적 기법에 대한 경험이 풍부한 사람을 리더로 임명하는 것이 좋다. 그렇지 못할 경우 기법에 대해 사전에 충분히 숙지하도록 한다.

④ 서기를 임명한다.

서기는 참가자들과 함께 아이디어를 분류하고 정리하여, '물고기 뼈 그림'을 그린다. 과제 해결에 도움을 주기 위해 플립차트, 화이트보드 등을 설치하는 것도 도움이 될 수 있다.

⑤ 회의 시간이 길어지게 되면 적절한 휴식을 취할 수 있도록 한다.

리더는 시간 관리를 잘하여 정해진 시간 안에 회의를 마칠 수 있도록 하는 것이 좋다.

⑥ 문제의 요인을 밝혀낸다.

참가자들은 리더의 진행에 따라 문제의 요인을 밝혀낸다. 이때 브레인스토밍을 실시하는 것도 좋다. 그것을 정리하고, 비슷한 내용을 모아서 분류한다. 중요한 것을 큰 뼈의 위치에 그려 넣는다. 큰 뼈는 제시된 요인들의 가장 큰 묶음으로 대분류에 해당한다. 큰 뼈는 4~8개 정도로 분류한다. 고안자인 이시카와 박사는 큰 뼈에 해당하는 요인을 사람(Man), 설비(Machine), 자재(Material), 방법(Method)의 네 가지로 잡는 것이 좋다고 권장하였다. 이를 '4M 특성요인도'라고도 한다. 또한, 이 단계에서는 카드를 사용하는 카드 브레인스토밍을 하고, 그 카드들을 모으고 분류해서 적용하는 것도 좋다. 카드를 분류·정리해 가면서 불필요한 것은 버리고, 필요한 것은 추가한다.

⑦ 특성요인도를 작성한다.

계속해서 중간 뼈와 작은 뼈를 추가하고, 최종적인 특성요인도를 완성시킨다.

⑧ 중점 요인을 분석한다.

이 단계에서는 다음의 순서에 따라 진행한다.

- 참가자들과 함께 구성원 서로가 누락된 요인이 없는지 체크: 한 사람만으로는 사물을 보는 방법과 생각이 한쪽으로 치우치기 쉽다. 많은 사람이 의견을 내고 그것을 정리함으로써 보다 폭넓은 관점이 나올 수 있고, 요인도 빠짐없이 열거할 수 있다. 반드시 참가자 모두가 확인하고 체크할 수 있도록 한다. 이때 참가자가 아니더라도 문제와 관계 있는 사람의 의견을 참고할 수 있다면, 더욱 유용한 특성요인도가 작성될 수 있다.
- 인과관계를 철저하게 파악: 큰 뼈의 요인과 중간 뼈의 요인, 중간 뼈의 요인과 작은 뼈의 요인 간 인과관계가 확실하게 파악되고 있는지 체크한다. 또한, 잘못된 위치에 포함되어 있지는 않은지 확인한다. 이를 위해서는 '왜?'라는 질문을 반복할 필요가 있다.
- 요인의 비중 매기기: 마지막으로 그림에서 중요하다고 생각되는 요인을 골라 그것을 동그라미나 네모 표시로 둘러싸거나 포인트를 명확하게 한다.
- 관련 사항 기재: 그림에 작성자 이름, 작성 연월일 등을 기입해 두면 후일에 관리하기 편리하다. 제목을 기입하는 것도 잊지 말도록 하자.

| 표 1-19 | **활용도를 높이기 위한 사전 체크리스트**

	항목	일시	기한	완료 여부	협의 부서	비고
1	특성(결과)의 선정					
2	참가자 선정 및 일정 확인					
3	참가자 사전 안내 및 공지					
4	회의 장소 선정 및 예약					
5	준비물 (플립차트, 화이트보드, 전지, 마카펜, 메모지, 필기구 등)					
6	간단한 다과					
7	회의 안내문 공지					
8	회의실 세팅					
9	회의 시나리오 작성 (인사말/ 아이스브레이킹/ 정리 멘트 등)					
기타 의견 및 특이 사항						

| 표 1-20 | **활용도를 높이기 위한 사후 평가지**

	문항	Yes	No	비고
1	특성(결과)은 구체적으로 잘 선정되었는가?			
2	참가자는 적절하게 구성되었는가?			
3	회의 장소는 조용하고 쾌적하였는가?			
4	기록과 메모를 위한 준비는 잘 되었는가?			
5	리더는 역할을 잘 수행했는가?			
6	참가자들이 기법에 대해 충분히 숙지하였는가?			
7	특성과 요인들의 인과관계가 확실히 파악되었는가?			
8	중점 요인이 잘 분석되었는가?			
9	시간 관리는 적절했는가?			
10	계획된 시간 대비 진행된 시간은?			
11	구체적이고, 현실적인 개선 방안이 도출되었는가?	계획 시간: / 진행 시간:		
기타 의견 및 특이 사항				

| 표 1-21 | 활용도를 높이기 위한 특성요인도법 회의 매뉴얼

단계	중점 추진 사항	유의 사항	준비물	협조 사항
사전 준비 단계	특성(문제 의 결과)을 정한다.	1. '무엇이 어떻게 문제인가'를 알기 쉽게 표현 한다. 2. 희망점·결점 열거법에서 문제를 추출하고, 그 중에서 고르는 것도 좋은 방법이다. 꼭 해결해 야 할 문제를 골라내는 것이 효과적이며, 가 능하면 '무엇이 어떠하다' 등의 '명사+동사'의 표현으로 하는 것이 좋다. 3. 또는 조직에 있어서의 '문제'는 현상과 목표의 차이라고 정의될 수 있으므로 그에 따라 정의 된 문제를 선정하는 것도 좋다. [예] 목표: 불량률 0.5%, 현상: 불량률 1%, 문 제: 불량률 0.5% 초과 4. 사전에 자료가 필요하다면 관련 부서나 전문 가에게 요청하여 미리 수집해 놓도록 한다.		자료 수집 을 위해 관련 부서 협조 요청
	참가자 선정	바람직한 참가자의 수는 6~10명 정도로 10명 이내로 하는 것이 좋다. 1) 적용이 쉽기 때문에 참가자의 선정에 특별한 조건이나 제약은 없지만, 문제에 관계가 있는 사람들을 중심으로 구성하는 것이 효과적이다. 2) 현업의 일정을 고려하여 미리 참가 대상자를 선정한 후 유선상으로 일정을 확인하여 참가 여부를 결정하도록 한다. 3) 만약 결정해야 할 안건이 있을 경우 결정권자 가 참석하는 것이 좋지만, 권위에 의해 자유로 운 회의가 방해받지 않도록 사전에 회의의 취 지를 설명할 수 있도록 한다.		참가자 일정 확인
	회의 장소 선정	회의 장소는 되도록 조용하고 쾌적한 곳이 좋다. : 다른 회의나 교육에 방해를 받지 않는 조용하고 쾌적한 곳으로 선정하되, 너무 넓지 않은 곳으로 한다.		회의 장소 예약 및 협조
	회의 내용 공지	선정된 주제, 대상 장소, 일시 등을 사내 양식에 따라 공지한다. : 공지한 이후 일정에 차질이 없도록 유선상으 로 한 번 더 확인하는 것이 좋다.		

단계	중점 추진 사항	유의 사항	준비물	협조 사항
사전 준비 단계	회의실 세팅	회의실 세팅은 아래와 같이 하도록 한다. 1) 참가 인원에 맞게 탁자나 책상을 배치한다(책상은 타원형이나 사각형이 좋다). 2) 참가자 전원이 상호 간 얼굴을 볼 수 있도록 배치한다. 3) 회의 도중 메모나 기록을 통해 아이디어를 자극할 수 있도록 플립차트, 화이트보드를 준비해도 좋다. 4) 특성요인도를 작성하기 위해 전지를 준비한다. 5) 참가자들에게도 간단한 메모지와 필기구를 세팅한다. 6) 주제의 정확한 인지를 위해 플립차트 상단에 주제를 적어 놓는 것도 좋다. 7) 회의를 위한 세팅이 끝나면 회의실 주변을 깔끔하게 정리하여 산만해지지 않도록 한다. 8) 참가자를 위한 간단한 다과를 준비해도 좋다. 	• 플립차트 (화이트보드) • 마카펜 • 메모용지 • 필기구 • 전지 • 간단한 다과	회의 장소 확인 및 협조
	최종 점검	모든 준비가 끝났으면, 사전 체크리스트를 확인하며 최종 점검하도록 한다.	사전 체크리스트	

단계	중점 추진 사항	유의 사항	준비물	협조 사항

회의
진행
단계
	상호 간
	인사 및
	아이스브
	레이킹
		진행자는 회의의 개회를 선언하고 다음과
		같은 순서에 의해 진행한다.
		1) 진행자 인사말: 진행자 소개/ 참가자
		   존중/ 참석에 대한 감사 인사
		   * 필요하다면 시나리오를 작성해 본다.
		2) 참가자 상호 간 인사: 부서/ 직책(직
		   급)/ 성명/ 관심사 등
		3) 아이스브레이킹은 진행자가 별도로 주
		   제와 관련된 가벼운 소재로 준비해도
		   좋고, 참가자 상호 간 소개와 인사를
		   통해 진행해도 좋다.
		4) 아이스브레이킹이 끝나면 주제에 대해
		   설명하고, 회의 방법, 운영 시간 등 개
		   요에 대해 소개한다.
		5) 리더와 서기를 선정하도록 한다. 참가
		   자 자율로 정해도 좋고, 운영자가 효과
		   적인 회의를 위해 적임자를 미리 선정
		   하여 회의 시작 전 소개해도 무방하다.
		6) 리더와 서기가 미리 선정된 경우에는
		   사전에 운영 원칙에 대해 충분히 조율
		   하도록 한다.
		7) 참가자들이 자율적으로 선정한 경우에
		   는 선정된 리더와 서기의 역할에 대해
		   회의 시작 전 알려 주어 충분히 숙지하
		   도록 한다.
		8) 회의의 내용에 따라 진행자가 리더나
		   서기를 맡아도 무방하다.
		9) 리더나 서기는 겸임도 가능하다.
			• 인사말
			• 아이스브레이킹
			  시나리오	

	회의 진행	리더는 참가자들에게 특성요인도의 특징 과 작성법에 대해 다시 한 번 안내하여 참 가자들에게 동기 부여를 충분히 하도록 하고, 브레인스토밍이나 희망점·결점 열 거법을 조합하여 함께 실시할 경우 이에 대한 안내를 하고 회의를 시작하는 것이 좋다.		

단계	중점 추진 사항	유의 사항	준비물	협조 사항
회의 진행 단계	회의 진행	1. 리더의 역할 1) 사람들의 긴장을 풀기 위해 유머와 재치 있는 질문들을 활용한다. 2) 과제에 초점을 맞출 수 있도록 한다. 3) 어떠한 아이디어라도 좋다는 입장을 갖는다. 4) 아이디어를 풍부하게 확대 재생산할 수 있도록 질문을 활용한다. [예] '그 밖에 또 뭐가 있죠?', '그리고 어떻게 하면 좋을까요?' 등 5) 참가자를 존중하고 그들의 독특한 가치를 인정한다. 6) 비판을 하는 사람과 이를 반론하려고 하는 발표자의 논쟁을 적절하게 통제하면서 유연하게 새로운 아이디어를 요구한다. 7) 시간을 잘 관리하여 주어진 시간에 원하는 결과를 도출할 수 있도록 한다. 8) 다른 기법들이 함께 적용될 수 있음을 상기하여 적절하게 활용하도록 한다. 9) 특성에 맞는 요인들이 도출될 수 있도록 적절한 질문 등을 통해 회의를 진행하도록 한다. 2. 서기의 역할 : 서기는 참가자들과 함께 아이디어를 분류하고 정리하여, '물고기 뼈 그림(Fishbone Diagram)'을 그린다.		
	휴식 시간	회의 시간이 길어지게 된다면, 적절한 휴식을 취할 수 있도록 한다.		
	문제의 요인을 밝혀낸다.	1. 참가자들은 리더의 진행에 따라 문제의 요인을 밝혀낸다. 이때 브레인스토밍을 실시하는 것이 좋다. 2. 문제의 요인들을 정리하고, 비슷한 내용을 모아서 분류한다. 3. 중요한 것을 큰 뼈의 위치에 그려 넣는다. 큰 뼈는 제시된 요인들의 가장 큰 묶음, 대분류에 해당한다. 4. 이 단계에서는 카드를 사용하는 카드 브레인스토밍을 하고, 그 카드들을 모으고 분류해서 적용하는 것도 좋다. 카드를 분류·정리해 가면서 불필요한 것은 버리고, 필요한 것은 추가한다.		

단계	중점 추진 사항	유의 사항	준비물	협조 사항
회의 진행 단계	특성요인도를 작성한다.	계속해서 중간 뼈와 작은 뼈를 추가하고, 최종적인 특성요인도를 완성시킨다.		
	중점 요인을 분석한다.	이 단계에서는 아래의 순서에 따라 진행한다. 1) 참가자들과 함께 구성원 서로가 누락된 요인이 없는지 체크한다. 2) 큰 뼈의 요인과 중간 뼈의 요인, 중간 뼈의 요인과 작은 뼈의 요인 간 인과관계가 확실하게 파악되고 있는지 체크한다. 3) 그림에서 중요하다고 생각되는 요인을 골라 그것을 동그라미나 네모 표시로 둘러싸거나 포인트를 명확하게 한다. 4) 그림에 작성자 이름, 작성 연월일 등을 기입해 두면 후에 관리하기 편리하다. 제목을 기입하는 것도 잊지 않도록 한다.		
정리 단계	폐회 선언	회의가 종료된 후 진행자는 참가자의 적극적인 참여와 좋은 아이디어에 대한 감사 인사를 하고 폐회를 선언한다. * 폐회 인사: 회의 주제와 진행 사항 정리/ 참가자 존중/ 감사 인사/ 향후 일정에 대한 안내	정리 멘트	
	회의 장소 정리	회의실을 원래 상태로 정리하고 소등, 퇴실한다.		
	Feed-Back	정리된 아이디어나 결정된 사항을 사내 양식으로 정리하여 참가자들에게 공지하고, 전사적 공유가 필요한 경우 사내 인트라넷망을 통해 회의 내용을 공유하도록 한다.		

4 논리적 사고 기법: 로직트리(Logic Tree)

1) 로직트리란?

로직트리는 그대로 번역을 하면 '논리 나무'이다. 정보와 아이디어가 나무 모양으로 논리적으로 연결되었다고 생각하면 이해가 쉽다. 로직트리는 정보와 아이디어를 나무 모양으로 연결한 관련 수목법(Relevance Tree Method)에서 발전된 기법으로, 세계적인 컨설팅 회사인 맥킨지의 컨설턴트들이 활용해서 유명해졌다. 현상을 분석하고 문제를 논리적으로 파악하는 데 매우 유용한 기법으로, 조직원으로서 갖추어야 할 논리적 사고 역량을 키우는 데 큰 도움이 된다. 정보와 사실 간의 논리적 관계를 구축하는 것을 기본으로 하기 때문이다. 조직에서 업무를 수행할 때 중요한 것 중 하나가 사실로부터 출발하여 현상을 분석하는 것이다. 로직트리를 많이 연습하는 것은 이 과정에 도움이 된다. 실제로 로직뿐만 아니라, 효과적인 문서 작성에도 도움이 된다.

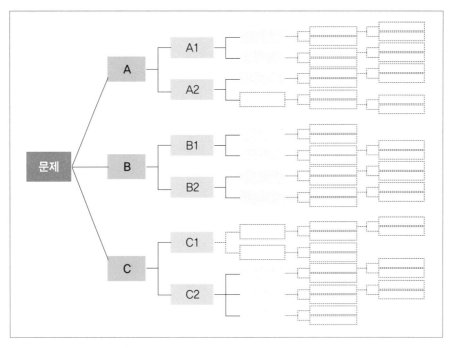

| 그림 1-1 | **로직트리 예시**

2) 로직트리의 특징

말 그대로 논리 관계가 중요한 로직트리의 가장 큰 특징은 여러 가지 현상과 요인, 정보, 아이디어들을 논리적인 관계에 따라 분석하고, 그 관계를 나무 모양으로 나열해 가는 아이디어 정리 기법이라는 점이다. 로직트리는 그 활용과 목적에 따라 현상 분석과 과제의 정의에 활용하는 What Tree, 원인 분석에 활용하는 Why Tree, 대안의 도출과 선택에 활용하는 How Tree로 나누어 볼 수 있다.

① What Tree

'현재 일어나고 있는 일은 무엇인가?', '어떤 일을 해야 하는가?'라는 질문에 답하고 이것을 정리하는 데 활용하는 기법이다. 예를 들어 해외 연수를 간 다고 해보자. 연수 보고서를 잘 쓰기 위해 현지에 가서 해야 할 일들, 수집해야 하는 정보를 한눈에 보기 좋게 정리하는 데 필요한 것이 바로 What Tree이다. 해야 할 일들을 무조건 나열하는 것이 아니라, 논리적 흐름에 따라 정리하기 때문에 빠짐없고 중복 없이 정리할 수 있게 되고 이를 통해 효율성을 높일 수 있다. 이때 반드시 활용해야 하는 기법이 MECE(Mutually Exclusive, Collectively Exhaustive)이다. MECE는 직역하면, '상호 독점적이고, 집합적으로 철저한'이라는 의미 정도가 되겠는데, '중복도 없고, 누락도 없는 상태'라고 이해하면 쉽다. 로직트리는 정보와 아이디어 사이의 논리 관계가 핵심인데, 정보의 누락이 있어서는 안 된다. 따라서 중요한 정보를 누락하지 않기 위해 여러 번 체크하고 점검하는 것이다. 또한, 많은 정보를 다루다 보면 정보를 중복하여 다룰 수도 있는데, 이것은 비효율적이다. MECE를 통해 정보를 누락도 없고 중복도 없는 상태로 만들어 논리 관계를 구축하는 것이 로직트리이다. MECE는 로직트리의 핵심이며, MECE가 되지 않은 로직트리는 실패한 로직트리라고 할 수 있다.

② Why Tree

어떤 결과의 원인을 찾는 데 활용하는 기법이 Why Tree이다. 결과와 원인의 논리적 인과관계를 한눈에 정리하는 특성요인도법과 유사하지만, 특성요인도법보다 발전된 기법이다. 특성요인도법은 문제를 단순화시킬 우려가 있고, 중요한 요인이나 정보를 누락할 수 있다는 단점을 가지고 있으나, 로직트리 중 Why Tree는 정보의 누락과 중복을 방지하는 MECE를 통해 이를 방지할 수 있다.

③ How Tree

How Tree는 해결안을 도출할 때 활용할 수 있다. 나무의 가지가 뻗어 나가듯이 해결안을 계속 발상해 나갈 수가 있다. 특히 How Tree는 복잡한 문제에 다양한 접근 방법과 해결안을 찾는 데 도움이 된다. 복잡한 문제는 하나의 해결안으로 해결되지 않을 수 있는데 문제의 다양한 요소에서 깊이 있는 해결안을 추구하고자 할 때 효과적이다.

3) 로직트리의 장점과 단점

① 장점

- 현상과 문제들의 논리적인 관계를 한눈에 파악할 수 있다.
- 체계적 접근으로 깊이 있는 사고 및 효율적인 정리가 가능하다.
- 간단한 정리로 지식의 전파 및 활용이 쉽다.
- 아이디어 정리뿐만 아니라 논리적 사고력을 향상시키는 데 도움이 된다.

② 단점

- 문제를 단순화하여 접근할 경우 잘못된 결론을 도출하는 오류가 발생할 수 있다. 이를 방지하기 위하여 정보의 누락과 중복을 막는 기법을 활용할 필요가 있다.
- 제대로 활용하기 위해서는 논리적 사고가 기본이 되어야 하므로 활용이 쉽지 않고, 익숙해지기까지 시간이 오래 걸린다. 하지만 익숙하게 사용한다면, 많은 분야에서 다양하게 활용할 수 있으므로 시간이 걸리더라도 꾸준히 연습하고 익히는 것이 바람직하다.

4) 로직트리의 활용 프로세스

① 구체적인 회의 주제를 선정한다.

우선 회의 주제를 구체적인 것으로 선정하도록 한다. 너무 큰 주제를 선택하면 회의가 초점을 잃을 수 있으니 주제는 가급적 구체적인 것이 좋다. 예를 들면, '회사의 성상 방안'이라는 주제보나는 '원가 10% 절감 방안'이라는 구체적인 주제가 바람직하다.

② 참가자들을 선정한다.

참가자의 수는 5~6명으로, 10명 이내로 하는 것이 좋다. 주제에 관계가 있는 사람들, 문제를 해결해야 하며 해결할 수 있는 사람들로 구성하는 것이 바람직하다. 또한 구체적인 주제와 목적, 그리고 각 항목의 중요도에 대해 평가하고 결정할 수 있는 결정권자가 참석하는 것도 좋다. 하지만 결정권자의 권위로 인해 자유로운 의견 교환이 방해를 받지 않도록 주의를 기울여야 한다.

③ 회의의 리더를 임명한다.

리더는 기법에 대해 정확하게 숙지하고 있어야 한다. 경험이 풍부하고, 유연한 사고와 혁신적인 자세를 가진 사람으로 선정하는 것이 좋다. 리더는 또한 참가자의 의견을 존중하고, 최대한 모든 참가자들이 충분히 발언할 기회를 주어야 한다. 더불어 참가자들의 의견을 정리하며, 공유하고 결론으로 이끌어 낼 수 있어야 한다.

④ 서기를 임명한다.

서기는 참가자들의 의견을 기록하고, 기법의 단계에 따라 정리하여 트리 모양의 구조를 작성하도록 한다. 작성한 트리 모양은 리더와 참가자들에게 적절하게 제공하여, 아이디어의 자극과 회의의 진행을 돕는다.

⑤ 휴식 시간

리더는 시간 관리를 잘할 수 있도록 하고, 중간중간에 적절한 휴식을 취할 수 있도록 한다. 휴식 시간을 갖게 될 때 리더는 지금까지의 회의 내용을 정리하여 공유하고, 휴식 시간이 끝나고 회의가 재개될 때 다시 한 번 지난 시간까지의 회의 내용과 이번 시간부터 계속될 내용에 대해 공유할 수 있도록 한다.

⑥ 로직트리 작성

정보와 아이디어를 분석하여 논리 관계를 구축하고 트리를 작성한다. 이때 포스트잇을 활용하면 좋다. 트리 작성 시에는 정보가 누락된 깃은 없는지,

중복된 것은 없는지 점검하여 MECE가 될 수 있도록 한다. MECE가 될 수 있도록 하는 것은 생각보다 쉽지가 않다. 트리의 3, 4단계까지 MECE가 되게 할 수는 없지만, 최대한 MECE가 될 수 있도록 하며, 평가 단계에서 다시 점검할 것이므로 아이디어 도출이나 회의 단계에서는 너무 집착하지 않는 것이 바람직하다.

⑦ 평가 및 피드백

평가 단계에서는 우선 MECE가 되었는지를 평가한다. 회의 과정에서 놓친 것은 없는지 꼼꼼하게 다시 점검할 수 있도록 한다. MECE가 되도록 하는 것은 어려운 작업이므로 해당 분야의 경험이 많은 사람들이 로직트리를 평가하고 점검할 수 있도록 하는 것이 효과적이다. MECE의 점검이 끝났으면, 트리의 논리적 관계와 구조를 점검하여 논리에 잘못된 점은 없는지 점검한다. 논리가 잘 구축되었다면, 이로부터 최종 결론을 도출한다.

| 표 1-22 | **활용도를 높이기 위한 사전 체크리스트**

	항목	일시	기한	완료 여부	협의 부서	비고
1	구체적인 주제의 선정					
2	참가자 선정 및 일정 확인					
3	참가자 사전 안내 및 공지					
4	회의 장소 선정 및 예약					
5	준비물(플립차트, 화이트보드, 전지, 마카 펜, 메모지, 필기구 등)					
6	간단한 다과					
7	회의 안내문 공지					
8	회의실 세팅					
9	회의 시나리오 작성(인사말/ 아이스브레이 킹/ 정리 멘트 등)					
기타 의견 및 특이 사항						

| 표 1-23 | **활용도를 높이기 위한 사후 평가지**

	문항	Yes	No	비고
1	주제는 구체적으로 선정되었는가?			
2	참가자는 적절하게 구성되었는가?			
3	회의 장소는 조용하고 쾌적하였는가?			
4	기록과 메모를 위한 준비는 잘 되었는가?			
5	리더는 역할을 잘 수행했는가?			
6	참가자들이 기법에 대해 충분히 숙지하였는가?			
7	자유롭고 활발한 토론이 되었는가?			
8	논리 관계는 잘 구축되었는가?			
9	각 레벨은 MECE가 되었는가?			
10	시간 관리는 적절했는가?			
11	계획된 시간 대비 진행된 시간은?	계획 시간: / 진행 시간:		
기타 의견 및 특이 사항				

| 표 1-24 | 활용도를 높이기 위한 로직트리 운영 매뉴얼

단계	중점 추진 사항	유의 사항	준비물	협조 사항
사전 준비 단계	회의 주제 선정	1. 우선 회의 주제를 구체적인 것으로 선정하도록 한다. 2. 이에 대한 '목적'은 참가자들과 함께 토의를 거쳐 선정하는 것이 좋다. 적극적인 참여를 유도하고, 폭넓고 다양한 사고를 할 수 있기 때문이다. 그러나 주제에 따른 목적이 분명할 때는 미리 선정해도 무방하다. 3. 자료가 필요하다면, 관련 부서에 협조 요청을 하여 미리 수집·정리해 놓는다.		자료에 대해 관련 부서 협조 요청
	참가자 선정	바람직한 참가자의 수는 5~6명으로 10명 이내로 하는 것이 좋다. 1) 문제에 관계가 있는 사람들을 중심으로 구성하는 것이 바람직하다. 2) 현업의 일정을 고려하여 미리 참가 대상자를 선정한 후 유선상으로 일정을 확인하여 참가 여부를 결정하도록 한다. 3) 만약 결정해야 할 안건이 있을 경우 결정권자가 참석하는 것이 좋지만, 권위에 의해 자유로운 회의가 방해받지 않도록 사전에 회의의 취지를 설명할 수 있도록 하자.		참가자 일정 확인
	회의 장소 선정	회의 장소는 조용하고 쾌적한 곳이 좋다. : 다른 회의나 교육에 방해를 받지 않는 조용하고 쾌적한 곳으로 선정하되, 너무 넓지 않은 곳으로 한다.		회의 장소 예약 및 협조
	회의 내용 공지	선정된 주제, 대상 장소, 일시 등을 사내 양식에 따라 공지한다. : 공지한 이후 일정에 차질이 없도록 유선상으로 한 번 더 확인하는 것이 좋다.		

단계	중점 추진 사항	유의 사항	준비물	협조 사항
사전 준비 단계	회의실 세팅	회의실 세팅은 아래와 같이 하도록 한다. 1) 참가 인원에 맞게 탁자나 책상을 배치한다(책상은 타원형이나 사각형이 좋다). 2) 참가자 전원이 상호 간 얼굴을 볼 수 있도록 배치한다. 3) 회의 도중 메모나 기록을 통해 아이디어를 자극할 수 있도록 플립차트, 화이트보드를 준비해도 좋으며, 나무 모양의 도표를 작성할 수 있도록 전지를 준비한다. 4) 참가자들에게도 간단한 메모지와 필기구를 세팅한다. 5) 주제의 정확한 인지를 위해 플립차트 상단에 주제를 적어 놓는 것도 좋다. 6) 회의를 위한 세팅이 끝나면 회의실 주변을 깔끔하게 정리하여 산만해지지 않도록 한다. 7) 참가자를 위한 간단한 다과를 준비해도 좋다. ┌─────┐ ┌──────────────┐ │플립│ │ 책상 │ │차트│ └──────────────┘ └─────┘	• 플립차트 (화이트보드) • 전지 • 마카펜 • 메모 용지 • 필기구 • 간단한 다과	회의 장소 확인 및 협조
	최종 점검	모든 준비가 끝났으면 사전 체크리스트를 확인하며 최종 점검하도록 한다.	사전 체크리스트	

단계	중점 추진 사항	유의 사항	준비물	협조 사항
회의 진행 단계	상호 간 인사 및 아이스브 레이킹	진행자는 회의의 개회를 선언하고 다음과 같은 순서에 의해 진행한다. 1) 진행자 인사말: 진행자 소개/ 참가자 존중/ 참석에 대한 감사 인사 * 필요하다면 시나리오를 작성해 본다. 2) 참가자 상호 간 인사: 부서/ 직책(직급)/ 성명/ 관심사 등 3) 아이스브레이킹은 진행자가 별도로 주제와 관련된 가벼운 소재로 준비해도 좋고, 참가자 상호 간 소개와 인사를 통해 진행해도 좋다. 4) 아이스브레이킹이 끝나면 주제에 대해 설명하고, 회의 방법, 운영 시간 등 개요에 대해 소개한다. 5) 리더와 서기를 선정하도록 한다. 참가자 자율로 정해도 좋고, 운영자가 효과적인 회의를 위해 적임자를 미리 선정하여 회의 시작 전 소개해도 무방하다. 6) 리더와 서기가 미리 선정된 경우에는 사전에 운영 원칙에 대해 충분히 조율하도록 한다. 7) 참가자들이 자율적으로 선정한 경우에는 선정된 리더와 서기의 역할에 대해 회의 시작 전 알려 주어 충분히 숙지하도록 한다. 8) 회의의 내용에 따라 진행자가 리더나 서기를 맡아도 무방하다. 9) 리더나 서기는 겸임도 가능하다.	• 인사말 • 아이스브레이킹 시나리오	
	회의 진행	리더는 참가자들에게 기법의 특징과 방법에 대해 다시 한 번 안내하여 참가자들에게 동기 부여를 충분히 하고 회의를 시작하는 것이 좋다.		

단계	중점 추진 사항	유의 사항	준비물	협조 사항
회의 진행 단계	회의 진행	1. 리더의 역할 　1) 사람들의 긴장을 풀기 위해 유머와 재치 있는 질문들을 활용한다. 　2) 과제에 초점을 맞출 수 있도록 한다. 　3) 어떠한 아이디어라도 좋다는 입장을 갖는다. 　4) 아이디어를 풍부하게 확대 재생산할 수 있도록 질문을 활용한다. 　　[예] '그 밖에 또 뭐가 있죠?', '그리고 어떻게 하면 좋을까요?' 등 　5) 참가자를 존중하고 그들의 독특한 가치를 인정한다. 　6) 비판을 하는 사람과 이를 반론하려고 하는 발표자의 논쟁을 적절하게 통제하면서 유연하게 새로운 아이디어를 요구한다. 　7) 시간을 잘 관리하여 주어진 시간에 원하는 결과를 도출할 수 있도록 한다. 　8) 기법에 대해 사전에 충분히 숙지하도록 한다. 　9) 적합한 해결안들이 도출될 수 있도록 적절한 질문 등을 통해 참가자들의 아이디어를 유도하며 회의를 진행하도록 한다. 2. 서기의 역할 　: 서기는 참가자들의 의견을 기록하고, 기법의 단계에 따라 정리하여 나무 모양의 구조로 도표를 작성하도록 한다. 작성한 나무 모양의 도표는 리더와 참가자들에게 적절하게 제공하여 아이디어의 자극과 회의의 진행을 돕는다.		
	휴식 시간	불필요하게 회의가 길어지지 않도록 리더는 시간 관리를 잘할 수 있도록 하고, 중간중간에 적절하게 휴식을 취할 수 있도록 한다.		

단계	중점 추진 사항	유의 사항	준비물	협조 사항
회의 진행 단계	로직트리 작성	정보와 아이디어를 분석하여 논리 관계를 구축하고 트리를 작성한다. 이때 포스트잇을 활용하면 좋다. 1) 브레인스토밍과 같은 확산기법을 사용하여 회의를 진행해 나간다. 2) 논리 관계를 구축하면서 로직트리를 작성한다. 3) 정보가 누락된 것은 없는지, 중복된 것은 없는지 점검하여 MECE가 될 수 있도록 한다. 4) 트리의 다음 단계를 작성할 때마다 브레인스토밍을 활용하여 아이디어를 발상하도록 하면 효과적이다. 5) 트리의 3, 4단계까지 MECE가 되게 하기는 어렵겠지만, 최대한 MECE가 될 수 있도록 한다.		
	로직트리 평가	MECE가 되도록 하는 것은 어려운 작업이므로 해당 분야의 경험이 많은 사람들이 로직트리를 평가하고 점검할 수 있도록 하는 것이 효과적이다. 1) MECE가 되었는지를 평가한다. 회의 과정에서 놓친 것은 없는지 꼼꼼하게 다시 점검할 수 있도록 한다. 2) 로직트리의 논리적 관계와 구조를 점검하여 논리에 잘못된 점은 없는지 점검한다. 3) 논리가 잘 구축되었다면, 이로부터 최종 결론을 도출한다.		
정리 단계	폐회 선언	회의가 종료된 후 진행자는 참가자의 적극적인 참여와 좋은 아이디어에 대한 감사 인사를 하고 폐회를 선언한다. * 폐회 인사: 회의 주제와 진행 사항 정리/ 참가자 존중/ 감사 인사/ 향후 일정에 대한 안내	정리 멘트	
	회의 장소 정리	회의실을 원래 상태로 정리하고 소등, 퇴실한다.	회의 장소 정리	
	Feed-Back	정리된 아이디어나 결정된 사항을 사내 양식으로 정리하여 참가자들에게 공지하고, 전사적 공유가 필요한 경우 사내 인트라넷 망을 통해 회의 내용을 공유하도록 한다.		

탐구활동

1. 일상생활에서 논리적 사고를 증진시키기 위한 자신만의 노하우를 개발하여 팀원들과 공유해 보자.

2. 주제를 정하고 논리적 사고 기법을 적용하여 팀원들과 아이디어 회의를 진행해 보자. (자유 주제)

학습평가

정답 및 해설 p.252

※ 다음 각 내용과 관련 있는 아리스토텔레스의 설득의 3요소는? (1~3)

1 개인적인 신뢰감으로, 인격적인 부분이 포함된다. (   )

2 상대를 설득하기 위해서는 논리적인 근거를 가지고 있어야 한다. (   )

3 사람은 감정의 동물이므로 상대의 감정을 상하게 하면 원하는 것을 얻기 어렵다.
   (   )

※ 다음 문장의 내용이 맞으면 ○, 틀리면 ×에 ✓표시를 하시오. (4~7)

4 특성요인도에서 '특성'은 '원인'을, '요인'은 '결과'를 의미한다. (○, ×)

5 특성요인도는 작성된 모양이 물고기 뼈처럼 생겨서 '피쉬본(Fishbone) 기법'이라
   고도 불린다. (○, ×)

6 KJ법은 아이디어 발산 기법이라기보다는 많은 양의 아이디어나 정보를 압축하고
   정리하는 데 도움이 되는 기법이다. (○, ×)

7 로직트리는 아이디어의 정리뿐만 아니라 논리적 사고력을 키우는 데에도 도움이
   된다. (○, ×)

8 KJ법의 장점으로 바르지 않은 것을 고르시오.

   ① 상황, 정보, 문제의 전체 형태를 파악하는 데 효과적이다.
   ② 객관적인 사실과 정보를 바탕으로 출발하게 되므로 현실적인 대안을 도
      출할 수 있다.
   ③ 결과에 영향을 미치는 요인들 중 간과되거나 빠진 것이 있어도 효과적인
      개선안을 도출할 수 있다.
   ④ 복잡한 문제의 정리를 필요로 하는 분야에서 폭넓게 활용될 수 있다.

9 특성요인도법의 장점으로 바르지 않은 것을 고르시오.

① 문제의 결과와 원인을 한눈에 파악하여 개선이 필요한 문제점을 찾아내기 쉽다.

② 문제를 단순화시키는 경향이 없어 복잡한 문제에 매우 효과적이다.

③ 적용하기 쉽고 활용 범위가 넓다.

④ 품질관리 분야에서는 이 기법이 대표적 기법으로 채용되고 있을 정도로 생산 현장 등에서 문제를 파악하고 개선점을 찾아내려고 할 때 효과적이다.

10 다음 설명에 해당하는 것은? (   )

정보와 아이디어를 나무 모양으로 연결한 관련 수목법(Relevance Tree Method)에서 발전된 기법으로, 세계적인 컨설팅 회사인 맥킨지의 컨설턴트들이 활용해서 유명해진 기법이다.

Tip

포스트잇을 활용하여 특성요인도를 편리하게 작성하는 Tip

포스트잇을 활용하면 특성요인도법을 보다 쉽게 활용할 수 있다. 그 방법을 정리해 보면 다음과 같다.

1. 특성에 대한 요인들을 포스트잇에 적는다. 이때 브레인스토밍을 활용하고, 그 규칙들을 지키도록 한다.
2. A3 용지 등 큰 종이를 준비한다. 용지 가운데에 옆으로 선을 긋고 오른쪽 끝에 특성을 적어 넣는다(생선의 머리와 등뼈를 그린다).
3. 여분의 용지와 포스트잇을 책상 위에 놓아 둔다.
4. 떠오르는 아이디어와 요인들을 포스트잇에 기입하면서 계속 배열해 나간다.

이렇게 하면, 떼었다 붙였다 할 수 있는 포스트잇을 활용하여 편리하게 아이디어를 정리할 수 있다.

Tip

논리적 사고를 증진시키는 Tip

1. 생각하는 습관

논리적 사고에 있어서 가장 기본이 되는 것은 늘 생각하는 습관을 들이는 것이다. 생각할 문제는 우리 주변에서 쉽게 찾아볼 수 있으며, 특정한 문제에 대해서만 생각하는 것이 아니라 일상적인 대화, 회사의 문서, 신문의 사설 등 어디서 어떤 것을 접하든지 늘 생각하는 습관을 들이는 것이 중요하다. '이것은 조금 이상하다', '이것은 재미있지만, 왜 재미있는지 알 수 없다'라는 의문이 들었다면, 계속해서 왜 그런지에 대해서 생각해 보아야 한다. 출퇴근길, 화장실, 잠자리에 들기 전 등 언제 어디에서나 의문을 가지고 생각하는 습관을 들여야 한다.

2. 상대 논리의 구조화

상사에게 제출한 기획안이 거부되었을 때, 자신이 추진하고 있는 프로젝트를 거부당했을 때 '왜 그럴까?', '왜 내가 생각한 것처럼 되지 않을까?', '무엇이 부족한 것일까?'라고 생각하기 쉽다. 그러나 이때 자신의 논리로만 생각하면 독선에 빠지기 쉽다. 이때에는 상대의 논리를 구조화하는 것이 필요하다. 상대의 논리에서 약점을 찾고, 자신의 생각을 재구축한다면 분명히 다른 메시지를 전달할 수 있다. 자신의 주장이 받아들여지지 않는 원인 중에 상대 주장에 대한 이해의 부족이 있을 수 있기 때문이다.

3. 구체적인 생각

상대가 말하는 것을 잘 알 수 없을 때에는 구체적으로 생각해 보아야 한다. 업무 결과에 대한 구체적인 이미지를 떠올려 보거나 숫자를 적용하여 표현하는 방법을 활용하면 단숨에 논리를 이해할 수 있는 경우도 많다.

4. 타인에 대한 이해

상대의 주장에 반론을 제시할 때에는 상대 주장의 전부를 부정하지 않는 것이 좋다. 동시에 상대의 인격을 부정해서는 안 된다. 예를 들어 "당신이 말하고 있는 것의 이 부분은 이유가 되지 못한다."라고 하는 것은 주장의 부정이지만, "이런 이유를 설정한다면 당신은 애당초 비즈니스맨으로서 불합격이다."라고 말하는 것은 바람직하지 못하다. 반론을 하든 찬성을 하든 논의를 함으로써 이해가 깊어지거나 논점이 명확해지고 새로운 지식이 생기는 등 플러스 요인이 생기는 것이 바람직하다.

5. 설득

논리적인 사고는 고정된 견해를 낳는 것이 아니며, 더구나 자신의 사상을 강요하는 것도 아니다. 자신이 함께 일을 진행하는 상대와 의논하기도 하고 설득해 나가는 가운데 자신이 깨닫지 못했던 새로운 가치를 발견하고 생각해 낼 수가 있다. 또한, 반대로 상대에게 반론을 하는 가운데 상대가 미처 깨닫지 못했던 중요한 포인트를 발견할 수 있다.

학/습/정/리

1. 아이디어를 정리하는 데 도움이 되는 KJ법의 장점은 다음과 같다.

   1) 상황, 정보, 문제의 전체 형태를 파악하는 데 효과적이다.

   2) 객관적인 사실과 정보를 바탕으로 출발하게 되므로 현실적인 대안을 도출할 수 있다.

   3) 복잡한 문제의 정리를 필요로 하는 분야에서 폭넓게 활용될 수 있다.

2. 특성요인도법은 아이디어 정리 기법 중 하나로 문제의 결과가 어떤 원인에 의해 일어나는 지 그 인과관계를 살펴보고, 이것을 물고기 뼈 모양의 그림으로 도식화하여 문제점을 한 눈에 파악하고, 이에 대한 해결안을 도출하는 기법이다. 특성요인도에서 '특성'은 '결과'를, '요인'은 '원인'을 의미한다.

3. 로직트리는 말 그대로 논리 관계 구축을 기본으로 하는 아이디어 정리 기법이다. 가장 큰 특징은 여러 가지 현상과 요인, 정보, 아이디어들을 논리적인 관계에 따라 분석하고, 그 관 계를 나무 모양으로 나열해 가는 것이다. 로직트리는 그 활용과 목적에 따라 현상의 분석 과 과제의 정의에 활용하는 What Tree, 원인 분석에 활용하는 Why Tree, 대안의 도출과 선택에 활용하는 How Tree로 나누어 볼 수 있다.

4. MECE(Mutually Exclusive, Collectively Exhaustive)는 '중복도 없고, 누락도 없는 상태'로써, MECE를 통해 정보를 누락도 없고 중복도 없는 상태로 만들어 논리 관계를 구축하는 것 이 로직트리이다.

제3절 비판적 사고

1 비판적 사고의 중요성

사례

저녁을 먹고 가족들과 함께 TV로 뉴스를 보고 있는 김비판 씨.

뉴스에서는 최근 사회적으로 이슈가 되고 있는 먹거리 안전에 대한 사건을 보도하고 있었다. 모 업체에서 유통기한이 지난 재료를 사용해 만든 음식을 소비자에게 팔아 오다가 적발된 것이다. 게다가 그 음식은 김비판 씨 가족이 즐겨 사먹는 음식 중 하나였던 김밥이었다.

아들: 아니 저게 무슨 소리야? 그럼 우리가 지금까지 먹은 김밥은 어떻게 되는 건데?

딸: 어떤 업체인지 밝혀 줘야지. 그냥 저렇게만 보도하면 이제 김밥은 어떻게 사 먹으라는 거야?

아내: 세상에, 먹는 것 가지고 장난을 치다니. 정말 양심 없는 사람들이네.

김비판 씨의 가족들은 흥분을 감추지 못하고 뉴스 보도에 대해 할 말을 쏟아내고 있었지만, 김비판 씨는 말없이 뉴스만 보고 있었다.

아들: 아빠는 왜 말이 없어요?

딸: 아빠, 진짜 말도 안 되는 일이죠? 저런 사람들은 정말 혼내줘야 해요.

김비판 씨: 얘들아 흥분하지 말고 아빠 얘기를 잘 들어봐. 일단 사실 관계를 좀 더 파악해 볼 필요가 있어. 우리가 보는 게 완벽한 진실이 아닐 수도 있거든.

아내: 아니, 지금 뉴스에서 저렇게 보도하고 있잖아요? 그럼, 방송사에서 사실이 아닌 걸 방송에 내보내기라도 한다는 거예요?

김비판 씨: 우선, 김밥에 대한 식품위생법이나 관련 규정이 어떻게 되어 있는지를 찾아 보자. 관리감독 권한이 중앙부처에 있는지, 지자체에 있는지도 확인해 봐야 하고. 김밥의 재료가 유통되는 과정도 조사해 보고, 가능하다면 방송사에 전화해서 어떤 업체인지, 몇 군데였는지, 일부의 문제인지, 전체의 문제인지, 어떤 과정을 거쳐 취재가 되었는지도 확인해 보자.

아들: 아빠, 우리가 무슨 경찰이나 탐정도 아니고… 그걸 어떻게 해요?

> 딸: 아빠, 그건 너무 복잡하고 머리 아파요.
>
> 아내: 당신은 항상 너무 비판적이에요. 그냥 받아들이면 될텐데.
>
> 정말 김비판 씨가 다른 가족들 말처럼 너무 복잡하게 생각하고 비판적인 것일 까? 그냥 뉴스의 내용을 받아들이고 믿으면 안 되는 것일까?

위의 사례는 가상의 사례이지만, 실제로 2004년도에 유사한 사건이 있었다. 바로 '쓰레기 만두 파동'이다. 폐기되어야 할 단무지로 만두소를 만들었다는 것이 핵심인 이 사건을 언론에서는 앞다투어 보도했고, 급기야 토론 프로그램에서도 다루었다. 국민들은 크게 분노했으며, 이로 인해 중소 만두업체들은 극심한 경영난을 겪거나 파산했고, 한 업체 대표가 자살하는 안타까운 일도 발생했다. 하지만 시간이 흘러 '쓰레기 만두 파동'이 부풀려져 보도된 것이 밝혀졌고, 언론에서 거론된 만두업체들은 법정에서도 무혐의 판결을 받았다. 먹거리 안전은 대중에게 정말 중요한 이슈이기 때문에 먹거리 안전망에 구멍이 뚫린 사건이 발생한 경우 해당 내용이 대대적으로 뉴스에 보도되곤 한다. 그럴 때마다 여론은 분노할 것이고, 만두 파동과 같은 마녀사냥이 반복될 가능성이 존재한다. 이러한 문제가 사라지지 않고 반복된다는 것은 문제에 대한 보다 근본적인 접근이 필요하다는 점을 반증한다.

문제의 피상적인 측면만 보는 것이 아니라 문제와 현상에 대해 깊이 있게 사고하여 본질을 파악할 수 있도록 하기 위해서는 비판적 사고 능력이 필요하다. 비판적 사고는 사물이나 현상의 옳고 그름에 대해 의문을 갖고 깊이 생각할 수 있는 능력이다. 복잡성이 증가하고 정보가 공개된 현대 사회에서 비판적 사고는 필수적이다. 인터넷에 올라와 있는 정보가 정확하지 않을 수 있기 때문이다. 정보의 홍수 속에서 진짜 필요한 정보를 찾아내고, 거짓과 사실을 구분해 내는 것은 쉬운 일이 아니다.

우리가 인터넷에서 검색한 정보가 과연 모두 진실일까? '병원 쇼핑(Hospital Shopping)'이라는 말이 있다. 원래는 비현실적인 건강염려증에서 비롯된 말로, 건강에 대한 염려로 이 병원 저 병원을 다니며 처방을 받은 환자를 일컫는 말이다. 그런데 최근에는 의사의 말을 믿지 못하고 이 병원 저 병원 찾아다니는 환자에게도 적용되기도 한다. 환자들이 인터넷에서 찾거나 주변 사람들에게 들은 잘못된 정보를 바탕으로 의사의 말을 믿지 못하는 상황이 발생하고 있는 것이다. 몇몇 현직 의사들의 블로그에서도 이런 병원 쇼핑 환자에 대한 글을 찾아볼 수 있다.

인터넷이나 주변 사람들보다는 전문가인 의사의 처방을 믿는 것이 현명한 태도일 것이다.

그렇다면 전문가의 말은 모두 사실인 것일까? 결론부터 말하면, 그렇지 않을 수 있다. 우리는 간혹 건강 보조 식품에 대한 상반된 연구 결과를 접할 때가 있다. 어떤 연구 결과에서는 효과가 입증되었다고 하고, 어떤 연구 결과에서는 건강 보조 식품 무용론을 말하기도 한다. 우리는 어떤 결과를 받아들여야 할까? 연구자나 연구 기관의 홈페이지 등을 찾아 보고 그들이 어느 곳의 후원을 받고 있는지 살펴본다면 어느 정도 판단이 설 수 있을 것이다. 건강 보조 식품 회사의 후원을 받고 있는 연구자나 연구 기관이라면, 해당 회사에 유리한 연구 결과를 보여 주려고 할 것이다. 연구비와 후원의 문제를 떠나서라도 실험과 연구의 결과가 공식적인 이론으로 자리 잡기까지는 오랜 시간에 걸친 충분한 연구 결과가 필요하다. 발표된 연구나 실험이 어느 정도의 기간 동안 시행되었는지를 살펴보는 것도 판단에 도움이 될 것이다.

비판적 사고 능력과 이에 대한 훈련은 우리가 사물이나 현상의 본질을 파악하고 올바른 판단을 내리는 데 있어서 필수적이다. 이러한 능력이 없다면, 학업이나 업무 성과를 기대하기 어려울 뿐만 아니라, 일상생활에 있어서도 스스로 판단하고 결정을 내리는 데 어려움을 겪을 수 있다. 예를 들어 유전자 변형 식품에 대해 생각해 보자. 토마토는 냉해에 약하다. 그래서 차가운 바다에 사는 광어의 유전자를 이식하여 냉해에 강한 토마토 품종을 만든다. 이는 동물의 유전자를 식물에 심었으니 비윤리적인가? 우리 몸에 어떤 해를 끼칠지 알 수가 없으니 나쁜 것인가? 아니면, 생산량 증대를 통해 농가의 소득을 높이고 경제에 기여할 수 있으니 결국 우리 모두에게 도움이 되는 것인가? 그것도 아니면, 식량 자원의 관점에서 미래에 필요한 기술인가?

유전자 변형 식품 관련 이슈뿐만 아니라 우리의 판단을 어렵게 하는 문제는 무수히 많으며, 이러한 문제들은 우리의 생활을 둘러싸고 있다. 즉, 이를 판단하는 데 비판적 사고는 필수적이다.

이토록 중요한 비판적 사고이지만, 우리는 왠지 '비판'에 대해 거부감을 갖고 있다. 비판을 타인이나 현상의 잘못된 점이나 좋지 않은 점을 평가하고 판단하는 것으로만 여기기 때문일 것이다. 비판에 대한 부정적 이미지를 갖고 있다면 비판적 사고에 대해 학습하고 훈련할 기회를 놓칠 수도 있다.

우리는 비판 자체를 좋아하지는 않는다. 사물과 현상의 옳고 그름을 판단하는 발언을 많이 하는 사람을 우리 사회에서는 '너무 따진다', '빡빡하다', '까칠하다'라고 생각한다. 이는 우리 사회의 문화와 관련이 깊다.

우리 사회는 같은 문화권에서 오랫동안 생활의 많은 부분을 이웃과 공유하면서 살아 왔다. 지금도 시골에 가면 담장이 낮아서 옆집의 마당과 그들이 생활하는 모습이 그대로 보이는 경우가 많다. 시골의 경우 마을을 둘러싼 길이 동네 주민들이 소유한 땅을 마을 공동체를 위해 조금씩 내놓아서 생긴 경우가 대부분이다. 즉, 개인과 공동체의 삶이 상당 부분 겹쳐 있는 것이다. 지금은 도시화가 진행되어 도시에서의 삶은 거의 개인화되어 있지만, 우리의 문화적인 뿌리는 공동체적이다. 우리 사회뿐만 아니라 기본적으로 농경 사회는 공동체적이며, 개인의 생활은 이웃, 공동체와 공유될 수밖에 없다. 농경은 혼자서는 할 수가 없기 때문이다. 공유의 문화와 삶에서는 개인의 소유와 경계를 분명히 할 필요가 없다. 각자의 것을 따지는 것은 공동체 유지에 도움이 되지 않을뿐더러 현실적으로도 거의 불가능에 가깝기 때문이다.

예를 들어, 어제 삼돌이네 논의 모내기를 마을 사람들이 모두 도와서 했고, 오늘은 돌쇠네 논의 모내기를 해야 하는데, 돌쇠네 논은 마을에서 가장 커서 삼돌이네 논보다 힘이 두 배로 든다고 하자. 삼돌이는 일을 두 배로 해야 해서 억울할까? 어제 돌쇠네가 와서 해준 만큼만 일하고 돌아가겠다고 해야 할까? 실제로 이런 경우가 있다고 해도 상대방이 일을 해준 만큼만 계산해서 똑같이 일을 해 주거나 갚는 일은 벌어지지 않는다. 농경에 기반을 둔 동양 문화권은 공동체 문화를 갖고 있어, 개인의 소유를 따지거나 실리를 판단하기보다는 공동체의 유지에 더욱 관심을 기울이기 때문이다.

반면, 서양 문화권은 농경보다는 목축과 유목에 기반을 두고 있다. 유목은 개인의 소유와 영역이 분명하고 유목에서 가장 중요한 것은 깨끗한 물과 넓은 목초지이다. 그것을 찾아 돌아다니던 중 최고의 목초지 자리를 발견했는데 이미 다른 부족이 자리를 잡고 있고 하자. 이때 쌍방은 자신의 의사를 분명히 할 필요가 있다. 이에 따라 언어도 직선적으로 발달했다. 영어에서는 주어 다음에 바로 동사가 위치한다. 내가 어떤 행동을 할 것인지를 상대방에게 분명하게 말하는 것이 필요했던 것이다. 목초지를 두고 싸움을 벌일 것인지, 아니면 상호 공존을 할 것인지, 떠날 것인지, 상호 공존을 하려면 어떠한 거래를 해야 적절한지 등 각자의 것을 따져서 상호 분명한 이득이 생길 때에만 공존할 수 있었다. 그렇지 않다면 힘의 크기를 비교하여 떠나든지 싸우든지 해야 했다. 이처럼 유목에 기반을 둔 서양 문화권은 개인의 소유가 분명하고, 옳고 그름을 따지고 판단해야 하는 것에 익숙하다.

우리 사회는 이제 서구화된 편이지만, 여전히 전통을 중요하게 생각하고 유지하고 있어 여전히 따지고 판단하는 일은 우리에게 불편하게 느껴질 수 있다. 그러나 비판적 사고는 단순히 비판하고 따지는 일이 아니라, 사물이나 현상을 깊이 생각하고 옳고 그름을 판단하여 본질적인 접근 방법을 찾고자 하는 것이다. 비판적 사고를 한다면 나와 상대방 주장의 옳고 그름과 장단점을 파악하고 보다 개선된 방법을 추구할 수 있게 된다. 그러므로 비판적 사고에 대한 부정적 생각을 접고 지금부터 비판적 사고를 학습하고 훈련해 보도록 하자.

▨ 비판적 사고의 방법

비판적 사고는 기본적으로 논증을 바탕으로 한다. 논증이란 주장을 펼치고 주장을 뒷받침할 수 있는 근거와 이유를 제시하는 것이다. 상대방을 설득하기 위한 논리와 근거는 필수적이며, 이에 대한 비판을 받아들이고 논리와 근거를 수정하여 다시 주장하는 과정은 우리의 사고와 인식의 지평을 넓힐 수 있도록 해준다. 또한, 상대방의 주장을 비판적으로 사고하여 논리적 허점과 근거의 빈약함을 주장하는 것은 올바른 판단을 하는 데 도움이 된다. 이를 통해 살펴볼 때, 비판적 사고는 상대방의 논증을 평가하고 논리적 오류를 지적하며, 이에 대해 반박을 하는 것이라고 할 수 있다.

1) 논증의 평가

어떠한 주장이나 논증을 평가하는 것은 좋은 주장과 그렇지 않은 주장을 구별하는 데 필수적이다. 여러분이 다음 사건의 국민참여재판 배심원으로 참여했다고 생각해 보자.

93세의 할아버지는 치매를 앓고 있는 배우자를 살해한 죄로 기소되었다. 할머니는 30여 년 전에 외아들을 교통사고로 잃은 뒤 충격으로 시름시름 앓다가 결국 치매에 걸리게 되었고 그런 할머니를 할아버지가 홀로 보살펴 왔다. 두 사람을 돌봐 주거나 도와줄 가족이나 친지는 없으며, 기초생활수급자인 할아버지는 생활이 너무 힘들고 자신도 노쇠하여 더 이상 할머니를 보살필 힘이 없다고 느껴서 안타까운 선택을 하고 말았다.

이 할아버지는 할머니를 살해했으므로 유죄일까? 30여 년 이상을 치매에 걸린 배우자를 보살피다 어쩔 수 없이 안타까운 선택을 했으므로 무죄일까? 정상 참작을 한다면 얼마나 해야 할까? 두 변호인이 아래와 같이 논증을 펼친다고 할 때 어떤 논증이 좋은 논증인지 배심원으로서 판단해 보도록 하자.

> **변호인 A:** 존경하는 재판장님, 피고는 노령의 기초생활수급자로 힘들게 지내면서도 30여 년 이상 치매에 걸린 배우자를 보살펴 왔습니다. 이런 안타까운 처지를 참작하시어 모쪼록 피고를 집행 유예로 선처해 주시기 바랍니다.
>
> **변호인 B:** 존경하는 재판장님, 피고는 노령의 기초생활수급자로 힘들게 지내면서도 30여 년 이상 치매에 걸린 배우자를 보살펴 왔습니다. 이런 안타까운 처지를 참작하시어 모쪼록 피고를 무죄로 석방해 주시기 바랍니다.

두 변호인의 변론은 전제는 같지만, 결론이 다르다. 각각의 변론을 분석해 보자.

[변호인 A의 변론]
- 피고는 노령의 기초생활수급자로 힘들게 지내고 있다.
- 피고는 30여 년 이상을 치매에 걸린 배우자를 보살펴 왔다.
- 피고를 집행 유예로 선처해야 한다.

> [변호인 B의 변론]
> • 피고는 노령의 기초생활수급자로 힘들게 지내고 있다.
> • 피고는 30여 년 이상을 치매에 걸린 배우자를 보살펴 왔다.
> • 피고를 무죄로 석방해야 한다.

어떤 변론이 좋은 논증일까? 물론 변호인 A의 변론이다. 왜냐하면 변호인 A의 논증은 피고의 죄는 인정하고 있다. 다만, 피고의 안타까운 처지를 고려하여 선처해줄 것을 호소하고 있다. 전제를 바탕으로 결론을 이끌어 내고 있으며, 전제가 결론을 주장할 근거가 될 수 있는 것처럼 보인다. 피고의 죄는 인정하지만 안타까우니 선처를 해달라고 주장하기 때문이다. 이에 반해 변호인 B의 논증은 피고의 죄와 관계없이 어려운 처지만을 강조하여 무죄를 주장하고 있다. 현행법상 어떠한 상황과 처지에서도 살인이라는 사실은 변하지 않는데, 이를 무시하고 곧바로 무죄로 연결하고 있는 것이다. 전제와 결론이 무관하고 논리적으로 비약이 있다고 할 수 있다.

앞의 사례에서 볼 수 있듯이 논증을 평가하기 위해서는 결론이 전제로부터 추론되었는지, 전제가 참인지를 평가해야 한다. 이것을 논증 평가의 원칙이라 할 수 있다.

2) 논증 평가의 프로세스

다음의 논증을 통해 논증 평가의 절차를 이해해 보자.

> 간접흡연으로 인해 비흡연자의 건강이 위협받고 있다. 간접흡연은 니코틴, 타르 등 필터를 통과하지 않고 공기 중에 그대로 퍼지는 유해 물질에 노출되는 것이기 때문에 흡연을 하는 것보다 더 유해하다. 실제로 평생 흡연을 하지 않았지만 배우자의 흡연에 의한 간접흡연으로 폐암에 걸리는 사람이 증가하고 있다. 따라서 간접흡연으로부터 비흡연자를 보호하기 위한 정책이 필요하며, 지정된 장소에서만 흡연할 수 있도록 하는 법률을 전국적으로 시행해야 한다.

논증 평가의 첫 번째 단계는 결론 확인이다.

위 사례의 결론은 '간접흡연으로부터 비흡연자를 보호하기 위한 정책이 필요하며, 지정된 장소에서만 흡연할 수 있도록 하는 법률을 전국적으로 시행해야 한다'는 마지막 문장이다. 논증의 평가는 실제로 결론 자체를 평가하지는 않는다. 결론은 주장하는 사람의 입장에 따라 같은 상황에서 다양하게 나올 수 있고, 결론의 타당성은 근거에 의해 부여될 수 있으며, 수용 정도는 사회적 지지와 합의에 의해 달라질 수 있기 때문이다. 따라서 논증의 평가는 결론에 대한 평가가 아닌 전제와 결론의 관계, 근거의 충분함, 전제의 타당성 등에 대한 평가이다. 그럼에도 불구하고 결론을 먼저 확인하는 이유는 결론이야말로 논증의 목적이기 때문이며, 결론을 확인해야 전제와의 관련성을 평가할 수 있기 때문이다. 논증과 주장의 결론을 확인하는 방법은 다음과 같다.

- 주장하는 사람이 최종적으로 말하고자 하는 바가 무엇인지 살펴본다.
- '따라서', '결국', '그러므로', '왜냐하면', '그렇기 때문에' 등과 같은 논증 지시어를 찾아본다. 결론은 논증 지시어의 뒤에 온다.

위의 두 가지 방법으로도 결론을 찾기 어렵다면, 주장하는 사람이 논리적 전개를 잘 펼치지 못하고 결론을 불분명하게 마무리했기 때문일 수 있다. 모든 논증은 결론에 해당하는 주장과 그 주장을 뒷받침하는 근거로 이루어져 있기 때문에 결론이 불분명하다는 것은 주장을 잘 펼치지 못했다는 뜻이다. 주장하는 사람이 논증을 잘 마무리 짓지 못했다고 하더라도 논증을 평가하기 위해서는 결론을 찾아볼 필요가 있으므로 주장의 배경이나 문맥을 잘 살펴서 결론을 찾도록 한다.

앞에 나온 간접흡연에 대한 논증은 주장의 결론이 중첩되어 모호해져 보이는 경우이다. '따라서'라는 논증 지시어 뒤에 위치한 문장인 '간접흡연으로부터 비흡연자를 보호하기 위한 정책이 필요하며, 지정된 장소에서만 흡연할 수 있도록 하는 법률을 전국적으로 시행해야 한다'는 '간접흡연으로부터 비흡연자를 보호하기 위한 정책이 필요하다'라는 문장과 '지정된 장소에서만 흡연할 수 있도록 하는 법률을 전국적으로 시행해야 한다'라는 두 개의 문장이 연결되어 있다.
간접흡연으로부터 비흡연자를 보호하기 위한 정책은 흡연 장소를 제한하는 법률 이외에도 흡연자에 대한 세도, 금연 상려 정책, 보행 및 이동 중 흡연의 금지, 공공장소 흡연 금지, 밀폐된 장소 흡연 금지, 환기 시설의 확충 등 다양할 수 있다. 주장하는 사람은 그중에서도 지정된 장소에서만 흡연할 수 있도록 하는 법률의 전국적 시행을 주장하고 있는 것이다. 따라서 본 논증의 최종 결론은 '지정된 장소에서만 흡연할 수 있도록 하는 법률을 전국적으로 시행해야 한다'가 된다. 이처럼 주장의 배경이나 문맥을 잘 살펴보면 결론을 더욱 잘 찾을 수 있다. 이제 이 결론을 바탕으로 논증을 평가해 보도록 하자.

논증 평가의 두 번째 단계는 전제의 확인이다. 전제는 결론을 뒷받침하기 위해 제시된 정보와 근거 중에서 배경 지식이나 설명, 예시 등 근거를 뒷받침하기 위한 부연 정보는 배제할 수 있다. 특히 예시 등은 자료의 조사 여부에 따라 정보의 내용이 달라질 수 있는 것이므로 논증의 뼈대를 구성하는 전제에서는 생략할 수 있다. 예시로 제시된 자료의 타당성과 신뢰성은 별개로 검증될 필요가 있다.
앞에서 다루었던 논증은 다음과 같은 정보와 주장으로 구성되어 있다.

- 간접흡연으로 인해 비흡연자의 건강이 위협받고 있다. (A)
- 간접흡연은 니코틴, 타르 등 필터를 통과하지 않고 공기 중에 그대로 퍼지는 유해 물질에 노출되는 것이기 때문에 흡연을 하는 것보다 더 유해하다. (B)
- 실제로 평생 흡연을 하지 않았지만 배우자의 흡연에 의한 간접흡연으로 폐암에 걸리는 사람이 증가하고 있다. (C)
- 간접흡연으로부터 비흡연자를 보호하기 위한 정책이 필요하다. (D)
- 지정된 장소에서만 흡연할 수 있도록 하는 법률을 전국적으로 시행해야 한다. (E)

이 중에서 E는 결론에 해당한다. B와 C는 A를 부연한 내용이므로 생략 가능하다. 또한, D는 결론을 더욱 강화하기 위한 설명이므로 생략 가능하다. 이렇게 보면 이 사례의 주장은 다음과 같이 정리될 수 있다.

- 간접흡연으로 인해 비흡연자의 건강이 위협받고 있다.
- 지정된 장소에서만 흡연할 수 있도록 하는 법률을 전국적으로 시행해야 한다.

전제는 '간접흡연으로 인해 비흡연자의 건강이 위협받고 있다'는 것이다.
앞서 살펴본 논증 평가의 원칙이 기억나는가? 논증 평가의 원칙은 다음과 같다.

- 전제가 참인가?
- 결론이 전제로부터 추론되었는가?

위 사례의 결론은 전제로부터 추론된 것은 맞다. 그렇다면 전제가 참인지 여부를 확인해 보자. '간접흡연으로 인해 비흡연자의 건강이 위협받고 있다'라는 전제는 참인가? 전제가 참인지 여부를 확인하는 것은 생각보다 쉽지 않을 수 있다. 전체가 참인지 여부를 확인하기 이전에 우선 전제가 사실에 근거하고 있는지를 가려내야 한다.

전제가 참인지 아닌지를 밝히는 것은 쉽지 않은 문제일 수 있다. 하지만 전제가 사실인지 아닌지를 가려내는 것은 상대적으로 쉽다. 전제부터가 사실이 아니라면 전제에서 추론된 결론도 의미가 없는 것이기 때문이다. 예를 들면 다음과 같다.

> 인간은 물속에서 숨을 쉴 수가 있다.
> 물속에서 숨을 쉴 수 있는 존재는 물고기이다.
> 따라서 인간은 물고기이다.

앞에서 본 내용의 경우 논증을 평가하는 것 자체가 의미 없는 일이다.
그렇다면 전제가 사실에 근거한 것이지만, 거짓인 경우는 어떠한가? 다음의 내용을 살펴보자.

> 무단결근은 사규 위반이다.
> 무단결근 시 최대 징계는 해고이다.
> 김 대리는 무단결근을 하였다.
> 김 대리는 해고되어야 한다.

무단결근이 사규 위반이라는 전제는 사실에 근거한 것이며, 참이다. 무단결근 시 최대 징계가 해고라는 전제는 사실에 근거한 것이지만, 참일 수도 있고 거짓일 수도 있다. 무단결근의 횟수와 정도에 따라 달라질 수 있기 때문이다. 이러한 경우 전제의 사실 여부를 확인한 후, 전제로부터 결론에 이르는 논증을 평가해 볼 수 있다.

간접흡연의 논증에서 전제 '간접흡연으로 인해 비흡연자의 건강이 위협받고 있다'는 사회 통념상 사실로 받아들일 수 있다. 보다 명확한 평가를 위해서는 전제의 수용성·관련성·충분성을 확인해 봐야 한다. 이는 논증 평가의 세 번째 단계이며, 논증 평가의 세 가지 기준이다.

전제의 수용성을 확인하기 위해서는 해당 분야의 전문 지식이 요구될 수도 있다. 하지만 사회적 통념과 상식에 의해 받아들일 수 있는 정도라면 전제의 수용성 여부는 쉽게 판단할 수 있다. 예를 들어 다음의 논증을 살펴보자.

> 대한민국의 모든 성인 남성은 병역 의무를 갖는다.
> 연예인 A씨는 병역 의무를 피하기 위해 편법을 저질렀다.
> 방송사는 A씨의 방송 출연을 금지해야 한다.

이 주장에서 전제는 '대한민국의 모든 성인 남성은 병역의 의무를 갖는다', '연예인 A씨는 병역 의무를 피하기 위해 편법을 저질렀다'가 된다. 두 가지 전제의 수용성은 사회 통념상 쉽게 판단할 수 있다. 반면, 다음의 논증은 어떠한가?

> 새롭게 발견된 항암 치료제는 암세포를 선택적으로 공격한다.
> 식품의약품안전처는 새로운 항암제를 허가해야 한다.

이 전제는 의학적 전문 지식이 없는 사람이 수용성 여부를 판단하기 쉽지 않다. 따라서 결론을 쉽게 지지하거나 수용하기 어렵게 된다. 이처럼 전제의 수용성 여부를 판단할 때 전문 지식이 필요한 경우도 있다.

수용성을 확인하였으면 전제와 결론의 관련성을 살펴보도록 하자. 전제와 결론의 관련성이 없다는 것은 관련이 없는 정보와 근거를 전제로 하여 결론을 도출하였다는 것이므로 좋은 논증이라고 할 수 없다. 예를 들면 다음과 같다.

여름철에는 식중독 위험이 증가한다.
식중독은 외부에서 음식을 사 먹는 경우 발생할 가능성이 높아 가정에서 안전하게 조리한 음식을 섭취하는 것이 좋으며, 가급적 외식은 삼간다.
외출에서 돌아오면 반드시 손을 깨끗이 씻어야 한다.
여름철 식중독을 예방하기 위해서는 개인 위생을 철저히 해야 한다.

앞에서 본 내용에서는 결론이 불분명하게 보일 수 있다. 관련성이 낮은 전제들이 나열되어 있기 때문이다. 하지만 이를 다음과 같이 나열해 보면 조금 더 분명하게 보인다.

- 여름철에는 식중독 위험이 증가한다.
- 식중독은 외부에서 음식을 사 먹는 경우 발생할 가능성이 높다.
- 가정에서 안전하게 조리한 음식을 섭취하는 것이 좋다.
- 가급적 외식은 삼간다.
- 외출에서 돌아오면 반드시 손을 깨끗이 씻어야 한다.
- 여름철 식중독을 예방하기 위해서는 개인 위생을 철저히 해야 한다.

이 내용은 여름철 식중독 예방에 대해 주장하고 있으므로 결론은 '여름철 식중독을 예방하기 위해서는 개인 위생을 철저히 해야 한다'가 된다. 이 결론과 전제의 관련성이 상대적으로 높은 것과 낮은 것을 구분해 보면 다음과 같다.

[결론과의 관련성이 상대적으로 높은 전제]
- 여름철에는 식중독 위험이 증가한다.
- 외출에서 돌아오면 반드시 손을 깨끗이 씻어야 한다.

[결론과의 관련성이 상대적으로 낮은 전제]
- 식중독은 외부에서 음식을 사 먹는 경우 발생할 가능성이 높다.
- 가정에서 안전하게 조리한 음식을 섭취하는 것이 좋다.
- 가급적 외식은 삼간다.

여기에서 두 가지 전제가 결론과의 관련성이 상대적으로 낮은 데에는 다음과 같은 이유가 있다.

> - 가정에서도 식중독에 걸릴 가능성이 있다.
> - 안전하게 조리한 음식에 대한 정의가 모호하다.
> - 전문 요리사나 영양사가 위생을 관리한 요식업체의 음식이 더 안전할 수도 있다.
> - 따라서 식중독 예방을 위한 안전한 조리는 조리 공간이 가정인지 아닌지의 문제가 아니라 철저한 위생 관리를 하느냐 그렇지 않느냐에 달려 있다.
> - 요식업체에 대한 정기적인 관리 시스템 자체에 불신을 가져올 수 있다.
> - 외식을 했을 때 식중독이 발생한 경우와 단체 급식에서 식중독이 발생한 경우에 대한 전제가 제시되는 것이 좋다.

결론과의 관련성이 낮은 전제는 결론 자체를 모호하게 만든다. 관련성이 적거나 없는 정보를 논증에 사용할 경우 결론이 지지를 얻기 어렵거나 전체적인 논리의 구조를 훼손하기 때문이다. 간접흡연 관련 논증에서 전제는 결론과 관련성이 있으므로 논리의 구조는 괜찮다고 할 수 있다.

반면에 식중독 관련 논증은 결론과 전제의 관련성이 낮을 뿐만 아니라 충분성에서도 문제를 안고 있다. 전제의 충분성은 전제가 결론을 얼마나 강하게 뒷받침하는가를 뜻한다. 전제가 수용성이 있고, 결론과 관련이 있다고 하더라도 충분성이 높지 않다면 논증은 약해질 수밖에 없다. 예를 들면 다음과 같다.

> 패스트푸드는 성장기 청소년의 건강에 유해하다.
> 성장기 청소년은 스스로 식욕을 절제할 수가 없다.
> 성장기 청소년의 패스트푸드점 출입을 금지해야 한다.

위의 논증에서 '패스트푸드가 성장기 청소년의 건강에 유해하다'는 전제는 수용성·관련성·충분성이 있다고 볼 수 있지만, '성장기 청소년이 스스로 식욕을 절제할 수가 없다'는 것은 수용성·충분성이 낮다. 식욕의 절제는 성인에게도 문제가 되는 부분이며, 식습관, 생활 환경, 폭식증 등의 정신 질환 등 다양한 원인이 있을 수 있기 때문이다. 즉, 이 논증의 전제는 불충분하므로 좋은 논증이라고 할 수 없다.

전제의 수용성·관련성·충분성을 확인하였으면, 마지막으로 반박 가능성을 확인해 볼 필요가 있다. 실제로 대부분의 논증은 전제와 결론의 구조가 잘 짜여 있지만, 반박이 가능한 경우가 많은데, 이는 반박 가능성을 확인하지 않았기 때문이다. 완벽하게 반박이 불가능한 논증을 만드는 것보다 반박 가능성을 살펴본 후 이에 대한 대비를 하고 논증을 다시 만드는 것이 좋다. 상대의 주장에 반박하고 나의 주장을 펼치고 싶다면, 전제에서 결론에 이르는 논리 구조와 아울러 반박 가능성을 찾아보면 된다. '주장하는 사람의 결론 이외의 다른 결론을 생각할 수 있는가?'라는 질문만으로도 쉽게 반박 가능성을 찾을 수 있다. 간접흡연 관련 글에서 결론은 '지정된 장소에서만 흡연할 수 있도록 하는 법률을 전국적으로 시행해야 한다'였다. 이는 '간접흡연으로부터 비흡연자를 보호하기 위해 지정된 장소에서만 흡연할 수 있도록 법률적으로 강제하는 것만이 최선의 방법이 될 수 있는가?', '흡연자의 권리를 지나치게 제한하는 것이 아닌가?', '다른 결론은 없는가?' 등의 질문을 통해 반박할 수 있다.

이상에서 살펴본 논증 평가의 프로세스를 정리하면 다음과 같다.

① 결론 확인
② 전제 확인
③ 전제의 수용성·관련성·충분성 확인
④ 반박 가능성 확인

3) 논증의 오류

평가적 사고를 강화하기 위해서는 논증의 오류에 대해 살펴볼 필요가 있다. 다음의 논증을 보며 이야기해 보자.

최근 이혼이 급증하고 있다. 우리 삶의 중요한 목적은 행복의 추구이며, 결혼의 목적은 독신의 삶보다 행복하게 살기 위해서일 것이다. 즉, 이혼이 급증한다는 것은 결혼생활이 행복하지 않다는 것이다. 결혼해서 행복하지 않고 이혼을 해야 한다면 결혼을 하지 않는 편이 더 나을 것이다.

여러분은 앞에서 본 논증에 동의하는가? 해당 논증은 어떤 오류를 범하고 있는가? 우선 행복은 객관적 기준에 의해 입증되기 어려운, 개인의 주관적 감정이므로 논증을 통해 행복 여부를 입증하거나 판단하는 것은 곤란하다. 일반적으로 경제적으로 풍족하면 많은 것을 누릴 수 있으므로 행복할 것이라고 생각할 수 있다. 하지만 가난하고 작은 나라인 부탄은 행복지수가 높은 나라 중 하나이다. 가난하고 누리는 것이 없어 불편하지만 그들이 행복하다고 느끼고 있는데, 가난이 불행이라고 논증을 통해 입증할 수는 없다.

이와 마찬가지로 결혼생활은 지극히 개인적인 것으로 사회적 통계로 설명되지 않는 부분이 존재한다. 부부간, 가족 간에 복잡한 인간관계를 포함하고 있기 때문이다. 이혼을 선택하는 부부가 반드시 불행하다고 전제하는 것은 근거가 부족하다고 볼 수 있다. 부부간의 사이가 좋지 않다고 하더라도 자녀로 인해서 독신보다 큰 행복감을 느낄 수도 있는 것이다. 그러므로 앞에서 본 논증은 좋지 않은 논증이라고 할 수 있다.

외국인 청년들을 등장시켜 인기를 끈 회담 프로그램이 있다. 이 프로그램은 외국인 청년들과 특정한 주제에 대해 의견을 나누는 형식이다. 그들은 자신의 생각을 논리 정연하게 설명하고 타인의 의견을 받아들이기도 하고, 반박하기도 하며 회담을 이어나갔다. 우리는 이런 TV 토론 프로그램, 뉴스, 신문의 사설 등에서 여러 가지 논증을 접한다. 어떤 주장과 논증은 논리적이고 합리적이며 설득력이 높은 반면, 어떤 주장은 터무니없고 결론이 불분명하고 무엇인가 잘못된 주장을 하고 있다는 느낌을 준다. 이러한 논증의 오류를 찾아내는 것은 비판적 사고를 강화하는 데 도움이 된다.

논증의 오류는 전제의 수용성·관련성·충분성의 오류라고 할 수 있다. 다시 말하면, 수용 불가능성의 오류, 무관성의 오류, 불충분성의 오류이다. 대표적인 논증의 오류를 살펴보자.

① 순환논증의 오류

순환논증의 오류는 입증되지 않은 결론을 전제에서 다시 내세우고, 그 전제를 바탕으로 이끌어낸 결론에서 그것이 다시 반복될 때 발생하는 오류이다. "나는 아무 생각이 없다. 왜냐하면 아무 생각이 없기 때문이다."와 같은 말이 대표적인 순환논증의 오류라고 할 수 있다.

> 소형 승용차를 소유한 사람은 좋은 운전 습관을 가지고 있다. 왜냐하면 소형 승용차는 사고가 났을 때 대형 승용차에 비해 안전에 취약하기 때문이다. 안전에 취약하기 때문에 소형 승용차를 가진 사람은 조심해서 운전을 한다. 조심해서 운전을 하기 때문에 과속을 하지 않으며, 신호를 잘 지킨다. 속도 규정을 잘 지키고 신호를 잘 지킨다는 것은 교통 법규를 잘 지킨다는 것이다. 교통 법규를 잘 지킨다는 것은 좋은 운전 습관을 가지고 있다는 것이다. 따라서 소형 승용차를 소유한 사람은 좋은 운전 습관을 가지고 있다.

앞에서 본 논증 또한 순환논증의 오류를 범하고 있다. 소형 승용차를 소유한 사람이 좋은 운전 습관을 가지고 있다는 입증되지 않은 결론을 전제에 반복적으로 사용하고, 이를 다시 결론에서 반복하고 있기 때문이다.

② 결합의 오류와 분해의 오류

결합의 오류는 전체가 단순히 부분의 합인 것처럼 간주할 때 생기는 오류이다. 결합의 오류는 부분들이 가지고 있는 각각의 특징이 전체의 특징이라는 가정을 무의식적으로 수용하게 한다.

분해의 오류는 결합의 오류와는 반대로 전체가 가진 어떤 속성을 부분도 반드시 가지고 있을 것이라고 간주하는 오류이다. 분해의 오류는 전체의 특징으로 부분을 판단하게 하는 오류를 범한다.

> 야구팀 A의 선수들은 야구팀 B의 선수들에 비해 실력이 떨어진다.
> A팀은 B팀에 패배할 것이다.

실제로 A팀은 B팀에 질 확률이 높다. 하지만 스포츠는 팀의 조직력에 따라 승패가 갈리고 변수가 존재하기 때문에 A팀이 B팀에 패배할 것이라고 확정할 수는 없다.

> A반 30명 학생들의 이번 학기 학력 평가 결과가 좋지 않다.
> A반 학생들은 상위권 대학 진학에 실패할 것이다.

A반 학생 30명의 학력 평가 결과의 합이 곧 전체의 실패로 연결되지는 않는다. A반 학생들 중에서도 상위권 학생들이 있다면, 그들은 상위권 대학에 진학할 수 있을 것이다. 상위권 학생들이 얼마나 있는지, 그들의 상위권 대학 진학 가능성은 얼마나 되는지에 대한 고려 없이 A반 학생 30명의 평균으로만 A반 전체를 평가하거나, A반에 속한 개개인의 학생에 대한 판단을 내리는 것은 결합의 오류이다.

30명의 평균과 학생 개인의 성적은 별개이다. 전체 평균이 높지 않은 학급이나 학교의 경우 상위권 대학에 진학하는 학생의 수가 많지는 않을 수 있겠지만, 전체가 실패한다고 보는 것은 오류이다. 이러한 논리적 오류는 더 나아가 전체 평균이 낮은 학교의 학생들이 학업 성취도가 낮다고 간주해 버릴 수도 있다. 그렇게 되면 이는 분해의 오류가 된다.

> A대학은 보수적인 학풍을 가진 곳으로 보수적인 사회 인사들을 많이 배출하였다.
> B는 A대학 출신이다.
> B는 보수적일 것이다.

앞에 제시된 주장은 분해의 오류이다. A대학이 보수적인 학풍을 가졌다고 해서 그 대학 출신인 B도 그럴 것이라는 것은 입증되지 않은 가정으로 결론을 뒷받침하고자 하는 것이므로 논리적으로 오류이다. 이러한 오류는 우리의 일상 생활에서도 특정 지역이나 학교 출신에 대한 선입견이나 고정 관념이라는 형태로 흔하게 나타난다.

③ 흑백사고의 오류

흑백사고의 오류는 말 그대로 흑이나 백 중 하나만을 선택하도록 하는 오류이다. 선택할 수 있는 결론을 이것 아니면 저것으로 단순화하고, 두 가지의 선택지가 서로 모순 관계에 있는 것처럼 가정하는 것이다.

> 우리는 지금 진보 정당이냐 보수 정당이냐 하는 기로에 서 있습니다.
> 민주주의 발전을 위해서는 보수 정당만이 답입니다.
> 보수 정당인 우리 B당에 투표해 주시기 바랍니다.

민주주의에서는 다양한 정치적 의견을 가진 다양한 정당이 존재할 수가 있는데, 앞에서 본 주장에서는 진보 아니면 보수라는 두 가지의 선택지만 이야기하고 있다. 민주주의의 발전은 다양한 의견을 조율하고 협의하는 과정에서 발전할 수 있는 것이기 때문에 오로지 하나의 정당만이 답이라고 주장하는 것은 오류이다. 또한, 진보냐 보수냐는 상호 모순 관계가 아니고 정치적 의견이 다른 것인데 모순 관계인 것으로 가정하고 있으므로, 흑백사고의 오류라고 할 수 있다.

> 도시화가 진행될수록 농촌은 외면받고 있다.
> 농업이 무너지면 식량 주권이 위협받게 된다.
> 도시화를 멈추고 농업에 대한 지원을 늘려야 한다.

한참 산업화가 진행되던 시기에는 농촌에서 도시로의 이주가 많이 진행되었고, 도시화 또한 빠른 속도록 진행되었다. 산업화 때문에 농업이 상대적으로 소외된 것이지 도시화 때문에 농촌이 외면받은 것은 아니다. 또한, 현재에는 농업도 현대화되었고, 농업을 통한 새로운 부가 가치가 창출되면서 농업의 발전이 진행되고 있으며, 도시 농업이라든가 귀농·귀촌의 증가 등을 통해 도시화와 농업은 더 이상 서로 모순 관계에 있지 않게 되었다. 농업에 대한 지원은 국가 산업 차원에서 접근되어야 할 필요성이 있는 이슈인데, 앞에 제시된 주장은 도시화와 농촌에 대한 외면을 모순 관계로 가정하고 있으므로 논리적 오류이다.

이러한 흑백사고의 논리는 우리의 일상생활에도 많이 나타나고 있는데, 비판적 사고와 올바른 판단에 도움이 되지 않으므로 주의해야 할 것이다.

④ 감정의 오류

감정의 오류는 논리적 근거가 아닌 상대방의 감정을 자극하여 자신의 주장을 받아들이도록 하는 오류이다. 이와 비슷한 오류로는 동정심에 호소하는 오류가 있다. 논증의 옳고 그름을 판단하는 일은 감정을 배제한 채 논리에 의해서 객관적으로 해야 한다. 물론 우리는 인간이기 때문에 감정이 있다. 그렇다고 하더라도 감정과 동정심에 따라 주장의 옳고 그름을 판단하는 오류를 범해서는 안 된다.

새로운 테마파크를 유치하는 사업은 우리 시에 새로운 고용 창출과 막대한 경제적 이익을 가져다 줄 수도 있을 것입니다. 하지만 테마파크 인근에 위치한 지역의 부동산 가격이 급상승한 것에 대해 그렇지 못한 지역의 주민들이 상대적 박탈감을 심하게 느끼고 있으며, 직접적·경제적 이익보다는 교통 체증과 매연 등으로 인해 피해만 볼 것 같다고 우려를 표하고 있습니다. 특히, 테마파크 유치 소식을 모른 채 새롭게 이주해 온 주민들이 매우 실망하고 있습니다. 여러분도 입장을 바꿔서 생각해 주시기를 간절하게 부탁드립니다. 불과 도로 하나를 사이에 두고 이익을 보는 지역과 그렇지 않은 지역이 나뉘게 되는데 이 얼마나 억울한 일입니까? 많은 주민이 실망감을 넘어 좌절감을 느끼고 있습니다. 그들의 박탈감과 실망감을 해소하기 위해서는 테마파크와 인접하지 않은 지역 주민들에게 실질적으로 이익이 될 수 있는 정책적 지원이 필요합니다.

앞에서 본 주장은 지역 발전의 불균형과 이에 대한 해소를 이야기하고 있다. 지역 불균형에 대한 주민들의 입장을 대변하고 있지만, 이처럼 감정에 호소하거나 동정심을 유발하는 방법으로는 상대방을 설득하기 어렵다. 오히려 실제로 어떤 불균형이 예상되는지 구체적인 자료와 근거를 제시하거나, 유사한 사례에서 보상이 이루어진 적이 있는지, 보상을 요구하는 것이 좋을지, 교통 체증 등을 해소하는 것이 좋을지, 전체 시민의 입장은 어떠한지, 피해를 보게 되었다고 주장하는 지역의 주민들의 의견은 어떠한지 등에 대한 근거가 객관적으로 제시된다면, 설득력이 높아질 수 있다. 다음의 주장을 살펴보자.

존경하는 교수님, 제가 이번에 B학점 이상을 받지 못하면 취업에 정말 나쁜 영향이 있을 수 있습니다. 제가 교수님 수업을 열심히 하지 못한 점은 깊이 반성하고 있습니다. 아르바이트를 하면서 취업 준비도 하느라 정말 힘들었습니다. 부디 저를 불쌍히 여기시어 B학점을 주시면 정말 이 은혜는 잊지 않겠습니다.

학생의 사연은 정말 안타깝다. 교수는 학생의 안타까운 사연을 이해해 주기는 하시겠지만, 학점을 바꿔 주는 것은 어려울 듯하다. 한 학생의 학점을 바꿔 주면 다른 학생들에게 피해를 줄 수도 있고, 학점은 공정한 기준에 의해 평가되어야 하는 것이지 감정으로 매길 수 있는 것이 아니기 때문이다.

감정이나 동정심에 호소하는 일은 실제 재판에서도 일어날 수 있다. 피고의 어려운 처지를 참작하여 선처하는 것이다. 하지만 이러한 경우라도 법이 정한 형량 범위 내에서 정상 참작의 여지가 있는 것이다. 감정이나 동정심에 호소하는 것만으로 죄의 경중 자체가 바뀌지는 않는다. 감정이나 동정심에 호소하는 것만으로 본질을 바꿀 수는 없는 것이다.

감정이나 동정심에 호소하여 상대방에게 자신의 주장을 받아들이도록 요구하는 것은 논리적인 오류이다. 감정이나 동정심에 호소하기보다는 결론과 주장을 뒷받침할 수 있는 강력한 전제로 논리를 구성하는 것이 바람직하다.

⑤ 인신공격의 오류

인신공격의 오류는 주장과 논증에 대해 정당한 근거를 가지고 비판하거나 논리적 오류를 평가하고 따지는 것이 아니라 주장을 하는 사람의 개인적 특성이나 그 사람이 처한 특정한 상황에 근거하여 그 사람의 주장이 잘못이라고 비판하는 것이다.

> 김 의원은 권모술수에 능하고 평소에도 거짓된 주장을 일삼아 동료 의원들 사이에서 신망을 잃었습니다. 따라서 지금 김 의원이 주장하는 바는 거짓이며 근거 없는 주장입니다.

실제로 이와 같은 주장이 이루어진다면, 감정 싸움으로 번지게 될 것이다. 토론이나 논증은 사라지고 본질에서 벗어난 감정 싸움을 하다가 정작 중요한 토론의 주제나 본론은 다루지도 못하게 되는 것이다. 김 의원이 권모술수에 능하고 거짓된 주장을 일삼는다는 말이 사실이라고 할지라도 김 의원의 개인적 특성과 주장의 옳고 그름은 별개이다. 주장의 옳고 그름은 오로지 논리적 근거에 의해서만 평가되어야 한다.

> 우리 시의 발전을 위해서는 A지역에 새로운 산업 단지를 조성하는 것이 필수적입니다. 반대 의견은 우리 시 전체의 발전에 도움이 되지 않는 지역 이기주의일 뿐입니다. A지역에 대한 보상과 지원은 충분하다고 판단됩니다. 더 이상의 보상은 불가합니다.
>
> 현재 우리와 반대 입장에 있는 A지역 산업 단지 조성 반대 위원회의 위원장 최판돌 씨는 우리 지역 토박이가 아니라 5년 전 귀농한 사람으로 우리 시와 지역의 발전과 이익보다는 개인의 이익만을 앞세워서 반대 단체를 이끌고 있습니다.

최판돌 씨가 5년 전 귀농한 사람이라는 것이 최판돌 씨가 지역의 발전과 이익보다는 개인의 이익을 앞세울 것이라는 이유가 되기에는 근거가 부족하다. 5년 전 귀농했다는 개인적 특성을 바탕으로 개인의 이익을 우선할 것이라고 가정하고 있으므로 인신공격의 오류이다. 또한, 반대 의견 자체가 지역 이기주의라고 몰아붙이는 것은 근거 없는 비방이라고 할 수 있다.

이처럼 개인의 특성과 논리의 옳고 그름을 구분하지 않는 공격과 비방은 우리 주변에서도 흔하게 찾아볼 수 있다.

⑥ 피장파장의 오류

피장파장의 오류는 어떤 주장을 논증의 내용과 관련된 것에 대해 정당한 근거를 가지고 비판하고 반박하는 것이 아니라 그 주장을 하는 사람도 잘못을 저지른 적이 있으니 지금하는 주장도 잘못된 것이라고 하는 오류이다. 논리적 오류를 지적하는 것이 아니라, 상대방의 주장이 실제 생활과 일치하지 않는다거나 상대방 자신에게 우선 적용해 보라고 요구하는 것이다. 논리적 근거로 비판하거나 반박하는 것이 아닌, 상대방의 주장을 거부하기 위한 것으로 논리적 오류에 해당한다.

> A: 지금 대표는 너무 독단적이야. 회원들의 의견을 받아들이려고 하지 않아.
> B: 이전 대표라고 뭐 별 거 있었나?
> A: 그래도 이전 대표는 회원들의 입장을 대변하려고 노력한 점은 인정해줄 수 있지.
> B: 비리로 물러났잖아. 이전 대표나 지금 대표나 다 똑같아.

B의 주장이 언뜻 맞는 것처럼 보일 수도 있다. 현재 대표는 독단적이고, 이전 대표는 비리를 저질렀으니 둘 다 잘못된 점이 있는 것은 사실이기 때문이다. 하지만 A가 주장하는 바는 대표의 독단과 회원의 의견 수렴에 대한 것으로 비리와는 별개의 문제이다. 이런 오류는 논점을 흐리고 본질에 접근하기 어렵게 만든다. 비리 문제는 비리 문제로, 독단적 운영의 문제는 독단적 운영의 문제로 별개로 다루어야 한다. 이러한 오류도 주변에서 쉽게 발견할 수 있다.

> 테러리스트는 민간인에 대한 공격을 저질렀으므로 고문을 통해 근거지에 대한 정보를 입수하여 발본색원해야 한다.

테러리스트에 대해서 고문을 하는 것이 정당하다고 주장하는 것은 어떠한가? 테러리스트로 체포되어 수감되었다고 하더라도 법에 따라 재판을 받아야 하며, 그의 죄가 입증되기까지는 무죄추정의 원칙이 적용되어야 한다. 실제로 그가 테러리스트가 아니라면 어떻게 할 것인가? 테러 단체에 소속되었다고 하더라도 단순 가담의 경우라면 어떻게 할 것인가? 반면, 고문은 반인륜적인 행위로 실제로 고문에 의해 없던 죄도 조작하여 희생된 경우도 다수 있었다. 테러리스트가 민간인을 공격하는 잘못을 저질렀으므로 고문을 가하는 것이 피장파장이라는 것은, 테러리스트에 대한 불쾌한 감정을 해소할 뿐, 전제와 결론의 관련성이 없는 오류를 범하는 것이다. 민간인 공격과 고문이라는 별개의 사안을 전제와 결론으로 연결하고 있기 때문이다.

> 범죄자의 인권은 보장되지 말아야 한다. 범죄자는 검거 즉시 신상 정보를 공개하여 추가 피해를 막아야 한다.

범죄자는 인권이 없으므로 신상을 공개해야 한다는 주장은 앞에서 본 테러리스트 사례와 유사하지만 실제로 우리 사회에서도 이슈가 된 적이 있었다. 강력 사건이 언론에 노출되고 용의자가 검거되면, 언론은 용의자의 얼굴은 가린 채 관련 내용을 보도한다. TV를 보는 시청자는 분노하여 범죄자의 얼굴을 가려주는 것을 이해할 수가 없고, 범죄자에게 인권은 인정될 필요가 없다고 주장할지도 모른다. 잡힌 용의자는 곧 피의자가 된다. 피의자는 조사를 거쳐 죄가 있다고 판단되면 검찰에 의해 기소가 되고, 피고로서 재판에 회부된다. 그리고 재판을 통해 죄가 확정되면 범죄자가 된다. 죄가 확정되기 전까지는 무죄로 보는 것이다. 이는 후에 범인이 아닌 것으로 밝혀질 수도 있기 때문인데, 실제로 살인 사건의 범인으로 잡혀서 복역한 뒤 출소한 사람이 진범이 아니라는 것이 밝혀져서 세상을 놀라게 한 일도 있었다. 이는 다른 나라도 아니고 우리나라 이야기이다. 이런 상황이 벌어질 수도 있는데 검거 즉시 용의자의 얼굴을 공개하면 그의 가족들은 어떻게 될 것인가? 그 가족들이 평생 고통받는 것이 옳은 일인가?

앞에서 본 주장은 다양한 전제를 고려하지 않았기 때문에 이처럼 수많은 반박 가능성이 존재한다. 뿐만 아니라, 범죄자가 저지른 잘못이나 죄가 법에 의해 판단되고 처벌되어야 하는 것과 인간으로서 갖는 권리를 연결한 피장파장의 오류이다.

이와 유사한 오류로는 양비론이 있다. 서로 대립하는 의견을 싸잡아 비판하는 것으로 중립적인 태도처럼 보이지만, 주장의 옳고 그름을 논리적으로 다투거나 새로운 대안을 모색하기보다는 토론 자체를 거부하는 기회주의적인 태도라 할 수 있다.

> 동생: 아빠, 형이 저를 괴롭혀요.
> 형: 아빠, 동생이 먼저 저를 놀렸어요.
> 아빠: 둘 다 잘못했구나. 둘 다 손들고 서 있어.

물론, 형과 동생은 모두 잘못을 저질렀다. 하지만 이런 경우 형은 동생을 잘 보살필 수 있도록 하고, 동생은 형을 잘 따를 수 있도록 훈육하는 것이 바람직할 것이다. 무작정 '둘 다 잘못했다'고 하는 태도는 문제를 해결하는 데 도움이 되지 않을 것이다.

> 갑: A당은 말로만 서민을 위한다고 하지 실제로는 자신들의 이익만을 위한 정당이야.
> 을: B당은 좋은 줄 알아? B당도 마찬가지야.

갑: B당은 이번에 새로운 공약을 내세운 모양이던데?
을: 그래도 결국 똑같아. 살펴볼 가치도 없어.

실제로 A당과 B당이 모두 잘못이 있을 수 있다. 하지만 둘 다 잘못했으니 새로운 공약을 살펴볼 가치가 없다는 것은 양비론과 피장파장의 오류가 혼재되어 있는 것이다. A당이나 B당이 마음에 들지 않는다면, 다른 정당을 지지할 수도 있는 것이고, 정당의 활동에 의견을 제시하거나 압력을 가하여 자신의 요구를 반영하게 할 수도 있다. 또한, 지난 과오와 새로운 공약은 별개의 문제이다.

⑦ 성급한 일반화의 오류

성급한 일반화의 오류는 일부의 특성을 전체로 확대하는 데에서 오는 오류이다. 개별적인 특성이 모든 경우에도 적용될 것이라는 근거 없는 가정이며, 적은 수의 표본으로 일반화된 결론을 도출할 때 생길 수 있는 오류이다.

면접관 갑: 내가 겪어보니 A대학 출신들은 고집이 너무 세더라고.
면접관 을: 그래? 그렇다면 이번 채용에서 A대학 출신들은 배제하는 것이 좋겠군.

면접관 한 명이 개인적으로 만난 A대학 출신들이 몇 명이나 될까? 갑은 개인이 경험한 일부 사례를 가지고 A대학 출신들 전체에 적용하고 있다. 이는 대표적인 성급한 일반화의 오류이며, 우리 주변에서도 흔하게 볼 수 있다.

A브랜드의 제품은 가격 대비 품질이 좋은 편이다. 이번에 출시된 A브랜드의 신제품은 가격이 조금 높게 책정되었지만, 그만큼 품질이 좋을 것이다.

A브랜드의 제품이 그동안 좋은 품질을 보여 주었다는 것이 사실이라고 하더라도 신제품의 품질과 기존 제품의 품질은 별개이다. 그동안 사용했던 몇 번의 제품에 대한 평가를 새로운 제품에도 적용한 것이므로 성급한 일반화의 오류라 할 수 있다.

4) 논증의 반박

논증을 평가하고 논증의 오류를 찾은 다음에는 논증을 반박할 수 있다. 논증을 반박한다는 것은 상대방의 주장이 좋은 논증인지 아닌지를 파악하고 잘못된 부분을 지적하는 것이다. 논증의 반박은 단순히 상대방의 의견을 거부한다거나, 반대하거나, 비판하기 위한 것이 아니라 상호 의견을 교환하고 토론하는 과정에서 오류를 찾고, 옳고 그름을 판단하여 더 나은 방안을 찾고 더 좋은 의사결정을 하기 위함이다. 논증 반박의 목적은 다음과 같다.

- 오류의 그릇된 판단 회피
- 상호 의견을 원활하게 교환하고 합리적으로 소통
- 이견과 갈등의 조정
- 논증의 보완과 수정을 통해 더 나은 방안 모색
- 합리적인 의사결정

이러한 논증 반박의 목적이 훼손된다면, 토론은 인신공격 또는 감정 싸움이 되거나 상호 이익에 도움이 되지 않는 무의미한 소모전이 되기 쉽다. 따라서 상대방의 의견을 반박할 때는 논리적 오류만을 지적하고 차분하고 부드러운 어조를 유지하여 공격한다는 인상을 주지 않도록 하고 상대방의 감정을 상하지 않도록 노력해야 한다.

다음 논증을 반박해 보자.

> 페어플레이 정신이 사라지면 스포츠는 의미가 없다. 프로 축구 경기에서 반칙을 일삼는 선수는 퇴출해야 한다. 반칙을 일삼는 선수를 퇴출시키고 페어플레이 정신을 가진 선수가 새롭게 유입되도록 해야 프로 축구가 발전할 수 있다.

프로 축구 경기에서 반칙을 저지른 선수에 대한 퇴출을 주장하고 있다. 이에 대해 어떻게 생각하는가?

실제로 프로 축구 경기에서 반칙은 많이 일어난다. 심판은 반칙의 정도에 따라 경고와 퇴장을 명할 수 있고, 경고가 누적된 선수는 다음 경기에 출전할 수 없게 되기도 한다. 반칙의 정도가 심한 경우는 경기 종료 후에라도 추가적인 징계가 가능하며, 벌금을 물기도 한다. FIFA 차원에서 국제 경기와 FIFA

주관의 모든 경기에서 징계를 가하기도 한다. 그럼에도 불구하고 반칙은 사라지지 않으며, 일부 선수는 심판 몰래 상대 선수를 가격하기도 한다. 이런 반칙은 팬들 입장에서도 불쾌할 수밖에 없고, 이런 선수는 심한 야유를 받는다. 이를 고려했을 때 앞에서 본 주장은 상당히 일리가 있어 보인다. 하지만 우선 논증을 좀 더 분석해 보도록 하자.

> • 페어플레이 정신이 없는 스포츠는 의미가 없다.
> • 프로 축구 경기에서 반칙을 일삼는 선수는 퇴출시켜야 한다.
> • 페어플레이 정신을 가진 선수를 유입해야 프로 축구가 발전할 수 있다.

여기서 반박이 가능한 부분은 우선 전제 부분으로 그 내용은 다음과 같다.

- **프로 축구라는 스포츠의 특성**: 프로 축구는 스포츠이지만, 모든 스포츠가 프로 스포츠는 아니다. 현대 사회에서 프로 스포츠는 자본에 의해 움직인다. 승부는 곧 돈이다. 이런 프로 스포츠에서 오로지 페어플레이 정신만 존재한다고 볼 수는 없다. 승리를 한다면 팬들은 경기장을 찾을 것이고, 돈이 되기 때문에 팀과 경기는 유지될 것이다. 실제로 인성은 좋지 않고 반칙도 많이 하지만 실력이 좋은 선수들은 여전히 높은 몸값을 받고 왕성하게 활동하고 있지 않은가? 이는 그들이 골을 넣고 승리를 가져다 주기 때문이다.
- **페어플레이는 무엇인가?**: 페어플레이는 룰에 의해 유지된다. 모든 선수가 페어플레이 정신을 가지고 있으면 정말 이상적이겠지만, 돈으로 움직이는 스포츠에서 페어플레이 정신만을 요구하기에는 무리가 있을 수 있다. 그래서 룰이 존재하고 심판이 존재한다. 룰 안에서 유지되는 페어플레이인 것이다. 룰과 심판에 의해 경기를 유지하도록 합의한 것이므로 심판이 오심을 내리더라도 승복할 수밖에 없게 된다. 심판이 보지 못한 반칙은 도덕적으로는 비난받아 마땅하고 관중의 야유를 받겠지만, 그 비난에 따라 징계를 할 수는 없다. 현재는 비디오 판독을 통해 경기 후 징계가 가능하며, 이 또한 룰에 따라 이루어진다. 페어플레이는 스포츠 정신에 의해서라기보다는 룰에 의해 유지되는 것이다.

- **프로 축구의 발전**: 페어플레이를 하는 선수가 늘어나면 경기는 깨끗해질 것이고 프로 축구도 발전할 수 있을 것이다. 선수들의 플레이가 깔끔하지 못하고 반칙만 일삼는다면 관중은 경기장을 찾지 않을 것이다. 프로 축구가 발전하기 위해서는 관중이 늘어나야 한다. 관중이 늘어나기 위한 조건은 여러 가지가 있을 수 있다. 재미있는 경기, 다양한 이벤트, 강력한 마케팅, 스타 선수의 발굴, 깨끗한 경기, 축구 이외의 재미 요소, 팀에 대한 소속감과 몰입 등이다. 깨끗한 경기는 이러한 다양한 조건 중 하나이며, 본질적인 부분은 아닐 수 있다는 것이다.

전제에 대한 반박뿐만 아니라 결론에 대한 반박도 가능하다. 앞에서 본 논증의 결론은 선수의 퇴출이다. 과연 퇴출이라는 징계의 수준이 적정한가? 퇴출이라는 강력한 징계를 하려면 어느 정도의 반칙을 범해야 하는가? 퇴출을 결정할 권한은 누구에게 주어지는 것이 적합한가? 퇴출이 도입되면 선수들의 플레이가 위축되지는 않겠는가?(실제로 거친 플레이를 좋아하는 팬들도 다수 있으며, 신체 조건이 우월한 팀이 신체 조건이 약한 상대팀 선수들을 거칠게 몰아붙이는 것은 공공연한 전술 중 하나이다.)

이처럼 논증의 반박은 전제를 반박하는 것과 결론을 반박하는 것으로 나누어 볼 수 있다. 그렇다면 이 둘을 각각 자세히 살펴보도록 하자.

5) 전제의 반박

논증을 반박하는 것은 앞서 학습한 전제의 수용성·관련성·충분성을 살펴보는 것으로 시작된다.

> 체중 조절은 식이 요법과 운동으로 가능하다. 과체중인 사람은 이 두 가지에서 실패하고 있다. 즉, 너무 많이 먹고 너무 조금 움직이는 것이다. 너무 많이 먹는다는 것은 식탐이 있다는 것이고, 너무 조금 움직인다는 것은 게으르다는 것이다. 그러므로 과체중인 사람은 식탐이 있고 게으르다.

앞에서 본 논증은 다음과 같이 분석될 수 있다.

> [결론]
>
> 과체중인 사람은 식탐이 있고 게으르다.
>
> [전제]
>
> • 과체중인 사람은 너무 많이 먹고 너무 조금 움직인다. (A)
> • 너무 많이 먹는다는 것은 식탐이 있다는 것이다. (B)
> • 너무 조금 움직인다는 것은 게으르다는 것이다. (C)

위 논증의 전제를 다음과 같이 반박할 수 있다.

> [전제 A에 대한 반박]
>
> 많이 먹지 않아도 어려서부터 비만 세포가 형성되어 조금만 먹어도 살이 찌는 사람이 있다.
>
> [전제 B에 대한 반박]
>
> • 많이 먹어도 과체중이 아닌 사람도 있다.
> • 기초대사량이 높아 식탐과 관계없이 식사량이 많은 사람도 있다.
>
> [전제 C에 대한 반박]
>
> 체중은 지방량과 근육량을 동시에 포함하므로 활동량이 많은 운동 선수 중에는 근육량이 많아 과체중인 경우도 있다.

이와 같은 주장은 전제의 수용성, 관련성, 충분성이 모두 낮은 경우이다. 예시로 제시한 반박 이외에도 다양한 반박 가능성이 존재한다. 구체적인 자료와 통계를 활용할 수도 있을 것이다.

> 학생인 갑의 성적이 작년인 1학년 때보다 크게 향상되었다. 학습 시간과 학습 패턴은 그다지 달라지지 않았음에도 불구하고 갑의 성적이 크게 향상된 이유는 갑이 2학년이 되면서 대학 진학에 대한 의지가 더욱 강해졌기 때문이다. 따라서 2학년생들의 학업 지도에서 대학 진학에 대한 동기 부여를 강화하는 것이 필요하다.

앞에서 본 논증의 결론은 일반적인 상식선에서 받아들일만 하다고 할 수 있다. 그렇다면 해당 논증은 좋은 논증일까? 논증을 분석해 보자.

[결론]
2학년생들의 학업 지도에서 대학 진학에 대한 동기 부여를 강화하는 것이 필요하다.

[전제]
• 학생 갑의 성적은 1학년이던 작년에 비해 크게 향상되었다. (A)
• 학생 갑의 학습 시간과 학습 패턴은 그다지 달라지지 않았다. (B)
• 학생 갑이 2학년이 되면서 대학 진학에 대한 의지가 더욱 강해졌기 때문이다. (C)

제시된 전제들은 다음과 같이 반박 가능하다.

• A, B가 사실이라 하더라도 전제 C의 사실 여부는 입증되지 않았다.
• 사례가 학생 갑밖에 없으므로 성급한 일반화의 오류이다.
• 학습 시간과 패턴이 달라지지 않았다 하더라도 갑이 꾸준하게 공부하여 성과가 가시화되는 것일 수도 있다.

즉, 앞서 본 논증은 전제가 상대적으로 빈약하다고 할 수 있다. 입증된 전제를 바탕으로 효과적인 학습 지도의 다양한 방안을 제시하는 논증을 만나면 이 논증은 초라해지고 말 것이다.

전제를 강화한 논증의 예시는 다음과 같다.

A지역 고등학생들의 학업 성취도를 3년간 분석한 자료에 따르면, 학업 성취도가 가장 높은 그룹의 학생들은 1학년에서 2학년으로 진학하면서 대학 진학에 대한 의지가 가장 크게 증가하였을 뿐만 아니라, 전체 그룹 중에서 가장 높았다. 학습 시간과 학업 성취도의 상관관계, 학습 패턴과 학업 성취도의 상관관계 분석에서 유의미한 결론은 도출할 수 없었으나 대학 진학 의지와 학업 성취도의 상관관계에서는 유의미한 차이를 보였다. 따라서 2학년 학생들

의 학업 지도에서 대학 진학에 대한 동기 부여를 강화하는 것이 필요하다. 타 지역에서도 동일하게 적용될 수 있는지에 대한 여부는 추가 연구가 필요하다.

6) 결론의 반박

전제의 수용성·관련성·충분성이 있다고 하더라도 논증은 반박이 가능하다. 전제에서 도출될 수 있는 결론이 유일무이한 경우가 실제로 거의 없기 때문이다. 이는 전제의 충분성과도 연결되어 있다. 입증 가능한 모든 전제를 충분하게 검토하고 제시하는 것이 사실상 불가능에 가깝기 때문이다.

환경 보호는 우리 세대의 중요한 과제 중 하나이다. 우리가 일상생활에서 쓰레기 분리 배출만 잘 지켜도 환경 보호에 크게 도움이 된다. 하지만 일부 몰지각한 사람들의 쓰레기 무단 투기가 늘어나고 있다. 환경 보호를 위해 쓰레기 분리 배출 단속을 더욱 강화해야 할 것이다. 각 골목마다 CCTV를 설치하고, 단속반을 정기적으로 투입하여 무단 투기를 단속하고 벌금을 부과해야 한다.

이 논증의 결론을 분석해 보면 다음과 같다.

[결론]
각 골목마다 CCTV를 설치하고, 단속반을 정기적으로 투입하여 무단 투기를 단속하고 벌금을 부과해야 한다.

[전제]
• 일부 몰지각한 사람들의 쓰레기 무단 투기가 늘어나고 있다.
• 환경 보호를 위해 쓰레기 분리 배출 단속을 더욱 강화해야 할 것이다.

쓰레기 무단 투기에 대한 단속은 환경 보호뿐만 아니라 주민 생활을 쾌적하게 하기 위해서도 필요하다. 쓰레기 무단 투기의 심각성을 공유하고, 이에 대한 관리의 필요성을 주장한 전제에 동의할 수 있다. 그렇다면 위의 논증은 반박이 어려운가? 결론은 다음과 같이 반박이 가능하다.

> 쓰레기 무단 투기 문제는 주민들의 의식 전환이 필요하기도 하지만 적절한 행정 조치와 시스템 구축이 필요하기도 하다. 아파트와 같은 공동 주택의 경우 쓰레기 분리 배출 공간과 시설을 마련하여 공동으로 관리하고 있다. 관리비를 주민이 공동으로 부담하여 쾌적한 주거 공간을 만들고 있는 것이다. 이를 일반 주택 단지에도 확대할 수는 없을까? 관련 법규가 없다면 새롭게 입법을 하면 될 것이다. CCTV를 설치하고 단속반을 투입하는 단속만이 능사가 아니라 행정 지원과 시스템 구축으로 해결할 수도 있을 것이다.

이렇게 주장하는 것이 결론을 반박하는 것이다. 상대방의 논리에 오류가 없다고 하더라도 다른 대안을 제시함으로써 반박이 가능하다. 논리에 오류가 없는데도 대안 없이 비판만 하는 것은 비판을 위한 비판이 되어버리고 무의미한 소모전이 될 수 있다. 다음의 논증을 살펴보도록 하자.

> 우리 시 행정 구역 내에 있는 A부대는 무조건 이전해야 한다. 우리 시는 지속적인 개발과 인구 유입으로 점점 발전하고 있으며, 행정 구역도 확대되고 있다. A부대는 우리 시의 행정 구역 확대에 따라 행정 구역 내로 편입된 것이다. 과거에는 도심에서 멀리 떨어진 외곽 지역에 위치했으나, 개발과 확장으로 인해 도심과 인접하게 되었다. 군부대의 훈련에 따른 소음과 유탄에 대한 불안감으로 시민들은 일상생활이 힘들 정도로 고통받고 있다. 따라서 A부대는 즉시 이전되어야 한다.

이 논증의 결론을 분석해 보면 다음과 같다.

[결론]
A부대는 이전해야 한다.

[전제]
• A부대는 도시의 개발과 확장으로 인해 도심과 인접하게 되었다.
• 훈련에 따른 소음과 유탄에 대한 불안감으로 시민들은 일상생활이 힘들다.

이와 같은 논증의 전제와 결론은 수용성·관련성·충분성이 있다고 할 것이다. 그렇다고 반박 가능성이 없지는 않다. 군부대의 이전이 관련 입법에 의해 제한되어 있으며, 현실적으로 대체 부지를 찾기 어렵다는 점을 들어 반박할 수 있다. 이렇게 주장과 반박이 이어지면, 양측은 합의점을 찾지 못하고 극한 대립을 하게 될 가능성이 높다. 이럴 경우 대립보다는 상호 협상과 협의를 통해 대안을 모색하는 것이 바람직하다.

군부대 이전 후 부지에 친환경적인 테마파크나 문화산업단지 등을 유치하여 개발하고, 개발 이익을 이전 예정지의 주민들의 보상에 사용한다든가 하는 대안을 제시하여 논의를 발전시킨다면 양측은 합의점을 찾을 가능성이 높아질 것이다. 이처럼 상대방의 주장에 논리적 오류가 없다면, 반대를 위한 논증의 반박이 아니라 새로운 결론을 제시함으로써 상호 이익을 추구하는 것도 충분히 고려해 봐야 한다.

탐구활동

1. 대학은 학문을 연구하는 곳인가? 기업이 필요한 인재를 양성하는 곳인가? 아니면 교양과 인격을 갖춘 시민을 위한 곳인가? 대학의 기능에 대해 토론해 보자(전제의 수용성·관련성·충분성 및 반박 가능성을 고려해야 한다).

2. 팀원들과 아파트 '선분양, 후시공 제도'에 대한 찬반 토론을 진행해 보자(전제의 수용성·관련성·충분성 및 반박 가능성을 고려해야 한다).

3. 주변에서 다음의 오류들을 찾아서 무엇이 문제인지 토의해 보자.

- 순환논증의 오류

- 결합의 오류와 분해의 오류

- 흑백사고의 오류

- 감정의 오류 또는 동정심에 호소하는 오류

- 인신공격의 오류

- 피장파장의 오류 또는 양비론

- 성급한 일반화의 오류

4. **다음의 주제에 대한 자신의 입장과 의견을 정리하여 논증을 만들고, 팀원들과 토론하며 상호 반박해 보자**(정답이 있는 것처럼 하지 말고, 의견을 주고받으며 상호 이해를 증진하고, 주장과 반복을 통해 새로운 대안을 모색하는 과정에 초점을 맞추어 보자).

- 청년실업

- 금연

- 식품 안전 및 위생

- 남녀평등

- 역사 교육과 역사 인식

학습평가

정답 및 해설 p.252

※ 다음 문장의 내용이 맞으면 ○, 틀리면 ×에 ✓표시를 하시오.

1 논증을 평가하기 위해서는 결론이 전제로부터 추론되었는지, 전제가 참인지를 평가해야 한다. 이것을 논증 평가의 원칙이라 할 수 있다. (○, ×)

2 논증 반박의 목적으로 적절하지 않은 것을 고르시오.

① 상호 의견의 원활한 교환과 합리적 소통
② 오류의 그릇된 판단 회피
③ 논증의 보완과 수정을 통해 더 나은 방안 모색
④ 이견과 갈등의 심화

3 논증 평가의 프로세스로 올바른 것을 고르시오.
① 전제 확인 → 결론 확인 → 전제의 수용성·관련성·충분성 확인 → 반박 가능성 확인
② 결론 확인 → 전제 확인 → 전제의 수용성·관련성·충분성 확인 → 반박 가능성 확인
③ 전제의 수용성·관련성·충분성 확인 → 전제 확인 → 반박 가능성 확인 → 결론 확인
④ 반박 가능성 확인 → 결론 확인 → 전제 확인 → 전제의 수용성·관련성·충분성 확인

※ 다음 설명에 해당하는 논증의 오류는? (4~10)

4 입증되지 않은 결론을 전제에서 다시 내세우고, 그 전제를 바탕으로 이끌어낸 결론에서 그것이 다시 반복될 때 발생하는 오류 (   )

5 전체가 단순히 부분의 합인 것처럼 간주할 때 생기는 오류 (   )

6 선택할 수 있는 결론을 이것 아니면 저것으로 단순화하고, 두 가지의 선택지가 서로 모순 관계에 있는 것처럼 가정하는 오류 (   )

7 논리적 근거가 아닌 상대방의 감정을 자극하여 자신의 주장을 받아들이도록 하는 오류 (   )

8 주장과 논증에 대해 정당한 근거를 가지고 비판하거나 논리적 오류를 평가하고 따지는 것이 아니라 주장을 하는 사람의 개인적 특성이나 그 사람이 처한 특정한 상황에 근거하여 그 사람의 주장이 잘못이라고 비판하는 오류 (   )

9 어떤 주장을 논증의 내용과 관련된 것에 대해 정당한 근거를 가지고 비판하고 반박하는 것이 아니라 그 주장을 하는 사람도 잘못을 저지른 적이 있으니 지금 하는 주장도 잘못된 것이라고 하는 오류 (   )

10 일부의 특성을 전체로 확대하는 데에서 오는 오류 (   )

논증을 강화하는 Tip

논증은 결론과 결론을 뒷받침하는 전제로 구성되어 있다. 따라서 전제를 적절하게 구성하고, 논증을 평가하여 전제를 수정·변경한다면 논증의 결론을 강화할 수 있다.

1. 전제의 추가

> 인구 100만 시대를 맞아 우리 시는 도서관 시설을 확충해야 한다. 인구 110만으로 우리 시와 인구가 비슷한 A시의 경우, 보유 도서관은 10곳으로 인구 11만 명당 한 곳의 도서관을 보유하고 있으나, 이번 달로 인구 100만을 돌파한 우리 시는 보유 도서관이 5곳으로 인구 20만 명당 한 곳의 도서관을 보유하고 있다. 연내에 도서관 5곳을 추가하여 인구 10만 명당 한 곳의 도서관을 보유해야 할 것이다.

위의 결론은 '연내에 도서관 5곳을 추가하여 인구 10만 명당 한 곳의 도서관을 보유해야 할 것이다'이다. 이를 위해 아래와 같은 전제를 제시하고 있다.

1) A시와 우리 시는 인구 규모가 비슷하다.
2) A시는 인구 11만 명당 한 곳의 도서관을 보유하고 있다.
3) 우리 시는 인구 20만 명당 한 곳의 도서관을 보유하고 있다.

여기에 아래와 같은 전제를 추가한다면, 결론은 더욱 강화될 수 있을 것이다.

1) 인구 규모가 비슷한 타 도시와의 더 많은 비교
2) 인구 대비 학생 수
3) 도서관 수와 학력, 정보화 경쟁력 등의 상관 관계
4) 확보된 예산 및 예산 조성 방안
5) 도서관 건립에 적합한 부지의 확보 방안
6) 관련 법규
7) 주민들의 도서관 건립 청원

이처럼 전체를 적절하게 추가함으로써 결론을 강화할 수 있다.

2. 전제의 삭제

전제를 삭제함으로써도 논증의 결론을 강화할 수 있다. 아래의 사례를 살펴보자.

> 스마트폰은 정보화시대에 쉽게 정보에 접근할 수 있는 유용한 기기이다. 학생들도 스마트폰을 이용하여 학습과 성장에 필요한 정보를 쉽게 얻고 활용할 수 있다. 하지만 스마트폰을 이용하여 게임을 과도하게 한다거나, 성인 정보에 접근할 수 있다는 부작용도 예상된다. 학생들이 스마트폰을 이용하여 과도하게 게임에 몰입하거나 성인 정보에 접근하는 것을 교사나 부모가 통제하기란 쉽지 않다. 따라서 학생들에게 스마트폰을 사주지 않는 것이 바람직하다.

위 논증의 결론은 '학생들에게 스마트폰을 사주지 않는 것이 바람직하다'이다.
이를 위한 전제는 다음과 같다.

1) 스마트폰은 정보화시대에 쉽게 정보에 접근할 수 있는 유용한 기기이다.
2) 학생들도 스마트폰을 이용하여 학습과 성장에 필요한 정보를 쉽게 얻고 활용할 수 있다.
3) 스마트폰을 이용하여 게임을 과도하게 한다거나, 성인 정보에 접근할 수 있다는 부작용도 예상된다.
4) 학생들이 스마트폰을 이용하여 과도하게 게임에 몰입하거나 성인 정보에 접근하는 것을 교사나 부모가 통제하기란 쉽지 않다.

논증의 결론을 강화하기 위해서는 전제 1)~2)를 삭제하는 것이 좋다. 논증의 반박 가능성이 있지만, 스마트폰을 제한하는 것을 주장하기 위한 논증이고 이에 대한 전제의 구성에만 초점을 맞춰서 보도록 하자. 학생들에게 스마트폰을 사주는 것이 바람직하지 않다는 결론을 강화하는 것이므로 스마트폰의 순기능을 전제로 활용하는 것은 좋지 않다. 위의 논증은 일부 전제를 삭제하여 아래와 같이 재구성할 수 있다.

> 학생들이 스마트폰을 이용하여 과도하게 게임에 몰입하거나 성인 정보에 접근하는 것을 교사나 부모가 통제하기란 쉽지 않다. 따라서 학생들에게 스마트폰을 사주지 않는 것이 바람직하다.

여기에 결론을 강화할 수 있는 다른 전제를 추가한다면 더욱 좋은 논증이 될 수 있다.

학/습/정/리

1. 논증이란 주장을 펼치고 주장을 뒷받침할 수 있는 근거와 이유를 제시하는 것이다. 상대 방을 설득하기 위한 논리와 근거는 필수적이며, 이에 대한 비판을 받아들이고 논리와 근거 를 수정하여 다시 주장하는 과정은 우리의 사고와 인식의 지평을 넓힐 수 있도록 해준다.

2. 논증 평가의 원칙은 다음과 같다.

1) 전제가 참인가?

2) 결론이 전제로부터 추론되었는가?

3. 논증 평가의 프로세스를 정리하면 다음과 같다.

1) 결론 확인

2) 전제 확인

3) 전제의 수용성·관련성·충분성 확인

4) 반박 가능성 확인

4. 논증의 오류를 정리하면 다음과 같다.

1) 순환논증의 오류
입증되지 않은 결론을 전제에서 다시 내세우고, 그 전제를 바탕으로 이끌어낸 결론에 서 그것이 다시 반복될 때 발생하는 오류이다.

2) 결합의 오류와 분해의 오류
전체가 단순히 부분의 합인 것처럼 간주할 때 생기는 오류가 결합의 오류이고, 분해의 오류는 이와는 반대로 전체가 가진 어떤 속성을 부분도 반드시 가지고 있을 것이라고 간주할 때 생기는 오류이다.

3) 흑백사고의 오류
말 그대로 흑이나 백 중 하나만을 선택하도록 하는 오류이다. 선택할 수 있는 결론을 이것 아니면 저것으로 단순화하고, 두 가지의 선택지가 서로 모순 관계에 있는 것처럼 가정하는 오류이다.

4) 감정의 오류
논리적 근거가 아닌 상대방의 감정을 자극하여 자신의 주장을 받아들이도록 하는 오류 이다.

5) 인신공격의 오류
주장과 논증에 대해 정당한 근거를 가지고 비판하거나 논리적 오류를 평가하고 따지는 것이 아니라 주장을 하는 사람의 개인적 특성이나 그 사람이 처한 특정한 상황에 근거 하여 그 사람의 주장이 잘못이라고 비판하는 것이다.

6) 피장파장의 오류

어떤 주장을 논증의 내용과 관련된 것에 대해 정당한 근거를 가지고 비판하고 반박하는 것이 아니라, 그 주장을 하는 사람도 잘못을 저지른 적이 있으니 지금하는 주장도 잘못된 것이라고 하는 오류이다. 논리적 오류를 지적하는 것이 아니라, 상대방의 주장이 실제 생활과 일치하지 않는다거나 상대방 자신에게 우선 적용해 보라고 요구하는 것이다.

7) 성급한 일반화의 오류

일부의 특성을 전체로 확대하는 데에서 오는 오류이다.

5. 논증 반박의 목적은 다음과 같다.

1) 오류의 그릇된 판단 회피

2) 상호 의견의 원활한 교환과 합리적 소통

3) 이견과 갈등의 조정

4) 논증의 보완과 수정을 통한 더 나은 방안의 모색

5) 합리적 의사결정

NCS
직업기초능력평가

문제
해결
능력

Chapter

02

문제처리능력

제 **❷** 장

문제처리능력

▶▶ 학습목표

구분	학습목표
일반목표	직장생활에서 발생한 문제를 인식하고, 문제해결 절차에 따라 적절한 해결책을 적용하여 문제를 해결할 수 있다.
세부목표	1. 직장생활에서 발생한 문제를 해결하는 과정을 이해할 수 있다. 2. 직장생활에서 발생한 문제를 인식할 수 있다. 3. 직장생활에서 발생한 문제를 도출할 수 있다. 4. 직장생활에서 발생한 문제의 원인을 분석할 수 있다. 5. 직장생활에서 발생한 문제의 해결안을 개발할 수 있다. 6. 직장생활에서 발생한 문제의 해결안을 실행하고 평가할 수 있다.

▶▶ 주요 용어 정리

문제

목표와 현상의 측정 가능한 차이이다.

문제해결

목표와 현상을 분석하고, 이 분석 결과를 토대로 주요 과제를 도출하여 바람직한 상태나 기대되는 결과가 나타나도록 최적의 해결안을 찾아 실행·평가하는 활동이다.

문제의식

문제를 찾아내고 그것을 바람직한 상태로 만들고자 하는 적극적인 태도이다.

제1절 문제 인식

■ 문제란 무엇인가?

문제라고 하면 우리는 우선 '골치 아픈 것', '해결해야만 하는 일' 등을 떠올리게 된다. '넌 너무 소극적인 게 문제야', '그 친구는 매일 지각하는 게 문제야', '요즘 취업이 어려워서 정말 큰 문제야' 등과 같은 개인적인 관심사와 주변의 이야기뿐만 아니라, '최근 타국과의 외교적 갈등이 발생해서 문제야', '비리가 끊이지 않고 있어서 문제야', '원산지 표기가 잘 지켜지지 않고 있는데 이건 큰 문제야' 등 사회적 이슈에 대해서도 '문제'라는 단어를 사용하고 있다. 이처럼 우리의 일상생활에서 '문제'라는 단어가 주는 느낌은 부정적이며, '뭔가 잘못된 것'이라는 의미를 가지고 있다. '문제'라는 단어가 부정적으로 인식되면, 우리는 문제를 해결하기 위한 적극적인 자세를 갖고 대안을 모색하기보다는 회피하기 쉽다. 골치 아픈 것을 좋아하는 사람은 없기 때문이다. 물론 일상의 대화에서는 이러한 의미로 문제라는 용어를 사용하는 것이 크게 잘못된 일은 아니다. 눈앞에 당장 큰 일이 벌어지지 않는 한은 굳이 문제를 해결하지 않아도 되는 경우가 많고, 골치 아픈 문제를 그대로 묻어 두거나 회피하는 것도 하나의 방법이 될 수 있기 때문이다.

하지만 급변하는 환경 속에서 치열한 경쟁을 벌여야 하는 기업 조직의 경우 그대로 방치한 문제가 훗날 기업의 생존을 위협할 수도 있기 때문에 문제에 대한 올바른 접근 방법과 해결 방안이 필요하다. 우선, 문제의 정의를 이해하기 위해 다음의 사례를 살펴보자.

사례 ❶

내 이름은 한문제.
은퇴한 후에는 정원 잔디를 돌보는 것이 나의 소일거리다. 나의 하루 일과는 잔디로 시작해서 잔디로 끝난다. 우리 집에는 자동차처럼 타고 다니면서 잔디를 깎는 기계도 있고, 손으로 깎는 수동식 기계도 있다. 나는 두 기계를 모두 사용하여 잔디를 잘 관리해 왔다. 사실, 우리 집 정원은 배수시설이 매우 잘되어 있어서 특별히 신경 쓸 것이 없다. 게다가 우리 집 잔디는 비료를 주지 않아도 잘 자라는 신품종이다.

우리 집 잔디는 매우 부드럽고 윤기가 나며, 오후 햇살을 받으면 반짝이기까지 한다. 우리 집 잔디는 항상 신선하고 맑은 느낌을 준다. 나는 우리 집 잔디가 매우 자랑스럽다.

얼마 전 자동형 기계가 고장이 났지만, 수동형 기계가 있으니 당분간은 수동형으로 관리하는 수밖에. 매일 같이 수동형으로 잔디를 관리하는 것은 정말 힘든 일이다. 몸살이 날 지경이어서 며칠 좀 쉬어야겠다. 며칠 쉰다고 문제가 생기지는 않을 것이다.

앗, 그런데 아침에 일어나 보니 잔디가 몇 군데 보기 흉하게 죽어 있는 것이 아닌가? 게다가 군데군데 구멍까지 나 있다. 나는 급한 대로 구멍을 메우고 잔디를 다시 심었다.

다음 날 아침, 구멍은 더욱 늘어나 있었다. 나는 잔디의 죽은 곳을 없애고 싶었지만 생각처럼 되지 않는다. 이제 포기 상태다. 나는 잔디의 구멍과 씨름하느라 완전히 지쳤다.

옆집 김 영감이 우리 집 잔디를 보고 놀린다. 제길, 두더지 같이 생긴 영감이… 나는 두더지 같이 생긴 옆집 김 영감이 싫다. 두더지? 혹시, 잔디에 구멍을 내고 있는 것이 두더지인가? 두더지를 좀 연구해 봐야겠다.

흠… 두더지는 눈이 작고 야행성이다. 식욕이 매우 왕성하며, 유충을 먹고 산다. 두더지는 먹이를 찾기 위해 땅에 구멍을 뚫는다. 그런데, 두더지는 도대체 어디서 왔단 말인가? 옆집 김 영감이 우리 잔디를 시기해서 던져 놓았나? 아니, 이러고 있는 사이에 잔디 구멍이 더 늘어났잖아! 우리 집 잔디는 이제 더 이상 아름답지 않다.

여기저기 구멍이 나 있고, 잔디는 보기 흉하게 죽어버렸다. 이제 나는 우리 집 정원이 싫어졌다. 나는 옆집 영감도 싫고, 두더지도 싫다고!

한문제 씨는 이 골치 아픈 일을 어떻게 해결해야 할까? 한문제 씨를 둘러싼 상황에서 과연 문제는 무엇일까? 두더지가 문제인가? 한문제 씨가 잔디에 너무 집착을 하고 있는 건 아닐까? 기계가 고장이 나서 문제일까? 아니면, 한문제 씨가 문제를 해결할 의지가 약하고 게으르기 때문일까? 혹은, 한문제 씨를 놀리고 있는 옆집 김 영감이 문제인가? 한문제 씨의 상상대로 옆집 김 영감이 한문제 씨를 골탕 먹이기 위해 두더지를 몰래 풀어놓았을까? 도대체 여기서 문제는 무엇일까?

문제가 무엇인지를 잘 찾아야 해결할 수 있기 때문에 문제해결에서 문제를 정의하는 것은 정말 중요하다. 하지만 앞에서 본 사례에서 알 수 있듯이 문제의 정의를 배우지 않고, 감이나 주관에 의지해 문제를 정의하는 것은 생각보다 간단하지 않다. 문제를 바라보는 관점이 모두 다르기 때문이다. 만약 이것이 개인의 관심사가 아니고 기업의 사활이 걸린 프로젝트이거나 사회적으로 중요한 이슈라면 어떨까? 문제에 대한 다양한 관점과 의견을 모으는 데 많은 시간이 걸리게 될 것이다. 문제해결에 시간과 자원을 많이 소모한 기업이 경쟁력을 갖기 어려운 것은 불을 보듯 뻔하다. 따라서 우리는 문제의 정의를 학습할 필요가 있다.

문제는 '목표와 현상의 측정 가능한 차이'라고 정의할 수 있다. 그렇다면 앞의 한문제 씨의 사례에서 문제는 무엇일까? 한문제 씨의 목표는 '깨끗한 정원 잔디'이다. 현재 상태는 그렇지 못하므로 이때의 문제는 '정원 잔디의 훼손'이다. 목표는 미래의 바람직한 상태라고 할 수 있는데, 현재의 상황은 목표와 차이가 있을 수밖에 없다. 차이가 없다면 목표가 달성된 것이기 때문이다. 이 차이를 극복하는 방안은 곧 목표를 달성할 수 있는 방안이며, 목표 달성은 문제의 해결임과 동시에 성과의 달성을 통한 발전과 성장이라 할 수 있다. 이렇게 문제를 정의하게 되면, 바람직한 상태를 만들기 위해 노력할 수 있게 되고 우리는 지속적으로 발전할 수 있게 된다. 목표와 현상의 차이를 측정 가능하도록 분명하게 드러냄으로써 보다 명확하고 구체적인 해결안을 도출하게 되는 것이다.

다이어트를 예로 들어 보자. 단순히 '나는 살을 빼야겠다'라고 생각하고 다이어트를 하는 것과 문제에 대한 정의를 활용하여 다이어트를 하는 것은 접근 방법에서 차이가 있을 수 있다. 문제에 대한 정의를 활용하여 다이어트를 한다면, 다음과 같을 것이다.

목표 체중이 75kg이고 현재는 85kg이라면 문제는 '체중 10kg 초과'이다. 무작정 살을 빼는 것이 아니라, 구체적으로 체중 10kg을 감량하고자 하는 것이기 때문에 체중 10kg 초과를 해결하기 위해 구체적인 활동 계획을 수립할 수 있게 된다.

기업의 경우는 어떨까? 다음의 예시를 살펴보자.

A지점의 5월 영업 목표는 3억 원인데, 5월 25일 현재 2억 5천만 원을 달성하고 있다면 이때 문제는 무엇일까? 문제의 정의를 활용하지 않고, 감과 직관에 의지

하는 경우 영업 사원들이 노력하지 않고 있는 것이 문제라고 생각해 버리기 쉽다. 물론 그럴 수도 있지만, '문제'는 '목표와 현상의 측정 가능한 차이'이므로 이때의 문제는 '영업 목표 5천만 원 미달'이다. 그러면 '왜 이 문제가 발생했는가?'라는 질문을 통해서 원인을 분석해야 제대로 문제해결을 할 수가 있는 것이다. 그 원인은 고객의 요구가 변했는데 그 변화에 신속하게 대응하지 못해서일 수도 있고, 경쟁자가 새로운 상품과 프로모션으로 고객을 빼앗고 있어서일 수도 있다. 고객의 요구가 변했다면, 고객의 요구에 맞춰 영업 전략을 수정하는 것이 영업 사원을 다그치는 것보다 효과적일 수 있다. 경쟁 상황이 변했다면, 보다 경쟁력 있는 상품과 프로모션으로 대응하는 것이 효과적일 수 있다. 이처럼 문제의 정의를 제대로 이해하고 적용하는 것은 우리의 일상과 개인적인 관심사뿐만 아니라 기업 조직에 있어서도 중요하다.

2 문제해결의 중요성

문제해결이란 목표와 현상을 분석하고, 이 분석 결과를 토대로 주요 과제를 도출하여 바람직한 상태나 기대되는 결과가 나타나도록 최적의 해결안을 찾아 실행·평가하는 활동이라고 할 수 있다. 이해하기 쉽게 표현하면, '성과를 내기 위한 모든 활동'이라고도 할 수 있다. 문제가 '목표와 현상의 측정 가능한 차이'이므로 문제를 해결한다는 것은 차이를 극복하여 목표를 달성한다는 것이기 때문이다. 기업 조직은 급변하는 환경과 치열한 경쟁하에서 한정된 자원으로 최대의 성과를 내야만 한다. 이것은 목표 달성의 과정이 결코 평탄하지 않음을 뜻한다. 목표 달성의 과정에서 나타나는 어려움과 걸림돌을 제거하는 활동이 문제해결이라 할 수 있는 것이다.

기업 조직에 있어서도 문제해결 활동은 필수적이며 기업 생존과도 직결된다고 할 수 있다.

벤큐(BenQ)라는 회사가 있다. 가전 및 통신 기기를 생산하며, 전 세계에서 10만 명 이상의 직원을 보유하고, 세계 100여 개국에 제품을 수출할 정도로 탄탄한 대만 국적의 글로벌 기업이다. 국내에는 LCD모니터와 디지털 프로젝터를 판매하고 있다. 이 회사는 2005년 6월, 벤큐모바일(BenQ Mobile)을 자회사로 출범시키고 유럽 시장을 공략하였다. 유럽 시장을 공략하기 위해서는 벤큐의 브랜드 인지도가 약하다고 판단하여 지멘스(Siemens)의 모바일 부분을 인수하였는데, 당시에는 대만 기업이 독일 국적의 글로벌 기업 지멘스를 인수하였다고 해서 업계에서 크게 이슈가 되었다. 당시 지멘스는 노키아, 모토로라, 삼성전자, 소니에릭슨, 엘지전자에 이어 세계 6위의 휴대폰 제조업체였다. 지멘스를 인수한 벤큐모바일은 벤큐-지멘스(BenQ-Siemens)를 브랜드 시장에 선보였고, 유럽 시장에 자신들의 브랜드를 적극적으로 알리고자 당시 세계 최고의 축구 선수인 호나우두가 뛰고 있던 레알 마드리드의 공식 스폰서를 따내었다. 이를 통해 레알마드리드의 유니폼에는 벤큐-지멘스의 이름이 새겨졌고, 레알마드리드의 경기를 시청하는 사람들은 이것으로 벤큐-지멘스라는 브랜드를 인지하게 되었다. 뿐만 아니라 벤큐-지멘스는 호나우두를 모델로 한 TV광고도 제작하였는데, 안타깝게도 2006년 9월에 파산하고 말았다. 축구를 사랑하는 유럽인들을 타깃으로 삼아 레알 마드리드와 호나우두를 통해 광고를 했어도 유럽인들에게 벤큐-지멘스라는 생소한 브랜드가 신뢰를 주지는 못했던 모양이다. 더욱 놀라운 것은 파산 직전인 2006년 8월에 4억 달러의 자금을 투입했다는 사실이다. 회사를 끝까지 살리고 싶었던 것일까? 그렇다 하더라도 파산하기 한 달 전에 거금을 투입한 것이 좋은 결정이었다고 말하기는 힘들 것이다. 한 달 만에 4억 달러라는 적지 않은 자금이 물거품처럼 사라진 셈이니 말이다.

2007년 2월, 우리 공군의 F15K 전투기가 활주로에 착륙하던 중 한 쪽 날개가 파손되는 사고가 있었다. 이는 전투기 조종사의 비행 기술이 충분하지 못해서였을까? 전투기에 결함이 있어서였을까? 아니면 관제탑에서 착륙 유도를 잘못해서였을까? 알고 보니 원인은 활주로의 노후화된 맨홀 뚜껑이 내려 앉았기 때문이었다. 한 대에 1,000억 원이나 하는 전투기가 맨홀 뚜껑 때문에 파손된 것이다. 노후화된 맨홀 뚜껑을 찾아 미리 제거했더라면 사고는 일어나지 않았을 것이다. 기업의 생존뿐만 아니라 이처럼 사소한 것에서도 문제해결 활동이 잘못되었을 때 큰 손실이 발생할 수 있다.

또 다른 사례를 살펴보자. 콜라 시장에서 1위는 어떤 콜라일까? 1등은 바로 '코카콜라'이다. 그렇다면, 2위는 어떤 콜라일까? '펩시'일까? 2위는 코카콜라가 전개하는 또 다른 브랜드인 '다이어트 코크'이며, '펩시'는 3위이다. 그렇다면 매출은 어디가 더 높을까? 코카콜라일까? 펩시일까? 매출은 코카콜라보다 펩시가 더 높다. 2013년을 기준으로 코카콜라의 매출은 약 475억 달러, 펩시의 매출은 약 675억 달러이다. 그렇다면 펩시가 매출이 더 높은 이유는 무엇일까? 이는 펩시가 더 이상 콜라 회사가 아니기 때문이다.

콜라 시장에서 치열하게 싸우며 코카콜라의 영원한 경쟁자였던 펩시는 1996년 100년 콜라 전쟁에서의 패배를 선언할 수밖에 없었다. 이를 계기로 절치부심 사업 구조 개편에 나선 펩시는 1997년에 피자헛, KFC, 타코벨 등의 외식 사업을 분리하여 맥도날드, 버거킹과의 경쟁에서 탈피하였다. 맥도날드, 버거킹 등에서 피자헛과 같은 외식 사업을 보유하고 있었던 펩시를 경쟁자로 인식하고 있었기 때문에 펩시로써는 다른 외식 업체에 음료를 납품하기 어려웠기 때문이다. 따라서 피자헛, KFC, 타코벨을 분리하여 판로 확대를 모색하고 피자헛 등과는 전략적 제휴 관계를 유지하였다.

또한, 1998년에는 트로피카나를 인수하여 콜라 중심의 전략에서 탈피, 새로운 방향을 모색하였다. 이에 멈추지 않고 2001년에는 게토레이 브랜드를 소유한 퀘이커오츠를 인수하였다. 게토레이는 이온 음료의 절대 강자로 코카콜라의 '파워에이드'와 경쟁하고 있었다. 펩시는 2001년 퀘이커오츠 인수 당시 엄청난 반대에 부딪쳤지만, 당시 CEO였던 로저 엔리케는 미래에 대한 통찰력과 과감한 결단으로 이를 실행에 옮겼으며, 이는 펩시 역사상 가장 위대한 선택으로 불리게 되었다. 이 일을 계기로 펩시는 더 이상 콜라 회사가 아닌 종합 식품 기업으로 부상하게 되었기 때문이다. 또한, 치토스, 도리토스, 레이칩 등에 집중하였으며, 레이칩의 원료인 감자 재배법을 현지 농가에 전수해 주고 쌀, 보리 등 감자 이외의 농산물 판매를 대행해 주는 등 현지 농가의 소득 증대에 조력하는 신흥 시장 공략 및 현지화 정책을 펼쳐 크게 성공하게 된다. 그뿐만 아니라 웰빙 트렌드에 맞춰 2003년에 업계 최초로 스낵 제품에서 트랜스지방을 제거하였고, 2007년에는 해바라기유 사용과 FDA기준에 적합한 스마트 초이스 라벨링, 2008년에는 천연재료만 사용한 펩시 내추럴 출시 등 적극적으로 변화를 선도하였다. 이 결과 펩시는 네슬레에 이은 세계 2위의 종합 식품 기업으로 성장하게 되었다. 웰빙 트렌드를 타고 탄산음료 소비가 줄어들어 코카콜라가 실적 부진을 겪고 있는 것과 대조되는 행보를 보인 것이다. 거대 글로벌 기업의 전략적 승리의 바탕에는 바람직한 상태나 기대되는 결과가 나타나도록 최적의 해결안을 찾아 실행·평가하는 활동, 즉 문제해결 활동이 성공적으로 수행된 것이라 할 수 있다.

우리에게도 친숙한 사례를 하나 더 살펴보도록 하자.

까르푸는 한국에서 철수하여 이제 점점 잊혀져 가고 있지만, 월마트에 이은 세계 2위의 글로벌 유통 체인이다. 1996년 한국에 진출하였으나, 2006년 이랜드그룹에 매장을 매각하고 철수하였다. 2006년에 철수했지만 프랑스 본사에서는 이미 2004년에 철수를 결정하였다. 이미 결정을 내리고도 2년 후에야 철수한 이유는 무엇일까?

당시 전국에 매장 27개를 보유한 까르푸는 성급하게 철수를 선언할 경우 매장을 헐값에 매각해야 했다. 까르푸는 이미 일본 철수 당시 매장을 헐값에 매각했던 경험이 있었기 때문에 같은 실수를 반복하지 않고자 철저한 준비를 했던 것 같다. 인수 가능 기업이 많아질수록 가격은 올라갈 것이기 때문에 업계 1위인 이마트를 끌어들여 매장의 가치가 매력적으로 보이도록 할 필요가 있었다. 하지만 당시 대형 할인점 업계에서 전국에 가장 많은 매장을 가치고 있었던 이마트로서는 굳이 까르푸의 27개 매장을 인수할 이유가 없었다. 까르푸가 원하는 바람직한 상태는 매장을 비싸게 팔고 철수하는 것이었고, 그러기 위해선 업계 1위인 이마트를 끌어들이는 것이 유리했다. 하지만 이마트는 27개 매장으로는 인수전에 뛰어들 이유가 없었다. 까르푸는 이 문제를 어떻게 해결했을까? 까르푸는 이마트를 인수전에 끌어들이기 위해 2004년에 철수를 결정한 시점부터 철수를 극구 부인하면서 2년간 매장 수를 32개로 오히려 늘렸다. 그로 인해 이마트는 인수전에 뛰어들 수밖에 없게 되었다. 32개의 매장을 타 기업이 인수하면 전국 매장 수 1위가 뒤바뀌게 되기 때문이었다. 이마트가 인수전에 뛰어들게 됨으로써 인수전은 까르푸가 원하는 대로 이른바 진흙탕 싸움이 되었다. 가격이 올라가기 시작했고 최종적으로 이랜드그룹에 1조 7천 5백억 원에 낙찰되었다. 인수전이 싱겁게 끝났을 경우 까르푸는 5천 억~7천 5백억 원 정도를 챙기는 데 그쳤을 수 있다. 까르푸가 더 나은 결과를 만들고자 하지 않았다면, 일본에서의 실패에서 만회하고자 노력하지 않았다면, 큰 수익을 내지는 못했을 것이다. 이처럼 더 나은 결과를 만들고자 하는 활동이 바로 문제해결 활동이며, 이는 기업과 개인 모두에게 있어 중요한 핵심 활동이다.

3 문제의식과 업무 수행 단계

1) 문제의식

문제해결 활동을 잘하기 위해서는 무엇이 필요할까? 그것은 바로 '문제의식'이다. 문제의식이란 문제를 찾아내고 그것을 바람직한 상태로 만들고자 하는 적극적인 태도라고 할 수 있다. 이러한 적극적인 태도가 없다면, 그저 흘러가는 대로 두거나 하던 방식을 반복할 뿐 더 나은 것을 시도해 보거나 개선하려는 시도를 하지 않게 된다. 문제를 찾고 인식했다 하더라도 그것을 바람직한 상태로 만들고자 노력하지 않게 되는 것이다.

'하던 대로 하지 뭘 피곤하게 자꾸 바꾸려고 하나?', '몇 번 시도해 봤는데 힘만 들고 잘 되지 않더라', '더 좋아질 수는 없을 거야' 등의 생각을 갖게 되는 것이다. 다음의 사례를 살펴 보자.

사례 ❷

한고민 씨는 회사에서 교육 업무를 맡고 있다. 한고민 씨가 맡은 교육은 자격증 시험 대비 과정으로 한고민 씨는 합격률로 업무 성과를 평가받고 있다. 전국의 10개 본부 담당자는 합격률로 순위가 매겨지기 때문에 내부 경쟁 관계에 있으며 각 본부의 담당자는 각 본부의 노하우를 타 본부에 절대 공유하지 않고 있다. 한고민 씨도 선배들로부터 대대로 전수되어 온 핵심 정리 노트와 기출 문제집을 가보처럼 소중히 관리하고 있다.

수강생들에게 합격의 노하우를 알려줄 뿐만 아니라, 수강생들이 교육 과정을 성실하게 이수하도록 독려하여 내실 있는 과정을 운영하고 이를 통해 합격률을 높이는 것이 한고민 씨의 주요 업무이다. 하지만 한고민 씨가 업무 시간에 가장 많이 하는 일은 복사가 되어 버렸다. 많은 양의 자료를 번번히 복사해서 수강생들에게 배포해야 했기 때문이다. 복사의 양이 많고, 시간도 많이 들었다. 더 큰 골칫거리는 복사기의 고장이었다. 너무 많은 양의 복사를 하다 보니 복사기가 자주 고장이 나는 것이다.

그래서 한고민 씨는 복사기 수리를 배웠다. 복사기 고장을 신고하고 수리 조치를 받을 때까지는 시간이 필요한데, 기다릴 틈도 없이 당장 복사물을 나눠 줘야 하는 경우가 빈번했기 때문이다.

오늘도 한고민 씨는 옷, 손, 얼굴에 복사기 토너가 까맣게 묻어날 정도로 복사기와 씨름을 했다. 힘든 하루 일과를 마치고 화장실에서 손과 얼굴을 씻다가 거울을 본 한고민 씨는 큰 좌절감을 느꼈다. 자신이 교육 업무를 하고 있는지 복사기 수리 업무를 하고 있는지 모를 정도가 되어버렸기 때문이다.

한고민 씨는 이 일을 계속 해야 할지 말아야 할지 너무 고민스러웠다.

'도대체 이렇게 많은 시간을 복사에 쓰고 있으니 생산적인 업무를 할 수가 없다. 복사를 줄이거나 하지 않는 방법은 없을까? 핵심 정리 노트와 기출 문제집은 수강생들에게 나눠주어야 하니 그것을 회사 차원에서 책으로 만들면 복사를 하지 않아도 될텐데. 책으로 만들려면 우리 본부만으로는 승인이 나지 않을테니 나머지 본부 담당자들을 설득해야 한다'

고민 끝에 한고민 씨는 10개 본부의 노하우를 모아서 책자를 발간하자는 결론을 내리고, 우선 다른 본부의 담당자들에게 전화를 걸어서 사정을 물어봤다. 다른 본부의 담당자들도 사정은 똑같았다.

'원래 이 교육 과정이 그렇잖아', '이전부터 선배들도 계속 이렇게 해왔는걸', '합격률을 경쟁하고 있는 상황에서 노하우를 공유할 수가 없으니 달리 방법이 없잖아' 등의 반응이었다.

한고민 씨는 다른 본부 담당자들에게 10개 본부의 노하우를 모두 모아서 회사 차원의 책자를 발간하자고 제안했다. 그렇게 되면 책만 나눠주면 되고 더 이상 복사를 할 필요가 없어진다. 복사에서 벗어나 교육 담당 본연의 업무에 충실할 수 있게 되는 것이다. 이야기를 들은 다른 본부 담당자들은 노하우 공유를 하면 합격률 경쟁에서 우위를 점할 수 없다는 이유로 한고민 씨의 제안을 강하게 반대했다.

한고민 씨는 끈질기게 타 본부 담당자들을 설득하고 기안을 제출해 결국 책자를 발간했다. 교육 담당들은 복사에서 해방되어 생산적인 업무에 힘을 쏟을 수 있게 되었으며, 기존의 노하우를 공유한 담당자들은 새로운 노하우를 개발하기 위해 업무에 매진했다. 이를 통해 회사 전체의 합격률이 전체적으로 올라가게 되었고, 공로를 인정받은 한고민 씨는 표창을 받았다.

사례에서 살펴본 바와 같이 한고민 씨의 생각이 문제의식이다. 한고민 씨를 제외한 나머지 담당자들은 반복되는 업무에 매몰되어 문제의식을 갖지 못했으나 한고민 씨의 제안과 설득을 통해 문제의식을 공유하게 된 것이다. 이처럼 업무

에 있어서 효율과 생산성을 높이고 성과를 달성하기 위해서는 문제해결 활동
이 필요하고, 이를 위해서는 문제의식이 필수적이다. 하지만, 한고민 씨의 동료
들처럼 반복되는 업무를 수행하다 보면 문제의식을 갖기가 쉽지 않다. 문제의
식을 갖고 문제해결을 잘하기 위해 도움이 되는 질문들을 살펴보도록 하자.

① 불완전한 부분은 어디인가?

문제를 해결한다는 것은 불완전한 것을 완전하게 만드는 것이다. 100퍼센트
완벽하게 만들 수는 없다고 하더라도 문제해결을 통해 보다 완전하게 만들
수 있다는 확신을 갖는 것이 중요하다. 많은 사람들이 문제를 만나면, 그 문
제를 해결하려고 노력하기보다 회피하거나 문제를 그대로 두려는 경향이 있
다. 이런 자세는 문제해결에 결코 도움이 되지 않으며, 성과를 향상시킬 수
있는 가능성을 잃어버리게 만든다.

② 문제를 해결하게 되면 좋은 점은 무엇인가?

우리가 문제 그 자체에 집중하게 되면, 그 문제를 통해 우리가 경험하는 긍
정적 부분은 간과해 버리는 경향이 있다. 우리를 괴롭히는 문제라고 할지라
도 문제를 해결하고 나면, 우리가 원하는 바람직한 결과를 얻을 수 있기 때
문에 문제와 문제해결을 긍정적으로 바라보고 적극적인 자세를 갖는 것이
중요하다.

③ 문제를 해결하기 위해서 무엇을 할 수 있는가?

문제를 해결하기 위해 선택할 수 있는 행동과 결정 사항을 꼽아보는 것이
필요하다. 때론 조정이 필요하기도 하고, 어떤 것은 거절해야 할 때도 있다.
자신이 집중해야 할 부분과 타인에게 위임해야 할 부분을 명확하게 구분하
는 것도 필요하다. 문제해결을 위해 자신이 선택할 수 있는 대안을 생각할
수 있는 대로 모두 생각해 보는 것이 좋다. 객관적인 시각에서 대안을 생각
해낼 수 있는 타인의 도움을 받는 것도 도움이 될 수 있다.

④ 문제를 해결하는 과정을 어떻게 즐길 수 있을까?

우리가 문제에 봉착하게 되었을 때, 그것의 해결을 가로막는 걸림돌 중 하나
는 문제에 대해 부정적인 감정을 갖는 것이다. 문제를 잘 해결하기 위해서는
부정적인 감정을 버리고 즐거운 감정을 갖는 것이 도움이 된다. 문제해결을

위해 어떤 일을 하면서 마음이 전혀 즐겁지 않다면 문제해결이 쉽지 않을 것이다. 따라서 문제를 해결하기 위해 선택할 수 있는 여러 가지 방법 중에 문제해결 과정을 즐기면서 할 수 있는 방법을 선택한다면, 문제해결 과정이 보다 쉽게 다가올 것이다.

2) 업무 수행 단계

문제해결 활동에는 문제의식 뿐만 아니라 업무 수행이 낮은 단계에서 높은 단계로 이행되는 과정을 이해할 필요가 있다. 업무 수행의 단계를 살펴봄으로써 문제해결능력과 문제해결 활동이 개인의 업무 수행에서도 어떤 차이를 만들어 내는지 이해할 수 있기 때문이다.

스완슨(Swanson)이라는 학자는 조직원들의 업무 수행을 5단계로 이야기하고 있다. '이해 → 운영 → 문제해결 → 향상 → 발명'이 그것이다. 단계별로 살펴보면 다음과 같다.

① 이해(Understand)

신입 사원으로 입사했다고 상상해 보자. 우선 업무를 받기 전에 교육을 받게 될 것이다. 기업의 규모에 따라 신입 사원 과정으로 현장에서 업무 수행에 필요한 OJT(On the Jop Training: 직무 현장에서 이루어지는 교육으로 직무 중 필요한 역량에 대해 교육하는 활동)를 받을 수도 있고, 바로 현장에 투입되어 OJT부터 받을 수도 있다. 정식으로 교육의 형태를 갖추지 않는다 하더라도 선배로부터 일을 배우면서 직무를 수행하게 된다. 학교에서 필요한 과정을 이수하고 자격증을 취득하였다고 하더라도 기업마다 업무 방식과 시스템이 다르기 때문에 신입 사원으로 입사해서 일도 배우지 않고 바로 업무를 수행하기는 거의 불가능하기 때문이다. 이 첫 단계가 바로 '이해'의 단계이다. 업무를 수행하는 데 무엇이 요구되는지 이해해야 수행이 가능하기 때문이다.

② 운영(Operate)

이전 단계에서 업무 수행에 어떠한 지식·기술·태도가 필요한지를 배웠다면, 운영 단계는 이제 그것을 업무에 적용해 보는 단계이다. 우선 선배로부터 배운 것을 직접 해 보는 것이다. 예를 들어, 과자의 포장 용기 인쇄 업무를 배왔다고 하자. 우선 포장 용기는 필름 형태로 기계에 들어가서 인쇄되어 나올 것이다. 고객의 주문서 항목 확인, 고객 필름의 특성과 규격, 기계의 운전 방법 및 주의 사항, 문제 발생 시 해결 요령, 인쇄용 잉크의 특성과 규격, 완성품의 품질 검수 항목 및 검수 요령 등을 배우게 될 것이다. 선배가 보여주고 가르쳐 준 업무에 대해 직접 해 보면 즉시 요령을 습득해 잘하게 될 수도 있지만, 대부분의 경우는 가르쳐 준대로 했는데도 잘되지 않거나 오류가 발생하게 된다. 필름이 기계에 제대로 걸리지 않아 기계를 세우고 필름을 빼낸 뒤 필름을 다시 끼워야 할 수도 있고, 잉크의 농도나 색상이 맞지 않는다거나, 인쇄가 바르게 되지 않아 재작업을 해야 할 수도 있고, 기계가 오작동을 일으켜버릴 수도 있다. 겨우 하나의 제품을 생산했을 뿐인데도 시간이 한나절이 지나가 버리고, 땀이 비오듯 흐르고 기운이 다 빠져버릴 수도 있다. 운영의 단계에서는 이러한 과정을 줄이거나 없애고 최단 시간 내에 회사에서 원하는 최소 수준 정도의 숙련도를 습득하는 것이 중요하다.

③ 문제해결(Troubleshoot)

운영 단계에서 어느 정도의 숙련도를 갖추게 되면 업무에 있어서 잘 되지 않는 부분을 해결할 수 있게 된다. 여기서 문제해결이란 지금까지 살펴본 것보다는 좁은 의미로 사용되는데, 업무를 수행하다가 막히는 부분을 해결하는 단계라고 할 수 있다. 예를 들면, 타 부서와의 협조가 잘 이루어지지 않아서 업무 효율이 떨어지는 측면이 있었는데 타 부서의 협조를 잘 이끌어 낸다거나, 기계의 잦은 고장을 해결하여 고장을 줄인다거나, 고객의 까다로운 요구를 잘 수용하고 조율한다거나 하는 것이다. 즉, 잘되지 않는 부분을 해결해서 목표를 달성하는 것이 필요하다. 이런 문제해결 단계부터 맡은 일을 잘 수행할 경우 "일을 잘 한다."라는 말을 듣게 된다. 이해와 적용의 단계는 성과가 난다고 보기 어렵고, 누구나 거치는 과정이기 때문이다.

④ 향상(Improve)

향상의 단계는 기존 프로세스를 개선하여 효율성과 효과성을 높이는 개선 활동이라고 할 수 있다. 앞서 살펴본 한고민 씨의 사례처럼 복사물을 없애고 책자를 발간하는 것이 개선 활동이라 할 수 있다. 기업에서는 개선 활동의 일상화를 추구하고 있으며, 생산 현장에서도 분임조 활동을 통해 끊임없이 개선 활동을 한다. 더 이상 개선이 필요 없는 프로세스, 제품, 서비스 등은 존재하지 않으며, 끊임없는 개선 활동을 통해 경쟁력을 높이고 변화하는 고객의 요구에 부응해야만 하기 때문에 개선 활동은 매우 중요하다. 개선 활동을 하기 위해 필수적인 것이 바로 문제의식이다.

⑤ 발명(Invent)

발명이라고 하여 발명가들이 신기한 것을 만들어 내는 것과 같은 활동을 의미하는 게 아니다. 기업 조직에 있어서 발명은 기존에 없던 것을 만드는 것이다. 예를 들어 기존 프로세스를 개선하는 데에서 그치지 않고 새로운 프로세스를 만들어 내는 것도 발명이다. 특허를 내는 활동도 발명의 단계에 포함된다고 할 수 있다. 발명의 단계에서는 창의적 사고가 요구되며, 창의적 사고에서 살펴본 바와 같이 해당 분야의 전문적 지식과 경험, 창의적 사고 기법, 그리고 열정과 문제의식이 필요하다.

4 문제의 유형

앞서 살펴본 바와 같이 문제를 찾는 것은 쉽지만은 않으며, 문제의 유형에 따라 해결하는 과정이 달라질 수 있기 때문에 우선 문제의 유형을 파악할 필요가 있다. 문제의 유형을 파악다면, 문제를 보다 빨리 분석하고 해결 과정을 효과적으로 실행할 수 있다.

문제의 유형은 우선 회사 조직의 기능에 따른 문제로 나누어 볼 수 있다. 생산 문제, 영업 문제, 자금 문제, 인사 문제, CS 문제 등이 그것이다. 하지만 문제가 회사의 여러 기능에 걸쳐서 발생할 수 있으므로 이렇게 유형을 분류하는 것은 도움이 되지 않을 수 있다. 예를 들면 납품한 제품에 문제가 있다고 반품이 들어온다면, 우선 영업 부서에서 반품 처리를 하게 되고 영업 부서는 실적에 영향을 받겠지만, 조사 결과 제품이 불량이라고 한다면 이는 생산 부서의 문제가 되기 때문이다. 또 생산 부서의 생산 차질로 납기를 맞추지 못한다면 이는 생산 부서의 문제이지만, 고객은 영업 부서에 납기를 맞추지 못한 것에 대한 사과와 책임을 묻기 때문에 이는 영업 부서의 문제이기도 하다.

그렇기 때문에 문제의 유형은 업무 수행 과정 중 발생하는 유형에 따라 발생형 문제, 탐색형 문제, 설정형 문제를 기준으로 분류하는 것이 바람직하다.

1) 발생형 문제

발생형 문제는 말 그대로 이미 일어난 문제이다. 이미 발생한 문제이기 때문에 실제로 문제가 드러나서 보이는 경우가 많으며, 당장 걱정하고 해결하기 위해 고민하는 문제를 의미한다. 일반적으로 '골치 아픈 일', '해결해야 하는 일' 등이 발생형 문제라고 할 수 있다. 발생형 문제는 문제를 발생하게 한 원인이 있으며, 해결 프로세스는 원인을 찾아 제거하는 것이 된다.

2) 탐색형 문제

탐색형 문제는 드러나지 않은 문제로, 상황 분석이 필요하다. 현재 어떤 일이 일어나고 있는지, 수행 과정에 문제는 없는지, 향후 발생할 것으로 예측되는 문제는 없는지 등을 파악하는 것이다. 탐색형 문제는 현재의 상황을 개선하거나 효율을 높이기 위한 문제를 의미한다.

탐색형 문제는 눈에 보이지 않는 문제로, 문제를 방치하면 뒤에 큰 손실이 따르거나 결국 해결할 수 없는 문제로 나타나게 된다. 지금 당장 문제가 되는 것은 없지만 상황 분석을 통해 그대로 두면 확대될 것 같은 문제, 향후 문제가 될 것으로 예측되는 문제, 조금 더 분석해 봐야 하는 문제, 현재로써는 아무런 문제가 없으나 유사한 업무 방식이나 선진 기업의 업무 방식을 벤치마킹한다거나 정보 등을 얻음으로써 보다 좋은 제도나 기법, 기술을 발견하여 개선·향상시킬 수 있는 문제 등을 포함한다.

3) 설정형 문제

설정형 문제는 지금까지 해오던 것과 관계없이 새로운 과제 또는 목표를 설정함에 따라 일어나는 문제로, 미래 지향적이고 목표 지향적인 문제라고 할 수 있다. 새로운 프로젝트를 기안한다거나, 신상품을 기획한다거나, 새로운 영업 전략을 기획한다거나, 미래 상황에 대응하는 경영 전략을 수립한다거나 하는 문제로, 앞으로 어떻게 할 것인가 하는 문제를 의미한다. 설정형 문제는 지금까지 경험한 바가 없는 미래의 문제이기 때문에 창의적 사고와 문제의식이 요구된다.

탐구활동

1. 문제의 개념에 대한 오해를 찾아서 팀원들과 공유해 보자.

2. 일상생활에서 '목표와 현상의 측정 가능한 차이'로 정의할 수 있는 문제를 찾아 보고 팀원들과 공유해 보자.

3. 문제해결의 성공 사례를 찾아서 팀원들과 공유해 보자.

〈성공 사례 내용〉

〈핵심 성공 요인〉

〈시사점〉

4. 문제해결의 실패 사례를 찾아서 팀원들과 공유해 보자.

〈실패 사례 내용〉

〈실패 원인〉

〈시사점〉

5. 일상생활에서도 문제의식을 갖기 위해 어떻게 하면 좋을지 팀원들과 토의해 보자.

6. 우리 주변에서 개선할 수 있는 점을 발견하여 팀원들과 공유해 보자.

정답 및 해설 p.252

학습평가

1 (   ) 안에 알맞은 말을 채워 넣으시오.

> 문제란 (   )와/과 (   )의 측정 가능한 차이를 의미한다.

※ 다음 설명에 해당하는 것은? (2~3)

2 목표와 현상을 분석하고, 이 분석 결과를 토대로 주요 과제를 도출하여 바람직한 상태나 기대되는 결과가 나타나도록 최적의 해결안을 찾아 실행·평가하는 활동 (   )

3 문제를 찾아내고 그것을 바람직한 상태로 만들고자 하는 적극적인 태도 (   )

4 문제의 유형에 해당하지 않는 것은?

① 발생형 문제   ② 탐색형 문제
③ 추구형 문제   ④ 설정형 문제

5 업무 수행 5단계의 순서로 올바른 것을 고르시오.

① 이해 → 운영 → 문제해결 → 향상 → 발명
② 운영 → 이해 → 문제해결 → 향상 → 발명
③ 이해 → 운영 → 향상 → 문제해결 → 발명
④ 이해 → 운영 → 문제해결 → 발명 → 향상

Tip

문제해결의 장애 요인

문제를 해결하는 데 장애가 되는 요인들을 이해한다면, 이 장애 요소들을 제거하여 문제해결을 보다 효과적으로 할 수 있을 것이다. 문제해결의 장애 요인은 직면한 상황과 맡고 있는 업무의 특성에 따라서 다양하게 나타날 수 있다.

문제해결의 장애 요인들은 일반적으로 다음과 같다.

1. 고정 관념에 얽매이는 경우

상황이 무엇인지를 분석하기 전에 개인적인 편견이나 경험, 습관으로 증거와 논리에도 불구하고 정해진 규정과 틀에 얽매여서 새로운 아이디어와 가능성을 무시해 버릴 수 있다.

2. 쉽게 떠오르는 단순한 정보에 의지하는 경우

문제해결에 있어 종종 우리가 알고 있는 단순한 정보들에 의존하는 경향이 있다. 단순한 정보에 의지하면 문제를 해결하지 못하거나 오류를 범하게 된다.

3. 문제를 철저하게 분석하지 않는 경우

문제를 접한 다음 문제가 무엇인지 문제의 구도를 심도 있게 분석하지 않으면 문제해결이 어려워진다. 즉, 어떤 문제가 발생할 때 직관에 의해 성급하게 판단하여 문제의 본질을 명확하게 분석하지 않고 대책안을 수립하여 실행함으로써 근본적인 문제해결을 하지 못하거나 새로운 문제를 야기하는 결과를 초래할 수 있다.

4. 너무 많은 자료를 수집하려고 노력하는 경우

자료를 수집하는 데 있어 구체적인 절차를 무시하고 많은 자료를 얻으려는 데에만 온 열정을 쏟는 경우가 있다. 무계획적인 자료 수집은 무엇이 제대로 된 자료인지를 알지 못하게 하는 우를 범하게 할 우려가 많다.

제2절 대안 선택

1 문제해결의 프로세스와 대안의 도출

1) 문제해결의 프로세스

인류 최초의 인공위성은 어느 나라에서 발사했을까? 바로 구소련이다. 인류 최초의 위성은 스푸트니크 1호(Sputnik 1)로 구소련은 1957년 10월 4일에 스푸트니크 1호를 지구 저궤도에 올려놓았다. 이로써 우주 시대가 열린 것이라 할 수 있다. 그렇다면 두 번째 위성은 어느 나라에서 발사했을까? 미국일까? 소련이 아니었다면, 미국이 당연히 두 번째일 것이라고 생각할 수 있지만, 미국은 세 번째로 위성을 발사한 국가이다.

구소련은 스푸트니크 1호의 성공에 멈추지 않고 1957년 11월 3일 스푸트니크 2호(Sputnik 2)에 '라이카'라는 개를 태워서 우주로 쏘아 올리는 데 성공했다. 비록 라이카는 돌아올 수도 없었고, 당시 소련의 주장대로 우주에서 생존했는지 궤도에 진입하는 과정에서 죽었는지에 대해서 논란의 여지가 있었으며, 불쌍한 생명을 희생시킨 것에 대한 비판이 있었지만, 생명체를 우주로 보냈다는 것은 사람이 우주로 비행할 수 있음을 증명한 것이었다.

미국의 첫 번째 인공위성은 익스플로러 1호(Explorer 1)로 1958년 1월 31일에 발사되었다. 이는 스푸트니크 2호보다 4개월이나 늦은 것으로 이미 구소련이 2개의 위성을 발사했고, 생명체까지 우주로 보낸 후였다. 당시 냉전 체제에서 미국과 소련은 각자의 체제가 우월함을 강조해 왔는데, 결과적으로 우주를 개척하는 과학 기술에서 미국이 소련에 뒤처진 것으로 드러난 것이다. 미국 사회는 이를 극복하기 위한 노력이 필요했을 것이다. 단지 위성 발사가 소련보다 늦었다는 점을 극복하기 위한 것이 아니라, 합리적 사고 기법를 통해 문제해결과 의사결정을 하기 위한 기법을 필요로 했다고 볼 수 있다. 미국이 소련보다 위성 발사가 늦었다는 것은 미국인들이 소련인들보다 주어진 상황을 해결하는 과정에서 문제를 정의하고 해결안을 찾는 데 시간이 걸렸다는 것을 의미하는 것일 수 있었기 때문이다.

미국은 소련과 경쟁적으로 우주 프로젝트를 수행하면서 1958년 10월 1일, 미항공우주국(NASA, National Aeronautics and Space Administration)을 설립하였고, NASA의 의뢰를 받은 찰스 케프너(Charles H. Kepner) 박사와 벤자민 트리고(Benjamin B. Tregoe)에 의해 KT문제해결기법이 탄생하게 되었다. 이 기법은 지금까지 많은 기업과 조직에 도입되어 활용되고 있다. KT문제해결기법에 바탕을 둔 문제해결의 프로세스는 다음과 같다.

① 상황을 분석하는 프로세스: 상황 분석(Situation Analysis)

상황 분석은 현재 일어나고 있는 상황을 분석하여 과제를 도출하고 과제의 우선순위를 정하는 작업으로, 효율적으로 업무를 수행하는 데 도움이 된다. 상사에게 보고하고 지시를 받아야 하는 사항인지, 직접 권한을 가지고 실행할 수 있는지, 즉시 시행해야 하는 긴급한 사안인지, 다른 사람에게 위임할 수 있는 것인지, 좀 더 파악하고 분석해야 하는 것인지, 원인 분석이 필요한지, 계획 수립이 필요한지 등에 대해서 한눈에 파악할 수 있도록 상황 분석을 하는 것이 필요하다. 일을 잘하는 사람들은 상황에 직면하면 바로 업무를 실행하기보다는 잠깐의 상황 분석을 통해 업무 전반에 대한 지도를 그린다. 이렇게 하면 시행착오를 줄이고 우선순위에 따라 효율적으로 업무를 추진할 수 있기 때문이다. 이런 지도를 그리는 작업이 상황 분석이며, 이 과정에서 어떤 일들을 어떻게 추진해야 하는지 알 수 있게 된다. 문제해결은 목표와 현상을 분석하고, 이 분석 결과를 토대로 주요 과제를 도출하여 바람직한 상태나 기대되는 결과가 나타나도록 최적의 해결안을 찾아 실행·평가하는 활동이다. 이 중 상황 분석은 문제해결의 과정 중 목표와 현상을 분석하고, 이 분석 결과를 토대로 주요 과제를 도출하는 활동이라 할 수 있다. 문제해결 과정을 건물을 짓는 것에 비유하자면, 상황 분석은 집을 설계하고 기반을 다지며 토대를 만들고, 건물의 기본 구조를 만드는 작업이라고 할 수 있다.

② 원인을 분석하고 대안을 도출하는 프로세스: 원인 분석(Problem Analysis)

원인 분석은 발생형 문제를 해결하는 데 활용된다. 이미 발생한 문제의 경우, 원인을 찾아 제거하는 것으로 해결할 수 있기 때문이다. 기업에서 발생하는 문제는 여러 이해관계자와 상황이 복잡하게 얽혀 있는 경우가 많으므로 원인을 찾는 것이 생각보다 쉽지 않을 수 있다. 따라서 원인을 분석하기 위한 다양한 기법과 도구를 익히는 것이 필요하다. 대부분의 문제는 원인을 찾아 제거하면 문제를 쉽게 해결할 수 있지만, 복잡한 문제는 조직의 자원이 한정되어 있고, 이해관계가 복잡하게 얽혀있는 경우 원인을 찾았다고 하더라도 해결안을 도출하고 적용하는 것이 간단하지 않을 수 있다. 예를 들어, 극심한 경쟁으로 제품의 소비자 판매 가격을 경쟁적으로 낮추고 있고, 이로 인한 출혈 경쟁으로 매출이 늘어도 수익이 하락하고 있다고 하자. 수익 하락의 원인은 출혈 경쟁으로 인한 낮은 판매가이다. 원인은 쉽게 찾을 수 있지만, 원인을 제거하여 문제를 해결하기란 쉽지 않다. 경쟁 업체가 치킨게임식으로 가격을 계속 낮추는 상황에서 우리 회사만 가격을 유지하거나 올리기는 쉽지 않기 때문이다. 소비자에게 같은 물건을 비싸게 판다는 인식이 심어지면 돌이키기 어려울 수 있다. 현실적으로 수익 하락을 감내하며 모든 상품에 대한 저가 판매를 지속할 수 있는 유통 업체는 없으므로 특정 상품만 가격을 낮추고 이를 홍보하는 방법으로 일단 고객 방문을 유도하는 전략을 쓸 수 있지만, 까다로운 소비자들은 이를 간파하고 업체의 얄팍한 상술이라며 비난하는 경우도 있다. 이처럼 원인은 분명하지만, 문제를 발생시키는 원인을 단순히 제거하기 어려운 경우에는 창의적 사고를 활용하여 새로운 대안을 찾는 것이 중요하다.

③ 대안을 선택하는 프로세스: 의사결정 분석(Decision Analysis)

의사결정 분석은 최적의 대안을 선택하는 기법이다. 단 하나의 대안만을 도출한 기안은 의미가 없다. 여러분이 팀 전체의 성과를 책임지는 팀장이라면, 팀원이 올린 단 하나의 대안을 받아들일 수 있겠는가? 아마 정보가 부족했거나, 분석이 부족했거나, 아이디어가 부족했거나, 열정이 부족했다고 생각할 것이다. 정보가 부족했다면 정보를 더 수집하고 탐색해야 할 것이며, 분석이 부족했다면 다양한 기법과 도구를 활용하여 다각도로 분석을 수행해야 할 것이다. 아이디어가 부족했다면, 다양한 기법과 도구를 활용하여 아이디어 회의를 진행해야 할 것이고, 열정이 부족했다면 스스로를 돌이켜보고 업무 담당자로서 업무에 대한 오너십(Ownership)과 문제의식을 가질 수 있도록 해야 할 것이다.

대인의 선택은 몇 가지 해결인과 아이디어를 채택하는 과정이며, 실패와 시행착오를 줄이기 위해 최적의 대안을 선택하는 합리적 기법을 습득할 필요가 있다.

④ 계획을 수립하고 대안을 적용하는 프로세스: 잠재 문제 분석(Potential Problem Analysis)

새로운 해결안을 도출하였다고 하더라도 무조건 적용할 수 있는 것은 아니다. 새로운 대안의 성공 여부를 장담하기 어렵기 때문이다. 기업은 실험실이 아니므로 새로운 대안을 도출했다고 해서 즉시 적용해 보기는 어렵다. 실험실에서는 몇 가지 가설을 세운 뒤, 그 가설을 적용해 보고 실패할 경우 다른 가설을 적용해 보는 과정을 반복해 볼 수 있지만, 기업은 한 번의 실패로 생존을 위협받을 수도 있기 때문에 실험하듯 대안을 적용해 볼 수는 없다. 이것이 바로 기업에서 새로운 대안과 아이디어가 적용되기 어려운 이유이다. 신입 사원의 패기로 새로운 아이디어를 제안한다거나, 담당 업무에 대한 열정을 가지고 좀 더 잘해 보고자, 성과를 향상시키고자 새로운 아이디어를 내놓는 경우 대부분은 반대에 부딪치기 쉽다. 기존의 선배 사원들이 반복적 업무 과정에서 매너리즘에 빠졌을 수도 있고, 새로운 변화가 부담스럽거나 두려울 수도 있고, 열정이 식었을 수도 있지만, 반대의 주요 이유는 아직 검증이 되지 않은 대안을 적용하는 것에 대한 우려가 있기 때문이다. 새로운 대안이라는 것은 아직 누구도 어디에서도 적용해 보지 못한 것이기 때문에 결과가 어떻게 나올지 알 수가 없다. 따라서 잠재 문제 분석을 통해 계획을 수립하고 위험 요소를 분석할 필요가 있는 것이다. 아이디어 자체만으로는 받아들여지기 어렵고, 새로운 대안의 효과에 대한 예측이 수치로 확인되어야 하며, 아이디어를 실행할 구체적인 계획을 수립해야 하고, 예상되는 위험 요소와 그에 대한 대응 방안까지 수립되어야 기존의 방식을 뛰어넘는 새로운 대안으로 인정받을 수 있다.

2) 상황 분석과 과제의 도출

상황 분석을 위한 핵심적인 질문은 '지금 무슨 일이 일어나고 있는가?', '무엇을 해야 하는가?'이다. 이를 통해 목표와 현상을 분석하고, 이 분석 결과를 토대로 주요 과제를 도출한다. 우선 다음의 사례를 읽어 보고 상황을 분석해 보도록 하자.

사례 ❶

이른 아침, 김 과장은 출근 준비를 서두르고 있었다. 2주째 야근을 하고 있어서 매우 피곤했지만, 업무가 쌓여 있어 평소보다 일찍 출근해야 했다. 아침을 대충 챙겨 먹고 서둘러 넥타이를 매고 있는 김 과장에게 초등학교 3학년인 첫째 딸아이가 잠이 덜 깬 얼굴로 눈을 비비며 할 말이 있다고 했다.

"아빠, 꼭 하고 싶은 말이 있어요."
"응, 우리 딸, 무슨 얘긴데? 졸리면 들어가서 더 자야지. 무슨 중요한 말씀이 있으세요? 우리 공주님."
"아빠, 우리 반 아이들은 대부분 자기 방을 갖고 있대요. 우리 더 큰 집으로 이사 가요. 나도 내 방을 갖고 싶어요. 내 방이 생기면 공부도 더 잘 할 수 있어요."

딸아이는 잠도 덜 깬 상태에서 아빠를 졸라대기 시작했다. 7살 남동생과 함께 방을 쓰는 것이 불만인 모양이다. 딸바보인 김 과장은 시간이 촉박했지만, 출근 준비를 서두르다 말고 딸아이를 달래려고 애를 썼다. 하지만 결국엔 딸에게 시원한 대답을 못해주고 돌아선 것이 못내 마음에 걸렸다.

현재 김 과장의 집에는 방이 세 개 있는데, 방 한 개는 김 과장 부부가 사용하고, 한 개는 딸과 아들이 함께 사용하고 있으며, 나머지 한 개의 방은 옷방 겸 서재로 활용하고 있다. 옷방 겸 서재를 비워서 아이들의 방을 하나씩 해주면 좋겠지만, 집이 넓지 않아 옷, 책상, 책을 둘 곳이 없다. 큰 집으로 이사를 가는 것이 방법이 되겠지만, 현실적으로 쉽지 않다.

지난달 김 과장의 아내도 김 과장에게 아이들이 커가고 있으니 방을 따로 주는 게 좋겠다고 말했다. 거기에 덧붙여 장래 아이들의 교육 문제를 생각하면 교육 환경이 좋은 곳으로 이사를 가야되지 않겠냐고 말했다.
김 과장으로서는 통근 거리가 멀어서 조금 불편하기는 하지만 작은 산과 개울을 끼고 있는 현재의 집이 마음도 편하고 아주 맘에 들었다. 평수가 작은 것만 빼고는 정말 좋은 집이었다.

'애들이 커가니 큰 집으로 이사를 가긴 가야 하는데' 회사에 도착한 김 과장은 커피를 뽑아 들고 사무실로 가면서 상념에 잠겼다. 시계를 보니 오전 7시

30분이었다. 김 과장은 이틀 전 팀장으로부터 내일 아침에 개최될 회의 자료를 오늘 오전 중에 제출해 달라는 지시를 받은 일이 떠올랐다. 현재 상황에서 판단해 봤을 때 점심도 먹지 않고 계속 열심히 해야 오후 3시경에 겨우 마칠 수 있을 것 같았다. 김 과장은 성격이 불같은 팀장이 화를 내며 재촉을 할 것 같아 걱정이 들었다.

자리로 온 김 과장은 컴퓨터가 부팅되는 동안 습관적으로 스마트폰을 켜서 주식 애플리케이션에 접속했다. 업무 중에는 바빠서 시세를 확인할 수가 없으니 업무 시작 전에 전날 시세를 확인해 보는 것이 전부였다. 어제의 장세는 전반적으로 활황 국면이었는데, 김 과장이 작년 말에 받은 상여를 몽땅 털어 매입한 덕영물산의 주식 시세는 계속 내려가고 있었다. 김 과장은 사무실로 들어서며 뽑아 온 커피 맛이 유난히 쓰게 느껴지고 가슴이 답답해졌다.
'한 때 20% 수익을 보기도 했었는데, 그때 팔 걸 그랬구나. 더 오를 것으로 예상하고 그대로 두었더니 그 이후로 계속 하락하기만 하는구나. 오늘 매도한다면 그나마 손실은 보지 않을 수 있을 텐데, 매도를 해야 하나? 어떻게 해야 하지? 지금 계속 하락세인데, 매도 타이밍을 놓치면 손실을 보게 될 것 같은데'
주식에 대해 이런 저런 고민을 하던 김 과장은 아직 장이 개장하기 전이라고 마음을 다스리며 일단 생각을 접고, 업무용 메일을 확인하기 시작했다. 그런데 이게 무슨 일인가? 긴급한 고객 클레임이 뜬 것이 아닌가!
내용을 보니 직접 나가서 해결해야 하는 사항이었다. 사무실에서 현장까지 이동하는 데 약 2시간 정도 소요되며, 해결을 위해서도 약 2시간 정도 소요될 것으로 예상되는 일이었다. 이 일을 해결하고 오게 되면 회의 자료를 완성할 시간이 턱없이 부족했다.
김 과장이 머리를 쥐어뜯고 있는 사이, 직원들이 하나둘 출근하기 시작했고, 김 과장의 눈에 저 멀리서 박 대리가 걸어오는 게 보였다. 박 대리도 며칠째 야근을 계속하고 있어서 매우 피곤해 보이고 얼굴색이 좋지 않았다. 뭔가 기운 좀 내라고 말을 건네려고 하는데, 박 대리는 김 과장을 본 것인지 못 본 것인지 인사를 하는 둥 마는 둥하며 김 과장의 시선을 피해 자기 자리로 가는 것이 아닌가?
'어라? 박 대리 왜 저래? 무슨 일 있나? 선배를 봤으면 인사를 해야지. 기운 내라고 하려 했는데, 혼내줘야겠군. 아무리 피곤해도 그렇지. 조직 생활에 예의가 있어야지'

박 대리에게 충고를 해야겠다고 생각하던 김 과장은 문득 며칠 전 이 대리와의 대화가 떠올랐다.

"과장님, 요즘 팀원들의 사기가 많이 떨어졌습니다."
"그렇지 뭐. 요즘 업무가 워낙 많고 야근을 계속하니 다들 지쳐 있겠지."
"생각보다 좀 심각한 듯해요. 이직을 고민하는 사람도 있는 듯하구요."
"그래? 그 정도야? 그래도 우리 회사가 일은 많지만 대우가 좋잖아. 쉽게 그만두겠어?"
"그렇기야 하지만요. 요즘 젊은 사람들은 급여보다 개인 시간을 우선하기도 하잖아요."

이 대리의 말을 떠올리니 김 과장은 박 대리의 표정과 행동이 이해가 될 듯했다. '이직을 고민한다는 사람이 박 대리인가? 그렇다면, 한마디 하는 게 역효과가 되겠는데. 내가 팀의 고참이고, 팀장님께서도 팀원 사기 관리를 특별히 맡겨주신 만큼 나중에 따로 불러서 얘기를 좀 해봐야겠다. 회식이라도 좀 하고 그래야 하는데. 가만, 우리 팀 회식이 오늘 아니었나?'
김 과장이 일정표를 보니 팀 회식이 오늘로 잡혀 있었다. 게다가 메뉴 선정도 오늘은 김 과장 담당이었다. 김 과장은 자신의 앞에 놓인 수많은 업무에 골치가 아팠다.

김 과장은 무엇을 어떻게 처리해야 할까? 여러 가지 해결해야 할 일이 겹쳐 있지만, 우선 김 과장이 해야 할 일들을 일이 일어난 순서대로 나열해 보자.

- 딸아이의 방
- 큰 집으로 이사
- 회의 자료 작성
- 주식의 매도 여부 결정
- 긴급한 고객 클레임
- 팀원 사기 진작과 박 대리 면담
- 회식 메뉴 담당

해야 할 일들을 한눈에 볼 수 있도록 드러냈으면, 이제 우선순위를 결정해야 한다. 단순한 상황에서는 해야 할 일들을 나열해 보는 것만으로도 직관적으로 우선순위를 결정할 수 있다. 하지만 대부분의 조직 업무와 상황은 복잡하기 때문에 해야 할 일들과 관심사를 좀 더 명확하게 할 필요가 있다.

[딸아이의 방]

- 딸아이는 초등학교 3학년으로 7살 남동생과 같은 방을 쓰고 있다.
- 아이들이 성장할수록 남매가 같은 방을 쓰기에는 어려움이 있다.
- 옷방 겸 서재를 비워서 아이들의 방을 하나씩 해주면 좋겠지만, 집이 넓지 않아 옷, 책상, 책을 둘 곳이 없다.
- 아내도 아이들이 커가고 있으니 방을 따로 주는 게 좋겠다는 의견이다.

[큰 집으로 이사]

- 큰 집으로 이사를 가는 것이 방법이 되겠지만, 현실적으로 쉽지는 않다.
- 아이들의 방 때문만이 아니라 장래 아이들의 교육 문제를 생각하면 교육 환경이 좋은 곳으로 이사를 가야겠다는 것이 아내의 의견이다.
- 현재의 집이 마음에 들지만, 이사를 가기는 가야겠다.

[회의 자료 작성]

- 팀장으로부터 내일 아침에 개최될 회의 자료를 오늘 오전 중에 제출해 달라는 지시를 받았다.
- 현재 상황에서 판단해 보면 점심도 먹지 않고 계속 열심히 해야 오후 3시경에 겨우 마칠 수 있을 듯하다.
- 성격이 불같은 팀장이 화를 내며 재촉을 할 것 같아 걱정이다.

[주식의 매도 여부 결정]

- 전체 주식 시장은 활황세이다.
- 덕영물산 주식만 하락세이다.
- 오늘 매도하면 손실을 막을 수 있다.
- 매도 타이밍을 놓치면 손실을 볼 수도 있다.

[긴급한 고객 클레임]

- 김 과장이 직접 나가서 해결해야 한다.
- 왕복 이동 시간을 포함해 약 6시간 정도가 소요될 것으로 예상된다.
- 오전 8시에 출발하더라도 오후 2시에나 사무실로 복귀가 가능하다.

[팀원 사기 진작과 박 대리 면담]

• 팀원의 사기가 떨어져 있으며, 이직을 고민하는 팀원도 있다.

• 팀원의 사기 관리를 맡고 있어서 신경이 쓰인다.

• 박 대리와의 면담이 필요하다.

[회식 메뉴 담당]

• 오늘은 김 과장이 회식 메뉴 선정 담당이다.

• 회식 메뉴를 결정하고 장소를 섭외해야 한다.

• 바쁘지만 회식은 예정대로 진행할 것으로 예상된다.

이렇게 해야 할 일들을 세분화하고 명화하게 하고 나면 개인적인 관심사 중 딸아이의 방과 큰 집으로의 이사에 대한 것을 묶어서 생각해 볼 수가 있다는 것을 알게 된다. 업무적인 측면에서는 긴급 클레임과 회의 자료 작성이 겹쳐 있는 것을 알 수 있다.

이런 경우, 우선순위를 정하는 데 기준이 필요하다. 납득할 만한 합리적인 기준으로 우선순위를 정해야 오류와 시행착오를 줄일 수 있고, 반론이 발생할 경우 근거로 삼을 수 있게 된다. 뿐만 아니라 조직적 차원에서 우선순위 결정 기준에 합의가 있다면, 조직의 구성원과 각 기능들 간의 합의가 빠르게 이루어질 수 있어서 조직 전체의 프로세스가 효율화될 수 있다.

우선순위를 결정하기 위해서는 일반적으로 다음의 내용을 검토해 볼 필요가 있다.

첫째, 긴급성이다. 긴급성은 '업무의 경중을 떠나서 시급하게 해결해야 하는가? 그렇지 않은가?'에 대한 기준이다. 대표적인 것이 고객 클레임이다. 클레임(Claim)은 컴플레인(Complaint)과 다르다. 컴플레인이 회사의 잘못 여부를 떠나 고객이 회사 상품과 서비스에 만족하지 못해서 발생하는 것인데 반해 클레임은 회사의 잘못으로 문제가 발생한 것이다. 대부분의 기업은 고객만족을 중요시하고 있고, 컴플레인의 경우 가장 시급하게 해결하고자 하는데, 클레임은 이런 컴플레인보다 심각한 사안이라고 생각하면 이해가 쉽다. 클레임과 컴플레인 이외에도 고객의 긴급한 요청이나 주문, 수시로 발생하는 상사의 긴급한 지시 사항 등이 긴급성이 높은 업무들이다.

둘째, 중요도이다. 중요도는 긴급하지는 않지만, 성과의 향상 및 개인과 조직의 성장과 발전을 위해 중요한 것인가에 대한 기준이다. 미래 전략 수립, 신상품과 서비스 개발, 조직원들에 대한 교육과 성장에 대한 지원 등이 이에 해당한다. 이러한 장기적 과제 이외에도 목표의 달성과 성과의 향상에 필요한 활동은 중요도가 높다. 회의 자료 준비나 기안 활동도 중요도가 높다고 할 수 있다.

셋째, 확대 경향성이다. 확대 경향성은 문제를 해결하지 않고 그대로 두었을 경우 문제가 얼마나 확대될 것인가, 문제가 미치는 파급 효과는 어떠한가, 얼마나 심각한가에 대한 기준이다. 일반적으로 긴급성이 높은 사안은 확대 경향성이 심각하다. 조직의 업무는 담당자가 있고 개개인이 수행하지만, 조직 전체와 연결되어 있고 타 부서와의 업무 협조도 필수적인 경우가 대부분이다. 긴급성과 중요도만으로 우선순위를 결정할 경우 문제가 개인 업무 영역에 한정될 우려가 있는데 확대 경향성의 검토로 인해 타 부서나 조직 전체에 미칠 영향이나, 고객이나 협력 업체와의 관계에 미칠 영향을 판단할 수 있게 된다.

이상의 긴급성, 중요도, 확대 경향성으로 우선순위를 판단해 볼 수 있다. 일반적으로 적용할 수 있는 척도는 다음과 같다.

• **10점 척도**: 각각의 항목에 대해 1~10점까지 점수를 매긴다.

- 긴급성: 긴급하지 않음 ——————————————— 긴급함
  1점 2점 3점 4점 5점 6점 7점 8점 9점 10점
- 중요도: 중요하지 않음 ——————————————— 중요함
  1점 2점 3점 4점 5점 6점 7점 8점 9점 10점
- 확대 경향성: 심각하지 않음 ——————————— 심각함
  1점 2점 3점 4점 5점 6점 7점 8점 9점 10점

• **5점 척도**: 다음과 같이 1~5점까지 점수를 매긴다.

- 긴급성: 5점(매우 긴급함) / 4점(긴급함) / 3점(보통) / 2점(긴급하지 않음) / 1점(전혀 긴급하지 않음)

> – **중요도**: 5점(매우 중요함) / 4점(중요함) / 3점(보통) / 2점(중요하지 않음) / 1점(전혀 중요하지 않음)
> – **확대 경향성**: 5점(매우 심각함) / 4점(심각함) / 3점(보통) / 2점(심각하지 않음) / 1점(전혀 심각하지 않음)

• **3점 척도**: 다음과 같이 1~3점까지 점수를 매긴다.

> – **긴급성**: 3점(High) / 2점(Middle) / 1점(Low)
> – **중요도**: 3점(High) / 2점(Middle) / 1점(Low)
> – **확대 경향성**: 3점(High) / 2점(Middle) / 1점(Low)

어떠한 척도를 사용해도 좋으며, 문제에 따라 적절하게 선택할 수 있다. 복잡한 문제일수록 세분화된 척도를 사용한다. 여기에서 주의할 점은 각각에 대해 동일한 척도를 적용해야 한다는 것이다. 긴급성은 5점 척도를 사용하고 중요도는 3점 척도를 사용한다거나 하면 제대로 된 분석을 할 수 없게 된다. 분석 결과 같은 정도의 점수를 받는 항목이 있다면, 가중치를 적용할 수 있다. 지원 업무를 수행하고 있다면 긴급성에 높은 가중치를 적용하고, 조직을 이끄는 리더의 입장이라면 중요도에 높은 가중치를 적용할 수 있다. 해당 문제나 업무가 타 부서나 조직 전체에 대한 파급 효과를 고려해야 하는 것이라면 확대 경향성에 가중치를 줄 수 있다.

이것을 바탕으로 김 과장이 해야 할 일에 대해 우선순위를 정해본다면, 고객 클레임이 긴급성, 중요도, 확대 경향성이 가장 높다고 할 수 있다. 3점 척도를 활용해 김 과장이 해야 할 일의 우선순위를 정해보면 다음과 같다.

∥ 표 2-1 ∥ **김 과장이 해야 할 일 (1)**

우선순위	해야 할 일	긴급성	중요도	확대 경향성
1	긴급한 고객 클레임	H	H	H
2	회의 자료 작성	H	H	H
3	팀원 사기 진작과 박 대리 면담	M	H	H
4	회식 담당	H	M	M
5	주식의 매도 여부 결정	H	M	M

6	딸아이의 방	L	H	M
7	큰 집으로 이사	L	M	M

동일한 점수를 받은 항목은 가중치를 적용하여 우선순위를 결정해 볼 수 있다.

> [고객 클레임과 회의 자료 작성]
> 확대 경향성에 있어서 가중치를 적용하여 고객 클레임을 1순위로 결정
>
> [회식 담당과 주식의 매도 여부 결정]
> 회사 업무를 개인적인 관심사보다 우선시하여 회식 담당을 4순위로 결정

해야 할 일의 우선순위를 결정한 다음에는 각각에 대해 어떻게 처리할 것인지를 결정해야 한다. 즉시 시행할 것인지, 좀 더 상황을 분석해 볼 것인지, 원인을 파악해 볼 것인지 등 처리 방법을 정리해 보는 것이다. 김 과장이 할 일을 정리해 보면 다음과 같다.

| 표 2-2 | **김 과장이 해야 할 일 (2)**

우선순위	해야 할 일	처리 방법
1	긴급한 고객 클레임	즉시 시행
2	회의 자료 작성	팀장에게 보고 후 지시를 받음
3	팀원 사기 진작과 박 대리 면담	회식을 활용해 원인을 파악하여 조치
4	회식 담당	후배에게 위임
5	주식의 매도 여부 결정	상황에 대한 분석이 필요하지만, 업무로 인해 시간이 없으므로 하루 정도 더 지켜봄
6	딸아이의 방	아내와 상의
7	큰 집으로 이사	아내와 상의

처리 방법에 있어서도 역시 문제해결의 프로세스를 적용할 수 있다. 팀원 사기 진작과 박 대리 면담은 원인 분석 프로세스를 적용해 볼 수 있다. 주식의 매도 여부 결정은 전체 주식 시장은 활황인데 김 과장이 보유한 덕영물산 주식만 하락세이므로 상황 분석 및 원인 분석을 적용해 볼 수 있다. 딸아이의 방

과 집 이사는 몇 가지 대안을 도출하여 최적안을 도출하는 의사결정 분석을 적용한 후, 선택된 대안에 대해 실행 계획을 수립하고 위험 요소를 분석하는 잠재 문제 분석을 적용해 볼 수 있다.

이렇게 하면 복잡한 상황에서도 일의 우선순위를 가지고 효율적으로 업무를 추진할 수 있게 되며, 목표와 현상에 대한 분석을 바탕으로 과제를 명확하게 하여 효과적인 업무 수행과 성과의 달성이 가능해진다.

이상으로 살펴본 상황 분석의 프로세스를 정리해 보면 다음과 같다.

- 관심사의 열거
- 관심 사항에 대한 세분화와 명확화
- 해야 할 일의 설정
- 해야 할 일에 대한 우선순위 결정
- 해야 할 일의 처리 방법 결정

상황 분석 프로세스에 대한 학습을 마무리하면서 상황 분석에 도움이 되는 질문들을 정리해 보면 다음과 같다.

- 근본 원인을 찾아 대책을 수립해야 할 일은 무엇인가?
- 의사결정이 필요한 일은 무엇인가?
- 대안에 대해 계획을 수립해야 할 일은 무엇인가?
- 좀 더 명확히 파악해야 할 일은 무엇인가?
- 즉시 시행해야 할 일은 무엇인가?

| 표 2-3 | **상황 분석 시트(Sheet)**

해야 할 일	세분화	우선순위 결정				처리 방법
		긴급성	중요도	확대 경향성	순위	

3) 원인 분석과 해결안의 도출

원인 분석은 파악된 핵심 문제에 대한 분석을 통해 근본 원인을 도출해 내는 단계이다. 원인 분석은 정보를 수집하고 분석하는 것이 필수적이므로 이슈 분석과 데이터 분석을 선행적으로 수행해야 한다. 정보에 대한 분석을 마친 후, 원인을 파악하는 절차로 진행된다.

핵심 이슈에 대한 가설을 설정한 후, 가설 검증을 위해 필요한 데이터를 수집, 분석하여 문제의 근본 원인을 도출해 나가는 것이다.

① 이슈(Issue) 분석과 가설의 설정

이슈 분석은 핵심 이슈 설정, 가설 설정, 결과에 대한 시나리오화 절차를 거쳐 수행된다.

이슈는 주어진 과제, 해야 할 일, 목표 달성을 위해 취해야 하는 조치, 현안 등이라 할 수 있다. 핵심 이슈 설정은 현재 수행하고 있는 업무에 가장 크게 영향을 미치는 과제로 선정한다. 주어진 이슈들 중에서 핵심 이슈를 결정하는 것은 고객 인터뷰, 사내외 이해관계자 인터뷰 및 설문 조사, 관련 자료의 분석 등을 활용하는 방법으로 수행된다.

핵심 이슈가 설정된 후에는 이슈에 대해 자신의 직관, 경험, 지식, 정보 등을 바탕으로 하여 일시적인 결론을 예측해 보는 가설을 설정한다. 핵심 이슈에 대한 업무 추진 과정을 시나리오화하여 어떻게 결론이 나게 될 것인가를 미리 추론해 보는 것이다. 가설 설정은 관련 자료, 인터뷰 등을 통해 검증할 수 있어야 하며, 간단 명료하게 표현하고, 논리적이며 객관적이어야 한다. 가설 설정 후에는 가설 검증 계획에 의거하여 분석 결과를 미리 시나리오로 구성해 본다.

다음의 사례를 통해 가설의 수립 과정에 대해 살펴보도록 하자.

사례 ❷

> 무역회사에 다니는 평범한 회사원인 박태평 씨는 오늘 동네 대형 할인점에서 받은 응모권을 만지작거렸다. 박태평 씨는 원래 이런 응모권을 그냥 휴지통에 버리고 했는데, 이 응모권은 30박 31일의 초호화 크루즈 여행이 상품으로 걸려 있었기 때문에 쉽게 버릴 수 없었다. 초호화 크루즈 여행은 박태평 씨 일생의 꿈 중 하나로 박태평 씨는 응모권을 만지작거리며 푸른 바다를 배경으로 럭셔리한 선상 수영장에서 와인을 마시는 자신의 모습을 상상했다. 박태평 씨는 이내 결심한 듯 펜을 쥐고 자신의 개인정보를 기입한 후, 응모권을 응보함에 넣었다.

한 달 뒤, 전화를 받은 박태평 씨는 자신의 귀를 의심할 수 밖에 없었다. 자신이 초호화 크루즈 여행에 당첨된 것이었다. 당첨자는 총 3명으로 1주일 후, 여행사에 모여 오리엔테이션을 받게 될 것이라고 했다.

'오, 이게 꿈인지 생시인지. 내게도 이런 행운이 찾아오는구나. 열심히 살 길 잘했어!'

1주일 후, 오리엔테이션에 참석한 박태평 씨와 행운의 주인공들은 화기애애한 분위기 속에서 서로 축하해 주었고, 일생일대의 행운이니 함께 잊지 못할 추억을 만들자는 덕담을 나누었다. 당첨자 중 한 명은 나이가 지긋한 유명 사립대학의 문화인류학 교수였고, 다른 한 명의 당첨자는 TV에도 출연한 적이 있는 생존 전문가였다. 그는 맨 몸으로 세계의 오지를 찾아다니며 독특한 경험을 해 온 사람이었다. 평범하게만 살아왔던 박태평 씨는 이런 놀라운 사람들과 여행을 떠나게 된 것이 또 하나의 행운이라고 생각하며, 여행 중 일행들과 많은 이야기를 나누어야겠다고 다짐했다.

드디어 크루즈는 출발했고 항해는 순조로웠으며, 박태평 씨와 일행들은 일생일대의 행복한 시간을 보내고 있었다. 그러던 중 갑자기 기상 악화로 풍랑이 거세졌으며, 거대한 파도가 쉴 새 없이 덮쳐왔다. 사람들은 혼란에 빠졌고, 박태평 씨는 정신을 잃었다.

박태평 씨가 정신을 차려보니 온 몸이 나무에 묶여 있었다. 너무 놀랍고 당황스러워서 주위를 둘러보니 TV에서나 나올 법한 원시 부족 차림새의 사람들이 박태평 씨를 둘러싸고 있었다. 박태평 씨는 너무 놀랐지만, 차분히 상황을 판단해 보니 그들이 자신을 해칠 기세는 아니었고, 조용히 박태평 씨가 깨어나기를 기다린 것 같았다는 생각이 들었다. 박태평 씨가 어떻게 해야 할지 몰라서 눈만 껌뻑껌뻑하고 있을 때 인근의 다른 나무에 묶여 있던 문화인류학 교수가 박태평 씨를 불렀다.

"태평 씨도 살아있었군요. 생존 전문가 양반은요?"

"교수님, 살아계셔서 정말 다행입니다. 저는 정말 혼자 남은 줄 알고."

이때 생존 전문가가 위엄 있게 보이는 인물과 함께 등장했다.

"교수님, 태평 씨, 모두 살아있었군요. 우린 모두 살았어요. 참, 아직 묶여 있군요. 이들은 평화를 사랑하는 부족으로 우릴 해치지 않아요. 오히려 우리가 위협적인 존재일까봐 일단 묶어 둔 거죠. 내가 추장님께 말해서 두 분을 풀어주도록 할게요."

생존 전문가가 위엄 있게 보이는 인물에게 무언가를 이야기했다. 그가 추장인 것이 분명했다. 추장이 명령하자, 박태평 씨와 교수는 풀려났고, 그들은 생존에 대한 감격을 나눈 후에 생존 전문가로부터 자초지종을 듣게 되었다. "여기 이 부족을 제가 직접 만나본 것은 이번이 처음입니다. 운 좋게도 이들과 비슷한 언어를 사용하는 친척뻘 부족을 제가 알고 있어요. 100%는 아니지만 어느 정도 소통이 가능하죠. 모두 좋은 사람들입니다. 걱정하실 것 없어요. 다만, 한 가지, 이들은 독특한 전통을 가지고 있어요. 우리 같은 이방인은 이들의 전통을 존중하고 따라야만 합니다. 이들은 평화로운 부족이지만, 자기들의 전통을 거부하는 것은 용서하지 않을 겁니다."

생존 전문가의 설명에 문화인류학 교수가 거들었다.
"아, 나도 들어본 적이 있어요. 생존 전문가 양반의 말대로 전통만 따라주면 문제가 없을 거예요. 그래서 그 전통이라는 것이 뭐죠? 설마 폭포에서 뛰어내리기 같은 건 아니겠죠? 하하, 난 나이도 많고 고소공포증이 있어서." 교수는 긴장된 분위기를 해소하고자 재미없는 농담을 했다. 생존 전문가는 교수의 농담을 받아치며 설명을 이어갔다.
"그런 거라면 차라리 좋겠어요. 추장이 우리에게 문제를 냈어요. 일종의 퀴즈라고 할 수 있죠. 우리는 그 문제를 맞춰야만 살아남을 수 있어요."
박태평 씨는 이해할 수가 없었다.
"문제요? 이게 무슨 황당한 일이죠?"
"네, 그렇죠. 하지만, 어쩔 수 없어요. 우리는 머리를 맞대고 그 퀴즈를 풀어야 해요. 다행스럽게 교수님도 계시고, 박태평 씨도 좋은 회사에 다니는 훌륭한 인재잖아요. 나도 산전수전 다 겪어봤으니 우리는 해낼 수 있을 겁니다. 자, 이제 모여 보세요. 퀴즈를 풀어보죠. 추장이 낸 퀴즈는 다음과 같아요."

이방인들은 섬의 미혼자와 결혼을 해야 한다. 그런데 조건이 있다.
조건 1. 추장은 3명의 결혼 후보를 차례로 보여줄 것이다.
조건 2. 3명 중 1명을 골라야 한다.
조건 3. 한 번 지나간 결혼 후보는 다시 선택할 수가 없다.
조건 4. 최악의 후보를 선택하면 죽게 된다.

박태평 씨는 깜짝 놀라 생존 전문가에게 물었다.
"최악의 후보라는게 우리가 주관적으로 결정하면 되는 건가요?"

> "아, 저도 잘 모르겠어요. 추장이 힌트를 줬는데 논리적인 추론을 통해 풀
> 어보라는 것이었어요. 몇 가지 가설을 세우고 추론을 해보면 어떨까요?"
> 평소 퀴즈에 관심이 많았던 박태평 씨는 자신의 처한 상황을 잊고 퀴즈에
> 몰입하며 나머지 두 사람을 독려했다.
> "음, 일단 살아야 하니 몇 가지 가설을 만들어 검증해 가면서 답을 찾아보
> 죠."

자, 여러분도 함께 풀어보자. 주어진 정보는 간단하다.

- 추장은 3명의 결혼 후보를 차례로 보여줄 것이다.
- 3명 중 1명을 골라야 한다.
- 한 번 지나간 결혼 후보는 다시 선택할 수가 없다.
- 최악의 후보를 선택하면 죽게 된다.

분석을 바탕으로 핵심 정보를 정리하면 다음과 같다.

- 3명이 등장하고, 3명의 등장 순서가 있다.
- 3명 중 최악이 존재한다는 것은 최상도 존재한다는 것이다.

이를 바탕으로 다음과 같은 가설을 세울 수 있다.

- 3명을 각각 A, B, C라 지정한다.
- 3명은 최상, 중간, 최악으로 구성되어 있다.
- 3명은 각각 A(최상), B(중간), C(최악)라고 지정한다.
- 3명은 등장 순서가 있으며, 그 순서의 쌍은 (A, B, C) (A, C, B) (B, A,
  C) (B, C, A) (C, A, B), (C, B, A)와 같다.

이상의 가설을 바탕으로 추론을 더 진행하여 결과를 시나리오로 구성해 보
면 다음과 같다.

[첫 번째 후보를 바로 선택(시나리오 1)]

- A, A, B, B, C, C
- 이 시나리오에 의해 얻을 수 있는 결론은 최악인 C를 선택할 확률이 1/3
  이라는 것이다.

[첫 번째 후보는 그냥 보내고, 두 번째 후보 선택(시나리오 2)]

- B, C, A, C, A, B
- 이 시나리오에 의해 얻을 수 있는 결론은 최악인 C를 선택할 확률이 1/3
  이라는 것이다.

[첫 번째, 두 번째 후보를 그냥 보내고, 세 번째 후보 선택(시나리오 3)]

- C, B, C, A, B, A
- 이 시나리오에 의해 얻을 수 있는 결론은 최악인 C를 선택할 확률이 1/3
  이라는 것이다.

앞의 세 가지 시나리오 모두 원하는 결과에 도달하지 못하였으므로 폐기하고 새로운 시나리오를 구성한다.

[첫 번째 후보를 보고 난 후에는 비교가 가능하므로 첫 번째 후보를 보고난 후 두 번째 후보와 비교하여 두 번째 후보가 첫 번째 후보보다 훌륭하다면, 세 번째 후보를 보지 않고, 두 번째 후보를 선택]

- (A, B, C) (A, C, B) (B, A, C) (B, C, A) (C, A, B), (C, B, A)의 순서에서 두 번째가 첫 번째보다 훌륭한 경우: (B, A, C) (C, A, B), (C, B, A)
- 여기에서 두 번째를 선택하므로 A, A, B를 선택하게 된다.

[첫 번째 후보를 보고 난 후에는 비교가 가능하므로 첫 번째 후보를 보고난 후 두 번째 후보와 비교하여 첫 번째 후보가 두 번째 후보보다 훌륭하다면, 두 번째 후보를 선택하는 타당성이 약해지므로 두 번째 후보를 보내고 세 번째 후보를 선택]

- (A, B, C) (A, C, B) (B, A, C) (B, C, A) (C, A, B), (C, B, A)의 순서에서 첫 번째가 두 번째보다 훌륭한 경우: (A, B, C) (A, C, B) (B, C, A)
- 여기에서 세 번째를 선택하므로 C, B, A를 선택하게 된다.

이상의 시나리오에 의해 얻을 수 있는 결론은 최악인 C를 선택할 확률이 1/6이라는 것이다.

앞에서 본 시나리오와 반대의 시나리오는 타당성이 약하다. 첫 번째 후보보다 두 번째 후보가 못한데도 선택할 이유가 없기 때문이다. 만약 그렇게 선택한다면 최악을 선택할 확률이 1/2로 높아져서 실패한 시나리오가 된다. 각 알파벳과 레벨의 매칭을 바꾸어도 같은 결과를 얻게 된다.

이처럼 가설을 세우고 결론에 이르는 과정과 결론을 시나리오로 미리 검증해 보는 것을 통하여 오류를 줄이고 최적의 대안을 적용할 수 있게 된다.

② 데이터 분석과 원인 파악

데이터 분석은 데이터 수집 계획 수립, 데이터 수집, 데이터 분석의 절차를 거쳐 수행된다. 데이터 수집 시에는 목적에 따라 데이터 수집 범위를 정하고, 일부를 전체로 해석할 수 있는 자료는 제외해야 한다. 또한, 정량적이고 객관적인 사실을 수집하고, 자료의 정보원을 명확히 해야 한다.

원인 파악은 이슈와 데이터 분석을 통해서 얻은 결과를 바탕으로 최종 원인을 확인하는 단계이다. 원인 파악 시에는 원인과 결과 사이에 패턴이 있는지를 확인하는 것이 필요하며, 이러한 원인의 패턴은 다음과 같다.

- **단순한 인과관계**: 원인과 결과를 분명하게 구분할 수 있는 경우로, 어떤 원인이 앞에 있어 여기에서 결과가 생기는 인과관계를 의미한다. 소매점에서 할인율을 높여 판매가격을 낮추면서 매출이 떨어지기 시작하는 경우가 이에 해당한다.
- **닭과 계란의 인과관계**: 원인과 결과를 구분하기 어려운 경우로, 브랜드의 향상이 매출 확대로 이어지고, 매출 확대가 다시 브랜드의 인지도 향상으로 이어지는 경우가 이에 해당한다.
- **복잡한 인과관계**: 단순한 인과관계와 닭과 계란의 인과관계인 두 가지 유형이 복잡하게 서로 얽혀 있는 경우로, 대부분의 경영상 과제가 이에 해당한다.

문제로부터 다양한 원인들을 분석한 후에는 근본 원인을 효과적으로 해결할 수 있는 다양한 해결안을 개발하고, 개발된 해결안 중 최선의 해결안을 선택할 필요가 있다.

다음은 다양한 해결안 중 최선의 해결안을 선택했을 경우와 원인 분석 결과에 따라 한 가지의 해결안만을 도출한 경우, 어느 쪽이 더 바람직한지를 보여주는 사례이다.

사례 ❸

A사는 우수한 품질과 디자인을 바탕으로 꾸준한 성장을 해오고 있는 중견 의류업체이다. A사는 2년 전 온라인 쇼핑몰에 신규 입점을 하였고, 구매 고객들을 대상으로 다양한 형태의 이메일을 보내 재구매를 유도하는 전략을 구사하여 크게 성공하였다. 이를 바탕으로 향후 런칭 예정인 신규 라인의 마케팅 전략을 수립하고자 한 A사는 '왜 특정 이메일을 받은 고객들이 다른 고객들보다 더 많은 클릭을 하고 이를 통해 구매로 이어지는가?'를 밝히기 위해 3개월간 데이터 분석을 진행했다. 원인 분석 결과 이메일에 사용된 문구의 폰트, 구매를 유도하는 특정 문구, 구매자에게 제공하는 포인트, 사용된 이미지의 종류, 특정 색상의 활용, 매력적인 이벤트 등과 관계가 있는 것으로 분석되었다.

이에 대한 해결 방안을 만들기 위해서 팀 회의가 열렸을 때, B팀에서는 분석된 원인을 바탕으로 고객들에게 더 화려한 색상과 이미지로 구성된 이메일을 보낸다는 해결안을 제시하였다.

그러나 C팀은 연령대와 남녀 성별에 따라 차별화 전략을 구사하여 다양한 해결안을 제시하였다. 색상과 이미지, 이벤트, 포인트의 제공, 이메일에 사용된 폰트와 문구 등을 연령대와 남녀 성별에 따라 차별화한다는 방안이었다.

회사는 두 팀의 해결안을 모두 적용해 보기로 하였다. 6개월간 일부 신규 라인의 런칭에 새로운 해결안들이 적용되었고, 6개월 후 이메일에 따른 고객들의 의류 구매율을 조사한 결과, B팀에서 발송한 이메일을 받은 고객보다 C팀의 이메일을 받은 고객들의 구매액이 훨씬 많음이 밝혀졌다. 이는 C팀이 다양한 해결안 중에서 중요도와 실현 가능성을 고려해서 최적의 해결안을 선택했기 때문이었다.

제시된 사례는 문제해결 과정 중 해결안 개발 단계의 의미와 절차에 대한 사례이다. 사례에서 B팀은 한 가지 해결안만을 선택한 경우이며, C팀은 다양한 해결안 중에서 중요도와 실현 가능성을 고려하여 최선의 해결안을 선택한 경우이다.

그 결과 B팀보다 C팀의 성과가 더 높다는 것을 알 수 있다. 이러한 사례를 통해 해결안 개발 단계에서 중요한 것은 도출된 원인에 따라 가능한 해결안을 모두 도출하고 평가하여 그중에서 최적의 해결안을 도출하는 것임을 알 수 있다.

해결안 개발은 문제로부터 도출된 근본 원인을 효과적으로 해결할 수 있는 최적의 해결 방안을 수립하는 단계이다. 해결안 개발은 해결안 도출, 해결안 평가 및 최적안 선정의 절차로 진행된다.

③ 해결안 도출

해결안 도출은 열거된 근본 원인을 어떠한 시각과 방법으로 제거할 것인지에 대한 독창적이고 혁신적인 아이디어를 도출하고 같은 해결안은 그룹핑하는 과정을 통해서 해결안을 정리하는 과정으로, 다음과 같은 절차를 거쳐 수행된다.

- 근본 원인으로 열거된 내용을 어떠한 방법으로 제거할 것인지를 명확히 함
- 독창적이고 혁신적인 방안을 도출함
- 전체적인 관점으로 보아 해결의 방향과 방법이 같은 것을 그룹핑함
- 최종 해결안을 정리함

④ 해결안 평가 및 최적안 선정

해결안 평가 및 최적안 선정은 의사결정 분석의 프로세스를 활용하며, 중요도와 실현 가능성 등을 고려해서 종합적인 평가를 내리고, 채택 여부를 결정하는 과정이다.

2 대안의 선택

사르트르는 "인생은 B와 D 사이의 C다."라고 말했다. 이는 인생이란 출생(Birth)과 죽음(Death) 사이에서 선택(Choice)하는 것이라는 의미다. 이 말처럼 우리의 인생은 선택의 연속이라고 할 수 있지만, 선택은 항상 쉽지 않다.

선택을 할 때 주로 어떤 과정을 거쳐서 어떤 기준으로 선택을 하는가? 혹시 선택에 실패해서 낭패를 겪은 경험은 없는가? 하고 싶지 않지만 어쩔 수 없이 선택해야만 했던 경험은 없는가? 선택의 어려움으로 깊은 고민에 빠지고 갈등을 겪었던 경험은 없는가?

2001년에 개봉한 마틴 캠벨 감독의 〈버티칼 리미트(Vertical Limit)〉라는 영화가 있다. 이 영화의 도입부는 손에 땀을 쥐게 하는 장면으로 시작한다. 아버지, 아들, 딸, 세 명이 까마득한 수직 절벽을 로프와 캠에 의지해 오르고 있다. 이들은 베테랑인 듯 상당히 여유로워 보인다. 아찔한 절벽을 오르고 있는데도 긴장감이 전혀 없고, 동네 식당에서 식사하면서 편안하게 대화를 주고받는 것처럼 한가로운 농담을 주고받고 있다. 그런데 이들의 위쪽에 있던 초보 산악인들 중 한 명이 배낭을 떨어뜨리고 곧이어 한 명이 절벽에서 추락하면서 분위기가 반전된다. 한 명이 떨어지자, 로프에 연결된 나머지 일행 두 명도 추락하고 결국 이들은 운명을 달리한다. 이 추락의 여파로 이들 가족 세 명도 추락의 위기에 놓이게 된다. 생사의 기로에 서게 된 것이다. 딸의 로프와 캠에 의지하여 아들과 아버지가 매달려 있다. 아버지는 딸에게 조심스럽게 벽에 다가가서 캠을 하나 더 꽂을 수 있는지 물어본다. 딸은 필사적으로 캠을 꽂으려고 수차례 시도하지만 성공하지 못하고, 위태롭게 꽂혀 있던 마지막 캠마저 빠지려고 한다. 맨 마지막에 매달려 있던 아버지는 결심한 듯 중간에 있는 아들에게 칼을 꺼내 줄을 자르라고 한다. 줄을 잘라 아버지를 떨어뜨리면 딸과 아들은 살 수 있기 때문이었다. 절대 안 된다는 딸과 아들의 외침에도 아버지는 떨리는 목소리로 계속 로프를 자르라고 아들에게 말한다. 이는 아버지의 로프를 자르는 것이 아니라 동생을 살리는 선택이며, 두 명이 사느냐 세 명이 죽느냐의 문제라는 것이다. 즉, 아버지의 선택은 로프를 자르는 것이 아니라 자녀들의 생명을 살릴 수 있는가 그렇지 않은가, 두 명이 사느냐 세 명이 모두 죽느냐의 문제이다. 아버지는 결정의 목적을 분명히 하고 있으며, 결정으로부터 얻을 수 있는 기대 효과를 명확하게 하고 있다.

현실에서는 결코 있어서는 안 되는 결정이지만, 영화의 이 장면은 선택과 결정을 하는 데 어떤 사항을 고려해야 하는지 말해준다.

선택과 결정은 이성적인 행위만이 아니라 감정을 사용하는 행동이기는 하지만, 조직에서의 의사결정은 감정을 배제한 채 합리적 근거에 의해서 이루어져야 한다. 합리적 의사결정의 프로세스를 이해하기 위해 다음의 사례를 살펴보자.

사례 ❹

신중한 씨는 15년 동안 탄 차를 처분하고 새 차를 사기로 결심하였다. 자동차와 운전을 좋아하는 신중한 씨는 그동안 아껴온 차를 처분하는 것이 아쉽기도 했지만, 새로운 차를 구매하는 것에 대한 기대감도 컸다. 신중한 씨는 인터넷을 통해 관련 블로그나 동호회 홈페이지에 접속해 정보를 수집하고, 관심 차량의 시승기를 꼼꼼하게 살펴보았다.

관련 게시글을 볼수록 신중한 씨의 눈은 높아져만 갔다. 더 좋은 성능과 옵션으로 무장한 상위 모델들이 그를 유혹했기 때문이었다.

'와, 이 차는 정말 그림 같구나. 안정적인 핸들링에 편안한 승차감이 장점인데 폭발적인 가속력까지 갖추었네? 이야, 이거 대박이네. 게다가 실내에 고급스러운 각종 편의장치가 장착되어 있으니 진짜 끝내주는구만'

보면 볼수록 상위 모델에 마음을 빼앗겨 가던 신중한 씨는 가격표를 보는 순간 좌절하였다. 이내 신중한 씨는 정신을 차리고 왜 새 차를 구입하고자하는지, 차량을 어떤 용도로 사용할 것인지를 다시 한 번 생각해 보았다.

'난 차를 사더라도 출퇴근 용도로 주로 사용하게 될 텐데, 너무 비싸거나 좋은 차는 필요도 없고 내 형편에 맞지도 않지. 좋아! 새 차는 출퇴근용이니 예산 범위 내에서 구매하자.'

차량을 구매하는 목적과 차량의 용도를 다시 한 번 깨닫게 된 신중한 씨는 예산을 점검하였다. 예산은 3,000만 원 정도였다. 신중한 씨는 3,000만 원 이하의 2,000cc 중형차를 구매하기로 결정하였다. 신중한 씨는 이자에 대한 부담과 소비에 대한 관리가 어려우므로 할부는 하지 않으려고 한다. 그래서 아무리 좋은 차라도 3,000만 원을 초과하면 과감하게 후보에서 제외하기로 하였다. 그 결과 3대의 차량을 선정했고, 이 차들을 본격적으로 비교하기 시작했다.

후보 1: A사의 신형 하이브리드 차량 '수퍼카'
후보 2: B사의 대표 중형 세단 '잘나가'
후보 3: C사의 베스트셀링카 '연비왕'

후보 1 '수퍼카'만 신형 차량이고, 후보 2 '잘나가'와 후보 3 '연비왕'은 이미 오랜 기간 검증이 끝난 모델들이었다.

신중한 씨는 각 차들의 사양을 비교하면서 평소 중요하게 생각해 온 사항들을 정리했다. 파노라마 썬루프, 블루투스 오디오, 승차감, 코너에서의 안정감, 시트의 편안함, 가죽 시트의 질감 등이었으며, 이렇게 항목을 정리하니 결정에 도움이 되고 좋았다.

세 대의 차량 모두 파노라마 썬루프와 블루투스 오디오, 가죽 시트를 갖추고 있었는데, 후보 2 '잘나가'가 파노라마 썬루프의 작동 편의성과 개방감이 탁월했고, 오디오 성능에도 높은 점수를 줄 수 있을 것 같았다. 후보 3 '연비왕'은 가죽 시트의 질감이 매우 좋았다. 후보 1 '수퍼카'는 성능과 효율에 무게를 둔 듯 썬루프, 오디오, 가죽 시트는 평범한 것 같았다.

중요 사항에 대한 검토를 마친 신중한 씨는 A·B·C사의 대리점에 각각 시승 신청을 하였고, 며칠 후 시승 테스트까지 완료하였다.

세 대의 차량 모두 시트가 편안했는데, 특히 후보 2 '잘나가'가 제일 편안해서 장거리 운전에도 피로감이 적을 듯 했다. 승차감은 후보 1 '수퍼카'가 단연 높은 점수를 받았다. 후보 3 '연비왕'은 왠지 모르게 코너에서의 안정감이 떨어지는 듯 했다. 이제 결정의 순간만 남았지만, 신중한 씨는 좀처럼 결정을 내리기 어려웠다.

신중한 씨는 지금까지 감으로만 비교한 탓에 최종적으로 결정을 내리기 어렵게 되자 결국 각각의 항목을 점수로 매겨 수치화하기로 하였다. 그렇게 하니 결과가 한 눈에 보이고 좋았다. 그 결과 가장 높은 점수를 받은 차는 수퍼카였다.

수퍼카로 최종 결정하려던 신중한 씨는 다시 고민에 빠지고 말았다. 소문에 의하면 수퍼카의 새 모델 출시가 얼마 남지 않았는데, 이럴 경우 지금의 수퍼카는 곧 구형이 되기 때문이다. 고민 끝에 신중한 씨는 드디어 결론을 내렸다.

'난 아무래도 곧 구형 모델이 될 차를 새 차로 뽑지는 못하겠다. 두 번째로 높은 점수를 받은 '잘나가'를 사야겠다. 이 차가 딱이야!'

후보 2 '잘나가'를 구매하기로 마음 먹고 대리점을 찾은 신중한 씨는 A사에서 새로 출시한 SUV '오프킹'을 보게 되었는데 디자인에 너무 마음을 빼앗긴 나머지 지금까지 고민하고 비교한 것은 다 잊어 버리고, 그 자리에서 '오프킹'을 계약해 버렸다.

신중한 씨는 결국 마음에 쏙 드는 디자인을 가진 차를 구매했다. 신중한 씨가 잘못된 결정을 내렸다고 할 수는 없다. 상품의 구매는 결국 마음이 가는 대로 하는 것이니 말이다. 하지만 업무에 있어서의 의사결정은 합리적이어야 하며, 개인적인 결정이라 할지라도 바람직한 의사결정을 내려야 하거나, 오류의 발생을 피해야 할 때는 합리적인 의사결정의 프로세스를 따를 필요가 있다.

신중한 씨가 결정을 내리기 위해 고민했던 과정이 바로 합리적 의사결정의 프로세스이다. 신중한 씨를 따라서 합리적 의사결정의 프로세스를 살펴보도록 하자.

1) 결정의 목적과 기대 효과를 분명히 한다.

신중한 씨는 차량을 구매하는 목적과 용도를 정하면서 어떤 차를 사야 할지 신중히 고민하기 시작했다. 그렇지 않았다면 신중한 씨는 인터넷에서 본 상위 모델에 마음을 빼앗겨 결정을 내리기 쉽지 않았을 것이다. 모든 결정에는 목적이 있으며, 그 결정으로 얻을 수 있는 결과와 기대 효과가 있다. 합리적인 결정을 내리기 위해서는 결정의 목적과 결정의 기대 효과를 분명히 하는 것이 필요하다.

예를 들어 영업 활동을 장려하기 위해 인센티브 제도를 도입하기로 하였다면, 인센티브 제도 도입의 목적은 영업 활동을 활성화시키는 것이고 이로 인한 기대 효과는 매출의 증대이다. 업종마다, 상품과 서비스마다 다르지만, 매출을 증대시키기 위한 방안은 인센티브 제도 이외에도 영업 사원에 대한 교육, 다양한 이벤트와 홍보, 우수한 영업 사원 선발, 영업 관리 시스템의 도입 등 다양하다. 다양한 전략 중에서 인센티브 제도가 영업 활성화와 매출에 어느 정도 기여할 수 있을 것인지가 분석되어야 인센티브 제도의 도입을 결정하는 의미가 있다. 다시 말해서 인센티브 제도의 도입이 매출 증대에 가시적인 성과를 가져올 수 있다는 근거가 분명하다면 인센티브 제도의 도입을 결정하는 것은 합리적이고 바람직한 결정인 것이다.

2) 예산의 범위를 정한다.

신중한 씨는 차량 구매를 생각하고 본격적으로 후보를 선정하기 전 예산을 점검하고 3천만 원 이내에서 2,000cc 중형차를 구매하고자 하였다. 그리고 아무리 좋은 차라도 3천만 원을 초과하면 과감하게 후보에서 제외하기로 하였다.

이렇게 절대 조건을 정하게 되면 결정을 내리기가 한결 수월해진다. 결정을 내리기 위해 검토해야 하는 대안이 2~3개 정도라면 상대적으로 쉽게 결정을 내릴 수 있는 것이다. 하지만 검토해야 하는 대안이 수십, 수백 개라면 결정을 내리기는 쉽지 않을 것이다. 그렇기 때문에 절대 조건을 설정하여 후보안을 걸러내고 결정 목적을 달성하기에 적합한 대안, 기대 효과를 극대화할 수 있는 대안에 대해서만 검토하는 것이다. 절대 조건은 결정을 효율적으로 하는 데 필수적이다. 대표적으로 채용 공고의 항목들이 절대 조건이라고 할 수 있다. 경력 3~5년, 대졸, 지방 근무 가능자 등의 기준이 바로 절대 조건인 것이다. 이 기준에 해당하지 않는 사람은 이력서를 낸다고 해도 채용되기 힘든 것이다.

따라서 결정을 내리기 위해서는 우선 절대 조건을 정하는 것이 필요하며, 절대 조건은 정량적으로 표현할 수 있도록 하는 것이 중요하다. 예를 들면 7일 안에 보고서 작성까지 완료 가능할 것, 익월 5일까지 설치 가능할 것, 5천만 원 이하일 것, 3명을 초과하지 말 것 등과 같이 수치화하고 정량화하는 것이 중요하다.

3) 중요 사항을 정리한다.

절대 조건을 통과한 세 대의 차량을 검토하면서 신중한 씨는 평소 차량에 포함되면 좋겠다고 생각한 사항들을 정리했다. 상대 조건을 정한 것이다. 상대 조건은 후보안들을 상대적으로 비교하기 위해 설정하는 것으로, 후보안의 장단점을 구체적으로 비교하는 것이라 할 수 있다. 이렇게 하면 기대 효과를 극대화할 수 있는 대안을 선택하는 데 도움이 된다.

채용 공고를 다시 예로 들어보면, 영어 가능자 우대, 자격증 소지자 우대, 공모전 수상자 우대 등의 항목이 바로 상대 조건이다. 이외에도 기업은 절대 조건일 수도 있고, 상대 조건일 수도 있지만 인재 선발을 위한 내부 기준을 가지고 있다. 우선 절대 조건에 의해 후보들을 1차로 걸러내고, 서류 전형, 면접 등을 통해 지원자들의 우열을 가리는 것이다.

4) 상대 조건을 수치화한다.

상대 조건을 정하는 것만으로는 합리적 의사결정을 위한 과정이라고 하기에 불충분하다. 상대 조건은 후보안들의 비교 우위를 분명하게 하고자 하는 것이므로 수치화해야 한다. 척도는 10점 척도를 활용하는 것이 편리하다. 신중한 씨의 상황을 예로 들면 다음과 같다.

- 10점 척도로 상대 조건에 대한 평가: 각각의 항목에 대해 1~10점까지 점수를 매긴다.

이렇게 한다고 해서 각 후보안의 비교 우위가 즉시 가시화되지는 않는다. 예를 들어 후보 2는 파노라마 썬루프에서 10점을 받고, 가죽 시트의 질감에서 1점을 받았다면, 후보 2의 총점은 11점이다. 그런데 후보 3이 파노라마 썬루프에서는 1점을 받고 가죽 시트의 질감에서 10점을 받았다면, 후보 3의 총점도 역시 11점으로 두 후보안은 동일한 점수를 받게 되기 때문이다. 즉, 총점만으로 비교하기가 어려운 것이다.

| 표 2-4 | 상대 조건에 대한 단순한 평가와 비교의 오류

항목	후보 1 '수퍼카'	후보 2 '잘나가'	후보 3 '연비왕'
파노라마 썬루프	6	10	8
블루투스 오디오	6	8	8
가죽 시트의 질감	6	6	10
승차감	10	7	8
코너에서의 안정감	10	7	5
시트의 편안함	9	9	8
총점	47	47	47

앞에서 본 것과 같이 각 항목에서는 다른 점수를 받았어도 총점이 같아져 버리면 비교가 어려워진다. 따라서 각각의 상대 조건에 대해 가중치를 부여하는 것이 필요하나. 상대 조건 중 어떤 항목이 더 중요하고, 결정 목적을 달성하고 기대 효과를 극대화하는 데 도움이 되는지 여부를 분석하여 가중치를 부여하

는 것이다. 가중치 역시 각각의 상대 조건이 갖는 중요도를 10점 만점으로 하여 부여할 수 있다. 결정 목적과 기대 효과에 비추어 상대 조건이 어느 정도의 중요성을 갖는지 평가해 보는 것이다. 예를 들어 신중한 씨의 경우 차량을 운전함에 있어서 승차감을 가장 중요시한다면 승차감의 가중치는 10점이 된다.

• 10점 척도로 상대 조건에 대한 가중치 설정: 각각의 항목에 대해 1~10점까지 점수를 매긴다.

다음과 같이 가중치를 부여해 볼 수 있다.

| 표 2–5 | **상대 조건에 대한 가중치 부여**

항목	가중치
파노라마 썬루프	8
블루투스 오디오	7
가죽 시트의 질감	7
승차감	10
코너에서의 안정감	10
시트의 편안함	9

이렇게 설정된 가중치를 각 후보가 받은 평가 점수에 곱하여 적용한다. 가중치를 설정하여 상대 조건을 다시 평가해 보면 다음과 같다.

| 표 2–6 | **상대 조건에 가중치를 설정한 후 평가한 결과**

항목	가중치	후보 1	점수	후보 2	점수	후보 3	점수
썬루프	8	6	48	10	80	8	64
오디오	7	6	42	8	56	8	56

가죽 시트	7	6	42	6	42	10	70
승차감	10	10	100	7	70	8	80
안정감	10	10	100	7	70	5	50
편안함	9	9	81	9	81	8	72
총점		413		399		392	

이처럼 가중치를 적용해서 비교해 보면 각 후보 간의 우열이 명확하게 드러난다. 가중치가 우열을 가린다고 볼 수 있으므로 가중치를 설정할 때는 신중하게 분석할 필요가 있다. 가중치가 갖는 의미인 '결정 목적을 달성하고 기대 효과를 극대화하는 데 얼마나 중요한가'라는 것을 확실하게 하면서 사내외 전문가의 의견을 반영하여 가중치를 설정할 필요가 있다.

5) 위험 요소를 분석한다.

가중치를 적용해 나온 결과 중 가장 높은 점수를 받은 후보를 선택하면 될 것 같지만, 마지막으로 위험 요소에 대한 분석이 남아 있다. 신중한 씨가 최종 후보를 선택하기 전 다시 한 번 고민에 빠진 그것이 바로 위험 요소에 대한 고려와 분석이다. 상대 조건에 대한 평가와 비교 결과 후보 1 '수퍼카'가 413점으로 가장 높은 점수를 받았지만, '수퍼카'는 곧 새로운 모델이 출시될 예정이어서 지금 구매를 한다면 구형 모델을 구매하는 셈이 되어 버린다. 이것이 신중한 씨 입장에서의 위험 요소, 즉 리스크(Risk)이다. 리스크가 너무 커서 수용하기 어렵다면 차선책을 선택하는 것이 합리적이며, 리스크가 수용 가능하다고 판단되면 리스크를 관리하기 위한 방안과 계획을 수립할 필요가 있다. 신중한 씨가 모델 변경에 대한 부담에도 불구하고 그것을 수용하겠다고 결심한다면, 영업 사원과 별도의 협상을 통해 가격 할인을 받는다거나 추가적으로 옵션이나 서비스를 요구한다거나 하는 방식으로 곧 발생할 손해를 감수할 수 있을 것이다. 이것이 리스크 관리 방안이다. 대부분의 경우 대안 하나로 혁신적인 성과를 기대하기는 어려우며, 세상에 둘도 없는 완벽한 대안은 존재하기 어렵게 때문에 대안을 결정하는 것에 따르는 리스크를 분석하여 이에 대한 대책을 마련하는 것이 필요하다. 신중한 씨의 경우 리스크 요인은 중고차 가격 하락이라 할 수 있다.

리스크 분석은 발생 가능성(Probability)과 발생했을 때의 심각성(Seriousness)

으로 평가해 볼 수 있으며, 후보안 중 가장 높은 점수를 받은 1차 선정안과 두 번째로 높은 점수를 받은 2차 선정안에 대해서만 실시하면 된다. 발생 가능성과 심각성은 각각 10점 척도를 적용해 평가해 볼 수 있다.

• 10점 척도로 리스크 요인에 대한 평가: 중고차 가격 하락의 발생 가능성과 심각성에 대해 1~10점까지 점수를 매긴다.

리스크 요인은 발생 가능성과 심각성을 곱하여 평가하는데, 일반적으로 리스크 요인은 한두 가지인 경우가 대부분이다. 리스크 요인이 많다면 적합한 대안이라고 볼 수 없기 때문이다.

신중한 씨의 두 가지 선정안에 대한 리스크 요인을 분석해 보면 다음과 같다.

| 표 2-7 | 1차 선정안과 2차 선정안에 대한 리스크 분석

리스크 요인	1차 선정안 '수퍼카'		2차 선정안 '잘나가'	
	발생 가능성	심각성	발생 가능성	심각성
중고차 가격 하락	10	8	1	8
총점	80		8	

리스크 요인은 중고차 가격 하락으로 하나이며, 리스크가 발생할 경우의 심각성은 같은 리스크 요인이므로 1차 선정안과 2차 선정안의 심각성은 같다. 그러므로 발생 가능성에서 차이가 나는데, 분석 결과 1차 선정안의 리스크가 2차 선정안의 10배에 달하고 있어 리스크를 수용하기보다는 2차 선정안을 최종안으로 선택하는 것이 합리적이라고 할 수 있다.

이상으로 살펴본 합리적 의사결정의 프로세스를 정리해 보면 다음과 같다.

• 결정 목적과 기대 효과를 분명히 한다.
• 질대 조선을 설정한다.

- 상대 조건을 설정한다.
- 상대 조건에 가중치를 정한다.
- 가중치를 반영하여 상대 조건을 평가한다.
- 평가에 의해 후보안을 선정한다.
- 리스크 분석을 실시한다.
- 최종안을 선정한다.

우리는 사례 속의 신중한 씨처럼 감정에 의해 의사결정을 하는 경우가 많다. 이것이 잘못된 것은 아닐 것이다. 우리는 인간이며, 감정을 가진 존재이므로 의사결정이 개인의 관심사와 일상에서까지 모두 적용되기는 힘들 수 있다. 하지만 기업 조직에서의 의사결정은 항상 합리적으로 이루어져야 한다.

| 표 2-8 | **합리적 의사결정 분석 시트(Sheet)**

	선택 기준	제1안		제2안		제3안		제4안	
절대조건									
	선택 기준	가중치	평가 점수	소계	평가 점수	소계	평가 점수	소계	평가 점수	소계
상대조건									
	종합 평가								

1차 선정안

위험 요소	가능성	영향성

2차 선정안

위험 요소	가능성	영향성

최종안

최종안의 위험 요소에 대한 대책

결론

탐구활동

1. 이번 학기에 해야 할 일을 상황 분석 프로세스를 활용해 분석 및 작성해 보자.

2. 상황 분석 시트를 작성한 후 팀원들과 공유해 보자(의견을 교환하여 수정·보완해 보자).

3. 개인적 관심사에 합리적 의사결정 프로세스를 적용하여 작성해 보자(상품 구매, 수강 신청, 휴가 장소 결정 등 무엇이든 좋다).

4. 의사결정 분석 시트를 작성한 후 팀원들과 공유해 보자(의견을 교환하여 수정·보완해 보자).

학습평가   정답 및 해설 p.252

1   ( ) 안에 알맞은 말을 채워 넣으시오.

> KT문제해결기법의 네 가지 문제해결 프로세스는 ( ) 분석 → ( )
> 분석 → ( ) 분석 → ( ) 분석과 같다.

2   상황 분석 프로세스의 순서로 올바른 것을 고르시오.

① 관심사의 열거 → 관심 사항에 대한 세분화와 명확화 → 해야 할 일의 설정 → 해야 할 일에 대한 우선순위 결정 → 해야 할 일의 처리 방법 결정

② 관심 사항에 대한 세분화와 명확화 → 관심사의 열거 → 해야 할 일의 설정 → 해야 할 일에 대한 우선순위 결정 → 해야 할 일의 처리 방법 결정

③ 해야 할 일의 설정 → 관심사의 열거 → 관심 사항에 대한 세분화와 명확화 → 해야 할 일에 대한 우선순위 결정 → 해야 할 일의 처리 방법 결정

④ 해야 할 일에 대한 우선순위 결정 → 관심사의 열거 → 관심 사항에 대한 세분화와 명확화 → 해야 할 일의 설정 → 해야 할 일의 처리 방법 결정

3   이슈(Issue) 분석의 절차에 해당하지 않는 것은?

① 핵심 이슈 설정

② 가설 설정

③ 결과에 대한 시나리오화

④ 의사결정

※ 다음 문장의 내용이 맞으면 ○, 틀리면 ×에 ✓표시를 하시오. (4~5)

4 가설 설정은 관련 자료, 인터뷰 등을 통해 검증할 수 있어야 하며, 간단 명료하게 표현하고, 주관적이어야 한다. (○, ×)

5 합리적 의사결정의 프로세스에서 상대 조건을 수치화할 때는 상대 조건에 가중치를 부여하여 반영해야 좋은 의사결정을 할 수 있다. (○, ×)

6 합리적 의사결정의 프로세스에서 가장 먼저 하는 것은?

① 상대 조건을 설정한다.
② 절대 조건을 설정한다.
③ 리스크 분석을 실시한다.
④ 결정의 목적과 기대 효과를 분명히 한다.

Tip

핵심 이슈(Issue)를 설정하는 방법

핵심 이슈를 설정하기 위해서는 사내외 이해관계자에 대한 인터뷰 기술이 요구되며, 주요 내용을 정리해 보면 다음과 같다.

1. 심층면접법

심층면접법은 조사자와 응답자 간의 일대일 대면접촉에 의해 응답자의 잠재된 동기, 신념, 태도 등을 발견하고, 응답자들로부터 조사 주제에 대한 정보를 수집하는 방법이다. 30분~1시간 정도의 면접시간이 소요된다. 조사자는 편안한 분위기를 조성하여 응답자의 응답에 영향을 미치지 않도록 해야 하고, 첫 번째 질문을 던지고 이에 대한 응답에 따라 면접을 진행해야 한다. 또한, 진행 과정과 조사 문제에 대한 개략적인 윤곽을 가지고 면접을 진행하며 구체적인 질문 내용과 순서는 응답자의 응답에 따라 달리 진행해야 한다.

심층면접법을 활용한 고객 요구 조사는 다음과 같은 장점을 지닌다.

1) 다른 방법을 통해 포착할 수 없는 심층적인 정보를 경험적으로 얻을 수 있음
2) 독특한 정보를 얻을 수 있음
3) 수집된 자료를 자기진단과 평가 그리고 매뉴얼 및 사례로 활용 가능
4) 성과와 관련된 실제적이고 구체적인 것을 얻을 수 있음

반면 심층면접법을 활용한 고객 요구 조사는 다음과 같은 단점을 지닌다.

1) 인터뷰 시간을 집중적으로 투입해야 하며 비용이 많이 소모
2) 조사자의 철저한 인터뷰 기법 스킬과 훈련이 요구
3) 인터뷰 결과를 사실과 다르게 해석할 수 있음

2. 포커스 그룹 인터뷰(Focus Group Interview)

포커스 그룹 인터뷰는 흔히 줄여서 FGI라고 불리며, 6~8인으로 구성된 그룹에서 특정 주제에 대해 논의하는 과정으로 숙련된 사회자의 컨트롤 기술에 의해 집단의 이점을 십분 활용하여 구성원 상호 간의 의견을 도출하는 방법이다. 포커스 그룹 인터뷰의 진행 절차는 조사 목적 수립, 대상자 분석, 그룹 수 결정, 대상자 선정, 가이드라인 작성의 과정을 거친다.

포커스 그룹 인터뷰를 진행할 때의 주의 사항은 다음과 같다.

1) 인터뷰 종료 후 전체적인 내용에 대한 합의를 한다.
2) 가이드라인에 따라 내용을 열거하고 열거된 내용의 상호 관련성을 생각하면서 결론을 얻어 나간다.
3) 가능한 그룹으로 분석 작업을 진행한다.
4) 동의 혹은 반대의 경우 합의의 정도와 강도를 중시한다.
5) 조사의 목적에 따라 결론을 이끌어낼 수 있도록 한다.
6) 주제에 대한 연관성을 고려하여 앞뒤에 흩어져 있는 정보들을 수집한다.
7) 확실한 판정이 가능한 것은 판정을 하지만 그렇시 못한 경우에는 판정을 내려서는 안된다.

제3절 대안 적용

합리적 의사결정의 프로세스를 적용하여 해결안을 선택한 후에는 선택된 대안을 실행에 옮겨야 한다. 대안에 대한 선택을 완료했다고 해서 즉시 실행할 수 있는 것은 아니다. 기업에는 업무의 프로세스와 방식이 있으며, 계획에 따라 움직여야만 한다. 이렇게 하지 않으면 실행의 과정을 관리할 수 없게 되며, 잘못되었을 경우 어디서 어떻게 잘못되었는지를 알 수 없게 되기 때문이다. 또한, 한정된 자원을 효율적으로 활용할 수도 없게 된다. 다음의 사례를 살펴보자.

사례 ❶

A씨는 어머니 생신에 직접 미역국을 끓여드리기로 했다. 어머니의 생신을 축하하는 선물을 할 수도 있고, 노래를 불러드릴 수도 있고, 용돈을 드릴 수도 있다. 그중에서 미역국을 끓여드린다는 대안을 선택한 것이다. 이를 실행에 옮기기 위해 재료를 구입하고 미역국을 끓이기 위한 요리 과정에 들어갔다. 미역을 어느 정도 넣어야 할까? 소고기는 얼마나 넣어야 하나? 물은 얼마나 필요한가? 소고기를 먼저 넣어야 하나, 미역을 먼저 넣어야 하나? 간은 무엇으로 해야 하나? 처음 하는 요리라서 서툴고 어려웠지만, 어머니의 생신에 처음으로 직접 끓여드리는 미역국이므로 어머니를 생각하면서 즐거운 마음으로 요리를 했다. 간을 보았더니 짜다. 그래서 물을 더 넣었다. 그랬더니 이번에는 싱겁다. 그래서 소금을 더 넣었다. 맛을 봤더니 또 짜다. 결국 A씨는 물과 소금을 넣기를 반복했다. 어머니께서 맛있게 드셔주었지만, A씨의 미역국은 성공적이지 못했다.

'미역국 끓이기'는 간단해 보이지만, 요리에 익숙하지 않은 사람이 조리법 없이 감으로 하다 보면 성공하기 어렵다. 조리법을 참고했더라면 미역국 끓이기는 성공할수 있었을 것이다. 조리법에는 언제 어떤 재료를 넣고, 어떻게 간을 하는지 등에 대해 나와 있기 때문에 순서대로 따라하면 원하는 결과를 얻을 수 있다. 이 조리법이 바로 실행 계획이라고 할 수 있다. 대안을 적용할 때 어떤 일을 어떤 순서로해야 하는지, 어떤 자원이 언제 투입되어야 하는지에 대해 미리 그려보는 것이다. 조리법을 따라하면 완성된 요리라는 결과물을 얻을 수 있는 것처럼, 실행 계획에따라 업무를 추진하게 되면, 원하는 결과를 잃을 수 있게 되는 것이다. 기대하는결과를 얻을 수 있도록 하는 것이 문제해결이므로 대안을 적용하기 위한 실행 계획을 수립하는 것은 문제해결에 필수적이라 할 수 있다.

문제해결에 있어서 기대하는 결과를 얻을 수 있도록 그림을 그리는 작업은 단순한 실행 계획을 수립하는 것보다는 광범위한 사고의 프로세스이다.

예를 들어, 전 사원이 참가하는 체육 대회를 준비한다고 해보자. 문제해결의 프로세스에서 보면, '체육 대회는 왜 하는가?', '체육 대회 이외에 다른 행사를 기획하는 것은 어떠한가?'라는 질문으로부터 시작한다. 문제의식을 갖는 것이다. 문제해결 프로세스를 적용하지 않는다면, '체육 대회를 어떻게 시작해서 어떻게 마무리할지'에 대해 행사 순서를 짤 것이고, 여기에 투입되는 자원을 분석할 것이다. 문제해결 프로세스를 적용한다면, '체육 대회를 실시함에 있어서 중점 시간대, 장소, 이벤트는 무엇인가?', '성공적 수행을 위한 핵심 요소는 무엇인가?', '위험 요소는 무엇인가?' 등에 대해 좀 더 고민할 수 있게 된다. 이는 일의 순서를 짜는 계획보다 광범위한 잠재 문제 분석 프로세스이다. 잠재 문제 분석 프로세스는 일의 순서를 포함하여 중점 영역을 분석하고, 향후 일어날 수 있는 문제를 사전에 점검해 이에 대한 대책을 수립하는 것이다. 이는 간단해 보이지만, 요리에 익숙하지 않은 사람이 조리법 없이 미역국을 끓이는 것만큼이나 쉽지 않다. 다음의 사례를 살펴보자.

사례 ❷

2006년 3월 6일, 당시 국내 최대의 실내 놀이공원에서 이용객 1명이 놀이기구에서 추락사한 안타까운 사건이 발생하였다. 안전할 것이라고 믿었던 놀이공원에서 발생한 사고였기 때문에 사회적인 충격이 컸고, 다음 날인 2006년 3월 7일, 경찰은 책임자를 입건하는 등 신속한 수사에 들어갔다. 놀이공원 측은 실추된 이미지를 회복하려는 듯 2006년 3월 23일에 무료 개장 이벤트를 발표했다. 3월 26일부터 3월 31일까지 6일간 무료 개장을 하겠다는 것이었다. 무료 개장 첫날, 아침 일찍부터 사람들이 몰려들었고, 대혼란이 빚어졌다. 하루 입장 가능 인원은 3만 5천 명이었는데 6만여 명이 한꺼번에 몰려들면서 35명의 부상자까지 발생했다. 결국 놀이공원 측은 3월 말까지 영업을 중단한다고 발표했다. 무료 개장 이벤트에 몰려든 사람들과 부상자는 대부분 학생들이었다. 무료 개장 이벤트가 사고로 끝난 다음 날 놀이공원 측 관계자 10명은 경찰 소환 조사를 받았으며, 3월 28일, 안전관리 책임자 4명이 형사 입건되었다. 놀이공원은 4월 1일 다시 개장했지만, 이용객은 평소의 절반 수준에 그쳤다.

앞에서 본 사례에서 잘못된 점은 무엇일까? 흔히 말하는 '안전불감증'일까? 문제가 발생했을 때 잘못된 의식을 원인으로 상정하게 되면, 해결이 어렵다. 사람들의 의식 구조를 바꿔서 특정 사안에 대해 동일한 개념과 같은 정도의 의식 수준을 갖도록 하는 것은 거의 불가능하기 때문이다. 조직이나 사회의 문제는 사회의 시스템 측면에서 원인과 이를 해결할 방안을 찾는 것이 필요하다. 예를 들면 영업을 잘 되도록 하기 위해서는 영업 사원이 투철한 프로 의식을 갖는 것도 중요하지만, 회사의 영업 관리 및 지원 시스템을 구축하고 교육을 통해 영업 사원의 상품 지식과 세일즈 스킬을 향상시키는 것이 도움이 된다. 이렇게 하면 조직 전체의 성과 수준을 향상시킬 수 있기 때문이다.

안전불감증에 대한 고려는 하지 않도록 하고, 이 사건을 문제해결 프로세스에 비추어 생각해 보도록 하자. 잠재 문제 분석을 활용하여 중점 영역을 분석하고 발생 가능한 문제를 찾아 대책을 수립했다면 어땠을까? 무료 개장 이벤트를 실시하기 전에 다음과 같은 질문을 해봤다면 어땠을까?

- 사람들이 얼마나 몰릴 것인가?
- 하루 수용 가능 인원을 초과한다면 어떻게 할 것인가?
- 미리 추첨이나 선착순 접수 등을 하는 것은 어떠한가?
- 개장 시간 전 줄서기 관리는 어떻게 할 것인가?
- 줄을 선 사람들에게 선착순으로 현장에서 표를 지급하는 것은 어떠한가?
- 출입구부터 줄을 설 경우, 어떤 동선 관리가 가능한가?
- 지하철역, 경찰, 소방서 등 관계 기관에 협조를 요청하는 것이 가능한가?
- 혼잡이 예상되는 시간대는 언제인가?
- 혼잡이 예상되는 장소는 어디인가?
- 하루 수용 가능 인원을 초과하여 입장하지 못하는 사람들은 어떻게 할 것인가?

이상과 같은 몇 가지 질문만 해봤더라도 35명이 부상당하는 사고는 발생하지 않았을 수도 있다. 사람들은 무료 개장 이벤트 전날이나 새벽부터 줄을 설 것이고, 사람들이 많이 몰릴 것이기 때문에 오전 개장 시간과 출입구 부근이 가장 혼잡할 것이라는 점을 쉽게 예상할 수 있지 않았을까? 그렇다면 사전에 입장 인원을 조절한다든가, 그것이 어렵다면 현장에서의 혼란을 막을 수 있도록 동선을 계획하고 동선을 따라 안전선을 설치한다든가, 안전 확보 및 질서 유지 요원이 부족하다면 관계 기관에 협조를 얻어 관리한다든가 하는 등의 대책을 수립할 수 있었을 것이다.

이처럼 잠재 문제 분석을 활용하면, 중점 영역을 분석하여 발생 가능한 문제를 찾아 대책을 수립할 수 있기 때문에 잠재 문제 분석은 선정된 대안을 적용하는 최적의 프로세스라고 할 수 있다. 다음의 사례를 통해 잠재 문제 분석의 프로세스에 대해 살펴보도록 하자.

사례 ❸

식품 회사에 근무하는 김 과장은 사내 신제품 개발 아이디어 공모전에서 대상을 수상했으며, 그의 아이디어는 실제 제품 출시로 이어지게 되었다. 신제품은 두 가지 맛의 서로 다른 아이스크림 제품을 구매하여, 회사가 개발한 방법으로 섞어 주게 되면 또 다른 맛이 나는 제품인데, 비율에 따라 다양한 맛을 낼 수 있다. 예를 들어, 딸기 맛 아이스크림과 메론 맛 아이스크림을 사서 일정 비율로 섞어 주면 바나나 맛이 나고, 비율을 바꾸면 수박 맛이 나는 식이다. 소비자는 딸기 맛, 메론 맛, 바나나 맛, 초콜릿 맛 등을 동시에 맛볼 수 있게 되고 섞는 비율에 따라 다양한 맛이 나므로 아이스크림을 먹는 즐거움과 자신만의 아이스크림을 제조하는 즐거움도 갖게 될 것이다. 이는 아이스크림 시장에 새로운 바람을 일으킬 것이며, 소비자는 아이스크림을 섞어 보기 위해 아이스크림을 구매할 때 반드시 두 가지 이상의 아이스크림을 동시에 구매할 것이므로 회사의 매출 신장에도 큰 도움이 될 것이다. 이 아이디어로 김 과장은 본부장으로부터 크게 인정받았으며, 신제품 개발 담당으로서 론칭 이벤트를 기획하게 되었다. 신제품 론칭 이벤트까지 성공한다면 금상첨화가 될 것이다. 김 과장은 고심에 고심을 거듭하며 이벤트를 기획하고 있었다.

'자, 이제 어느 정도 틀이 잡혔군. 다시 한 번 점검해볼까? 잠시 커피 한 잔 마시고 해야겠다'

커피를 타기 위해 일어난 김 과장은 사무실이 꽤 덥다는 것을 느꼈다. 전기 절약 차원에서 냉방을 약하게 하고 있었는데, 자리에서 일어나기 전까지는 업무에 몰입하느라 더위를 느끼지 못하다가 잠시 쉬기 위해 일어나니 더위를 느끼게 된 것이다.

'사무실이 꽤 덥구나. 여름이 점점 더워지는 것 같아. 더워서 좀 힘들지만, 더울수록 아이스크림은 잘 팔릴테니 좋네'

이러한 생각을 하다가 갑자기 김 과장의 뇌리를 스친 생각이 하나 있었다.

'아, 그렇구나. 아이스크림 론칭 이벤트가 야외에서 열리는데, 이 무더위에 아이스크림이 금방 녹아버릴 수도 있겠는데. 대표 이사님께서 아이스크림 믹스 이벤트에 직접 참석하실 예정인데 그전까지 아이스크림이 녹지 않도록 관리하는 게 중요하겠네.'

커피를 마시려다 말고 자리에 앉은 김 과장은 다시 기획서 작성에 매달렸다.

'이거 아이스크림 녹지 않게 하는 것만 문제가 아니구나. 대리점 사장님들도 모두 참석할 예정인데, 이분들 기다리다가 시간이 지체되어서도 안 되겠고. 대리점 사장님들 참석 여부와 이동 수단, 이동 거리 등을 확인해야겠다. 개별 출발보다는 지역별로 관광 버스를 대절해서 이동하도록 하는 것이 더 나을 수도 있겠어'

김 과장은 이벤트에서 발생할 수도 있는 주요 문제들을 나열했고, 그것은 다음과 같았다.

문제 1. 대리점 사장단 이동
문제 2. 대리점 사장단 참석률 저조
문제 3. 행사의 정시 시작
문제 4. 대표 이사의 개회사가 길어지는 문제
문제 5. 아이스크림 관리
문제 6. 아이스크림을 꺼내는 시점
문제 7. 아이스크림 믹스 이벤트 개최 시 주변의 온도 관리

'이 부분을 좀 더 분석해서 대책을 마련해야겠다. 행사 전 참석자 관리, 행사의 정시 시작, 아이스크림 관리, 이 세 가지가 가장 핵심적이로군. 각 파트별로 다시 한 번 점검해 봐야겠다. 발생 가능성은 얼마나 되는지, 심각성은 어떤지를 분석해 봐야겠군. 휴, 오늘도 야근이구나'

야근을 하겠지만, 행사를 완벽하게 치를 것을 상상하며 김 과장은 힘을 냈다.

김 과장을 따라서 잠재 문제 분석의 프로세스를 살펴보도록 하자.

1) 발생 가능한 문제를 나열하여 중점 영역을 설정한다.

잠재 문제 분석은 향후 일어날 수 있는 일에 대해 미리 분석하고 대책을 수립하는 것이므로 우선 일어날 수 있는 일을 모두 나열해 볼 필요가 있다. 이때

브레인스토밍 등 창의적 사고 기법을 활용하면 효과적이다. 김 과장이 나열한 문제들을 다시 한 번 정리해 보면 다음과 같다.

> • 대리점 사장단 이동
> • 대리점 사장단 참석률 저조
> • 행사의 정시 시작
> • 대표 이사의 개회사가 길어지는 문제
> • 아이스크림 관리
> • 아이스크림을 꺼내는 시점
> • 아이스크림 믹스 이벤트 개최 시 주변의 온도 관리

이상에서 김 과장은 행사 전 참석자 관리, 행사의 정시 시작, 아이스크림 관리라는 세 가지 중점 영역을 도출했다. 발생 가능한 문제를 나열하고 이것을 관련된 것들끼리 묶어서 중점 영역을 설정하는 것이다. 중점 영역을 설정하는 이유는 문제의 분석을 효율적으로 하기 위해서이다.

중점 영역을 정리하고 다시 살펴보면, 발생 가능한 문제는 다음과 같이 정리할 수 있다.

| 표 2-9 | **중점 영역과 잠재 문제**

중점 영역	잠재 문제
행사 전 참석자 관리	참석률 저조
행사의 정시 시작 (아이스크림 믹스 이벤트 포함)	대리점 사장단 이동
	대표 이사 이동
	대표 이사의 인사말
아이스크림 관리	시점
	온도

이렇게 정리하면 문제가 한눈에 파악되고 효율적으로 관리할 수 있게 되는 것이다.

중점 영역을 설정한 다음에는 중점 영역별로 좀 더 세부적인 분석을 실시하여

놓친 부분은 없는지, 실제 발생 가능한 문제는 무엇인지, 어떤 부분을 좀 더 신경 써야 하는지 점검한다.

2) 발생 가능한 문제를 분석한다.

잠재 문제는 발생 가능성과 심각성으로 분석하여 우선순위를 설정한다. 발생 가능성과 심각성은 10점 척도를 적용해 평가해 볼 수 있다.

- 10점 척도로 평가: 각각의 항목에 대해 1~10점까지 점수를 매긴다.

분석해 보면 다음과 같다.

| 표 2-10 | 잠재 문제의 우선순위

중점 영역	잠재 문제	발생 가능성	심각성	우선순위
행사 전 참석자 관리	참석률 저조	7	8	4
행사의 정시 시작	대리점 사장단 이동	9	10	1
	대표 이사 이동	2	10	6
	대표 이사의 인사말	6	7	5
아이스크림 관리	시점	7	10	3
	온도	8	10	2

이상의 분석에 의해 대리점 사장들의 이동을 관리하는 것이 우선순위가 가장 높은 것으로 나타났다. 이는 지역별로 버스를 운행하여 정시에 행사장에 도착하도록 하는 것이 현실적인 대책이 될 수 있을 것이다. 이렇게 분석하는 것은 기획안과 대책의 타당성 확보에 도움이 된다. 발생 가능성도 높고 심각성도 높아 비용이 발생하더라도 적절한 대책을 수립하여 예방하는 것이 마땅하기 때문이다.

3) 대책을 수립한다.

잠재 문제 분석의 대책은 예방 대책과 발생했을 때의 대책으로 나누어서 수립한다. 예방 대책이 최선이며, 예방이 불가능하거나 예방 대책을 통해서 완벽하게 대응할 수 없는 경우에는 발생 가능성이 남아 있는 것이므로 발생 시의 대책까지 수립해야 한다. 정리해 보면 다음과 같다.

| 표 2-11 | **잠재 문제의 대책 수립**

중점 영역	잠재 문제	예방 대책	발생 시 대책
행사 전 참석자 관리	참석률 저조	• 참석 독려 전화 • 담당자 방문	본사 직원 동원으로 행사장 인원 확보
행사의 정시 시작	대리점 사장단 이동	지역별 버스 운행	–
	대표 이사 이동	대표 이사의 기사에게 확인 전화	행사 지연 시 참석자 경품 이벤트 진행
	대표 이사의 인사말	대표 이사의 인사말 작성	
아이스크림 관리	시점	• 신속한 행사 진행 • 보조 냉동고 설치	–
	온도	• 행사장 주변에 얼음 설치 • 보조 냉동고 설치	–

이상으로 살펴본 잠재 문제 분석의 프로세스를 정리하면 다음과 같다.

- 발생 가능한 문제를 나열하여 중점 영역을 설정한다.
- 잠재 문제를 설정하고 발생 가능성과 심각성을 분석한다.
- 예방 대책과 발생 시 대책을 수립한다.

잠재 문제 분석은 중점 영역에 대한 효율적 관리를 통해 효율적으로 문제를 관리하고, 위기와 위험 요소를 관리할 수 있게 하며, 예방 대책과 발생 시 대책을 수립함으로써 오류를 줄이고 기대하는 결과를 달성할 수 있도록 하는 데 도움이 된다.

| 표 2-12 | **잠재 문제 분석 시트(Sheet)**

중점 영역	잠재 문제	가능성	심각성	우선 순위	예방 대책	발생 시 대책

탐구활동

1. 학과의 단합을 위한 체육 대회를 한다면 어떻게 할 것인가? 학과 체육 대회의 잠재 문제를 분석해 보자.

2. 잠재 문제 분석 시트를 작성한 후 팀원들과 공유해 보자(의견을 교환하여 수정·보완해 보자).

학습평가　　　　　　　　　　　　　　　　　정답 및 해설 p.253

※ 다음 문장의 내용이 맞으면 ○, 틀리면 ×에 ✓표시를 하시오. (1~4)

1　잠재 문제 분석은 '성공적 수행을 위한 핵심 요소는 무엇인가?', '위험 요소는 무엇인가?' 등에 대해 깊이 있게 고민하는 활동으로써 단순하게 일의 순서를 짜는 계획보다 광범위한 문제해결 프로세스이다. (○, ×)

2　잠재 문제 분석은 향후 일어날 수 있는 일에 대해 미리 분석하고 대책을 수립하는 것이므로 우선 일어날 수 있는 일을 모두 나열해 보는 것이 필요하다. 이때 브레인스토밍 등 창의적 사고 기법을 활용하면 효과적이다. (○, ×)

3　잠재 문제는 발생 가능성과 심각성으로 분석하여 우선순위를 설정한다. 발생 가능성과 심각성은 10점 척도를 적용해 평가해 볼 수 있다. (○, ×)

4　잠재 문제 분석의 대책은 예방 대책과 발생했을 때의 대책으로 나누어서 수립한다. 예방 대책이 최선이며, 예방이 불가능하거나 예방 대책을 통해서 완벽하게 대응할 수 없는 경우에는 발생 가능성이 남아 있는 것이므로 발생 시의 대책까지 수립해야 한다. (○, ×)

5　잠재 문제 분석의 프로세스에 해당하지 않는 것은?

① 발생 가능한 문제를 나열하여 중점 영역을 설정한다.

② 가중치를 반영하여 상대 조건을 평가한다.

③ 잠재 문제를 설정하고 발생 가능성과 심각성을 분석한다.

④ 예방 대책과 발생 시 대책을 수립한다.

Tip

실행력을 높이는 Tip

실행력을 높이기 위해서는 실행 계획을 잘 세우고 실행에 대한 Follow-up을 잘하는 것이 중요하다.

1. 실행 계획 수립

실행 계획 수립은 무엇을(What), 어떤 목적으로(Why), 언제(When), 어디서(Where), 누가(Who), 어떤 방법으로(How)의 물음에 대한 답을 가지고 계획하는 단계로, 자원(인적, 물적, 예산, 시간)을 고려하여 수립해야 한다. 실행 계획 수립은 세부 실행 내용의 난이도를 고려하여 가급적 구체적으로 세우는 것이 좋으며, 각 해결안별 구체적인 실행 계획서를 작성함으로써 실행의 목적과 과정별 진행 내용을 일목요연하게 파악하도록 하는 것이 필요하다.

2. 실행 및 Follow-up

실행 및 Follow-up 단계는 가능한 사항부터 실행하며, 그 과정에서 나온 문제점을 해결해 가면서 해결안의 완성도를 높이고 일정한 수준에 도달하면 전면적으로 전개해 나가는 것이 필요하다. 즉, 파일럿 테스트(Pilot Test)를 통해 문제점을 발견하고, 해결안을 보완한 후 대상 범위를 넓혀서 전면적으로 실시해야 한다. 특히 실행상의 문제점 및 장애 요인을 신속하게 해결하기 위해서 모니터링(Monitoring) 체제를 구축하는 것이 바람직하며, 모니터링 시에는 다음과 같은 사항을 고려해야 한다.

1) 바람직한 상태가 달성되었는가?
2) 문제가 재발하지 않을 것을 확신할 수 있는가?
3) 사전에 목표한 기간 및 비용은 계획대로 지켜졌는가?
4) 혹시 또 다른 문제를 발생시키지 않았는가?
5) 해결책이 주는 영향은 무엇인가?

제4절 대안 평가

대안을 적용하고 실행을 한 후에는 실행 결과에 대해 평가를 해야 한다. 이러한 과정을 통해서 해결안을 수정하고 보완할 수 있으며, 향후 더 나은 해결 방안을 수립할 수 있게 된다. 다음 사례를 살펴보자.

사례 ❶

> 고객만족팀에 근무하는 최 과장은 최근 6개월간의 고객의 불만글과 칭찬글을 분석하였다. 분석 결과 고객의 불만과 칭찬에는 일정한 패턴이 있음을 발견할 수 있었다. 최 과장은 이 패턴을 분석한 후 이에 대응하는 방안을 수립하였고, 매뉴얼로 만들어 현장에 배포하였다. 그 결과 불만글의 비율을 줄이고 칭찬글의 비율을 높일 수 있게 되었다.
> 최 과장은 이에 그치지 않고 고객 컴플레인을 해결하는 프로세스를 개선하여 고객의 컴플레인을 접수하여 처리하는 데까지 걸리는 시간을 단축시켰다. 뿐만 아니라 매뉴얼 개발 이후에도 지속적으로 데이터를 수집하고 분석하여 매뉴얼을 업데이트했으며, 업데이트된 내용을 스마트폰으로 현장 사원들에게 실시간으로 전송할 수 있는 시스템을 개발하였다.

이처럼 한 번의 실행으로 그치는 것이 아니라, 대안을 평가하고 평가 결과를 반영하여 지속적으로 해결안을 개발해 성과를 향상시킬 수 있도록 하는 것이 중요하다.
대안의 평가를 위해서는 평가 준거(Criteria), 척도(Scale), 평가 기준(Standard)을 개발해야 한다. 이를 이해하기 위해 다음 사례를 살펴보자.

사례 ❷

> 강전원 씨는 은퇴를 하고 전원생활을 준비 중이다. 정부에서 지원하는 귀농·귀촌 교육프로그램도 이수했고, 고향에 조그만 땅도 사두었다. 강전원 씨는 오랫동안 꿈꾸던 일이 현실이 된다는 사실에 너무 즐거워서 잠이 오지 않을 지경이다. 땅도 준비를 해놨으니 이제 강전원 씨의 관심사는 좋은 집을 짓는 것이었다. 강전원 씨는 '좋은 집의 기준이 무엇일까?'하고 깊은 생각에 빠졌다.

강전원 씨는 좋은 집이 무엇일지에 대한 결론을 얻기 위해 기존의 전원주택들을 많이 살펴보고, 평가해 보는 것이 좋을 것 같다고 생각하고는 다음과 같은 평가 항목을 마련했다.

항목 1. 건축비
항목 2. 친환경 소재의 사용
항목 3. 햇볕이 드는 시간

평가 항목을 마련한 강전원 씨는 각각의 항목에 대해 1등급부터 5등급으로 평가하기로 하였다.
20군데를 돌아다니며 평가한 결과, 평가 대상의 전원주택은 각각의 항목에 대해 평균 3~4등급 정도를 받았다. 강전원 씨는 자신의 집은 2등급 이상 받을 수 있도록 지어야겠다고 결심했다.

준거는 일반적으로 많이 사용되는 용어가 아니라서 낯설게 느껴지겠지만 그 개념은 어렵지 않다. 준거는 평가 항목이라고 생각하면 이해가 쉬울 것이다. 강전원 씨가 마련한 평가 항목이 바로 평가 준거로, 어떤 것을 평가하겠다고 정하는 것이다. 일반적으로 평가 기준이라고 말하는 것인데, 정확하게는 평가 준거이다. 예를 들면, '건강한 사람의 기준이 무엇인가?', '야구 선수 중 좋은 타자의 기준은 무엇인가?', '좋은 차의 기준은 무엇인가?' 등에서 말하는 기준이 준거를 말하는 경우가 많다. '야구 선수 중 좋은 타자의 기준은 무엇인가?'라는 물음에 "좋은 타자의 기준은 타율이 높은 타자이다."라고 흔히 말할 수 있는데, 이것을 좀 더 정확하게 하자면, '타율 높은'이라기보다는 구체적으로 "타율이 3할 이상이면 좋은 타자이다."라는 식으로 말하는 것이 바람직하다. 준거와 기준을 함께 제시하고 있기 때문이다. 타율이 평가의 준거이고, '3할 이상'이 기준이 되는 것이다.
척도는 평가에 사용되는 자와 같은 것이며, 타율의 경우 '몇 할 몇 푼 몇 리'라고 말하는 백분율(%)이 되는 것이다. 공부를 잘하는 학생을 평가한다고 할 때, 시험 성적은 준거이고, 공부를 잘하는 학생은 평균 90점 이상이라고 한다면, 90점 이상이라는 것이 기준이고, 점수는 100점 만점으로 평가하므로 척도는 100점이 된다. 그런데 점수를 세분화하여 학점화한다면 학점이 척도가 된다. 정리해 보면 다음과 같다.

| 표 2-13 | **시험 성적의 평가 준거·기준·척도**

평가 준거	평가 기준	척도
시험 성적	100점 ~ 90점	A학점
	89점 ~ 80점	B학점
	79점 ~ 70점	C학점
	69점 ~ 60점	D학점
	59점 이하	F학점

강전원 씨는 1~5등급으로 평가를 매겼으므로 5점 척도를 사용했다고 할 수 있다. 강전원 씨가 마련한 평가 항목을 정리해 보면 다음과 같다.

| 표 2-14 | **강전원 씨의 평가 준거·기준·척도**

평가 준거	평가 기준	척도
건축비	2억 5천 이하	1등급
	2억 5천 초과 ~ 3억 이하	2등급
	3억 초과 ~ 3억 5천 이하	3등급
	3억 5천 초과 ~ 4억 이하	4등급
	4억 초과	5등급
친환경 소재 사용	100% 사용	1등급
	99% ~ 90% 사용	2등급
	89% ~ 80% 사용	3등급
	79% ~ 70% 사용	4등급
	69% 이하	5등급
햇볕이 드는 시간	12시간 초과	1등급
	12시간 이하 ~ 10시간 초과	2등급
	10시간 이하 ~ 8시간 초과	3등급
	8시간 이하 ~ 6시간 초과	4등급
	6시간 이하	5등급

평가라는 것이 자주 접할 수 있는 것은 아니기 때문에 대안에 대한 평가의 준거·기준·척도를 마련하는 것을 많이 연습을 해보는 것이 좋다.

실행 결과 평가 시 일반적 고려 사항을 정리해 보면 다음과 같다.

- 바람직한 상태가 달성되었는가?
- 문제가 재발하지 않을 것을 확신할 수 있는가?
- 수립한 계획대로 지켜졌는가?
- 예상하지 못했던 돌발 변수가 발생했는가?
- 돌발 변수는 무엇이었고, 어떻게 처리했는가?
- 해결안이 또 다른 문제를 발생시키지는 않았는가?
- 해결안의 실행 과정과 결과에 윤리적으로 문제가 없었는가?
- 해결안을 개선하여 새로운 해결안을 도출할 수 있는가?
- 해결안을 전사적으로 공유하여 유사 사례로 확장할 수 있는가?

이상의 질문을 바탕으로 평가 준거를 구성해 볼 수도 있다. 평가 준거·기준·척도를 개발하는 것이 쉽지 않다면, 앞에서 제시한 고려 사항을 바탕으로 해결안의 실행 결과를 점검하고, 새로운 해결안을 모색할 수도 있다. 중요한 것은 실행과 평가를 통해 보다 개선된 새로운 해결안을 도출하고 이를 바탕으로 성과를 지속적으로 향상시키는 것이다.

탐구활동

1. '취업을 위한 준비'에 대한 평가 준거·기준·척도를 마련하여 자신의 취업 준비 상황을 평가해 보자.

2. 평가 결과를 팀원들과 공유해 보자(의견을 교환하여 수정·보완해 보자).

학습평가

정답 및 해설 p.253

※ 다음 글과 관련하여 문장의 내용이 맞으면 ○, 틀리면 ×에 ✓표시를 하시오. (1~3)

> A학교는 학생의 학업 성취도를 평가하기 위해서 수학 시험을 보기로 했다. 시험은 총 50문항에 4지선다 객관식형과 단답형으로 이루어지고, 100점 만점이다. 90점 이상을 받은 학생은 성적 우수 장학금을 받게 될 것이다.

1   평가 준거는 수학 시험이다. (○, ×)

2   척도는 50문항이다. (○, ×)

3   우수한 학생에 대한 평가 기준은 90점 이상이다. (○, ×)

4   실행 결과 평가 시 고려하는 일반적 질문으로 적절하지 않은 것을 고르시오.

① 바람직한 상태가 달성되었는가?
② 문제에 마음이 상하지 않았는가?
③ 수립한 계획대로 지켜졌는가?
④ 해결안을 개선하여 새로운 해결안을 도출할 수 있는가?

Tip

실행 및 평가 단계에서 확인해야 하는 사항

다음 체크리스트는 실행 및 평가 단계에서 확인해야 하는 사항들이다. 항목을 살펴보고, 개선된 새로운 해결 방안을 탐색하는 데 노력을 기울이도록 하자.

1. 실행 계획을 수립하고 추진 일정표를 작성한다.
2. 계획을 수립할 때 발생 가능한 문제를 분석하여 대책을 수립한다.
3. 계획을 수립할 때 예산, 자원, 시간 등에 대한 제한 사항을 고려한다.
4. 실행 결과를 평가한다.
5. 평가 결과를 토대로 해결 방안 중 수정해야 하는 점을 파악한다.
6. 수정해야 하는 점을 고려하여 새로운 해결 방안을 도출한다.
7. 새로운 해결 방안을 적용할 때 기존의 문제점을 제거한다.

학/습/정/리

1. 문제란 목표와 현상의 측정 가능한 차이를 의미하며, 문제해결이란 목표와 현상을 분석하고, 이 분석 결과를 토대로 주요 과제를 도출하여 바람직한 상태나 기대되는 결과가 나타나도록 최적의 해결안을 찾아 실행·평가하는 활동이다. 문제해결을 하기 위해서는 문제를 찾아내고 그것을 바람직한 상태로 만들고자 하는 적극적인 태도인 문제의식이 반드시 필요하다.

2. 문제의 유형은 다음과 같다.

   1) 발생형 문제

   발생형 문제는 말 그대로 이미 일어난 문제이다. 이미 발생한 문제이기 때문에 실제로 문제가 드러나서 보이는 경우가 많으며, 당장 걱정하고 해결하기 위해 고민하는 문제를 의미한다.

   2) 탐색형 문제

   탐색형 문제는 드러나지 않는 문제로, 상황 분석이 필요하다. 현재 어떤 일이 일어나고 있는지, 수행 과정에 문제는 없는지, 향후 발생할 것으로 예측되는 문제는 없는지 등을 파악하는 것이다. 탐색형 문제는 현재의 상황을 개선하거나 효율을 높이기 위한 문제를 의미한다.

   3) 설정형 문제

   설정형 문제는 지금까지 해오던 것과 관계없이 새로운 과제 또는 목표를 설정함에 따라 일어나는 문제로, 미래 지향적이고 목표 지향적인 문제라고 할 수 있다.

3. 상황 분석의 프로세스를 정리해 보면 다음과 같다.

   1) 관심사의 열거

   2) 관심 사항에 대한 세분화와 명확화

   3) 해야 할 일의 설정

   4) 해야 할 일에 대한 우선순위 결정

   5) 해야 할 일의 처리 방법 결정

4. 가설 설정은 관련 자료, 인터뷰 등을 통해 검증할 수 있어야 하며, 간단명료하게 표현하고, 논리적이며 객관적이어야 한다.

5. 합리적 의사결정의 프로세스를 정리해 보면 다음과 같다.

   1) 결정 목적과 기대 효과를 분명히 한다.

   2) 절대 조건을 설정한다.

   3) 상대 조건을 설정한다.

   4) 상대 조건에 가중치를 정한다.

   5) 가중치를 반영하여 상대 조건을 평가한다.

   6) 평가에 의해 후보안을 선정한다.

   7) 리스크 분석을 실시한다.

   8) 최종안을 선정한다.

6. 잠재 문제 분석의 프로세스를 정리하면 다음과 같다.

  1) 발생 가능한 문제를 나열하여 중점 영역을 설정한다.

  2) 잠재 문제를 설정하고 발생 가능성과 심각성을 분석한다.

  3) 예방 대책과 발생 시 대책을 수립한다.

7. 실행 결과 평가 시 일반적 고려 사항을 정리해 보면 다음과 같다.

  1) 바람직한 상태가 달성되었는가?

  2) 문제가 재발하지 않을 것을 확신할 수 있는가?

  3) 수립한 계획대로 지켜졌는가?

  4) 예상하지 못했던 돌발 변수가 발생했는가?

  5) 돌발 변수는 무엇이었고, 어떻게 처리했는가?

  6) 해결안은 또 다른 문제를 발생시키지는 않았는가?

  7) 해결안의 실행 과정과 결과에 윤리적으로 문제가 없었는가?

  8) 해결안을 개선하여 새로운 해결안을 도출할 수 있는가?

  9) 해결안을 전사적으로 공유하여 유사 사례로 확장할 수 있는가?

사후 평가[2]

체크리스트

직업기초능력으로써 문제해결능력을 학습한 것을 토대로 다음 표를 이용하여 자신의 수준에 해당되는 칸에 ✔표 하시오.

구분	문항	매우 미흡	미흡	보통	우수	매우 우수
문제 해결 능력	1. 나는 문제처리능력의 중요성을 설명할 수 있다.	1	2	3	4	5
	2. 나는 문제해결 절차를 설명할 수 있다.	1	2	3	4	5
	3. 나는 문제 인식의 의미와 절차를 설명할 수 있다.	1	2	3	4	5
	4. 나는 문제 도출의 의미와 절차를 설명할 수 있다.	1	2	3	4	5
	5. 나는 원인 분석의 의미와 절차를 설명할 수 있다.	1	2	3	4	5
	6. 나는 해결안 개발의 의미와 절차를 설명할 수 있다.	1	2	3	4	5
	7. 나는 실행 및 평가의 의미와 절차를 설명할 수 있다.	1	2	3	4	5
	8. 나는 문제해결 절차에 따라 실제 발생하는 문제를 해결할 수 있다.	1	2	3	4	5
사고력	1. 나는 창의적 사고의 의미를 설명할 수 있다.	1	2	3	4	5
	2. 나는 창의적 사고의 개발 방법을 설명할 수 있다.	1	2	3	4	5
	3. 나는 논리적 사고의 의미를 설명할 수 있다.	1	2	3	4	5
	4. 나는 논리적 사고의 개발 방법을 설명할 수 있다.	1	2	3	4	5
	5. 나는 비판적 사고의 의미를 설명할 수 있다.	1	2	3	4	5
	6. 나는 비판적 사고의 개발 방법을 설명할 수 있다.	1	2	3	4	5
	7. 나는 사고력을 발휘하여 실제 발생하는 문제에 대한 다양한 의견을 제시할 수 있다.	1	2	3	4	5
	8. 나는 사고력을 발휘하여 실제 발생하는 문제를 해결할 수 있다.	1	2	3	4	5
문제 처리 능력	1. 나는 문제처리능력의 중요성을 설명할 수 있다.	1	2	3	4	5
	2. 나는 문제해결 절차를 설명할 수 있다.	1	2	3	4	5
	3. 나는 문제 인식의 의미와 절차를 설명할 수 있다.	1	2	3	4	5
	4. 나는 문제 도출의 의미와 절차를 설명할 수 있다.	1	2	3	4	5
	5. 나는 원인 분석의 의미와 절차를 설명할 수 있다.	1	2	3	4	5

6. 나는 해결안 개발의 의미와 절차를 설명할 수 있다.	1	2	3	4	5
7. 나는 실행 및 평가의 의미와 절차를 설명할 수 있다.	1	2	3	4	5
8. 나는 문제해결 절차에 따라 실제 발생하는 문제를 해결할 수 있다.	1	2	3	4	5

평가 방법

체크리스트 문항별로 자신이 체크한 결과를 아래 표를 이용하여 해당하는 개수를 적어 보자.

학습모듈	점수	총점	총점/문항 수	교재 Page
문제해결능력	1점 × ( )개		총점 / 8 = ( )	pp. 14~247
	2점 × ( )개			
	3점 × ( )개			
	4점 × ( )개			
	5점 × ( )개			
사고력	1점 × ( )개		총점 / 8 = ( )	pp. 14~169
	2점 × ( )개			
	3점 × ( )개			
	4점 × ( )개			
	5점 × ( )개			
문제처리능력	1점 × ( )개		총점 / 8 = ( )	pp. 172~247
	2점 × ( )개			
	3점 × ( )개			
	4점 × ( )개			
	5점 × ( )개			

평가 결과

모듈별 평균 점수가 3점 이상이면 '우수', 3점 미만이면 '부족'이므로 평가 수준이 '부족'인 학습자는 해당 학습모듈의 교재 Page를 참고하여 다시 학습하십시오.

2) 출처: 문제해결능력 학습자용 워크북 pp.107~108, 국가직무능력표준 홈페이지(http://www.ncs.go.kr/ncs/page.do?sk=index)

NCS
직업기초능력평가

문제
해결
능력

정답 및 해설

정답 및 해설

제1장 1절 p.84

1 정답: ×
2 정답: ×
3 정답: ○
4 정답: ○
5 정답: ③
　해설: '질보다 양'이 브레인스토밍의 기본 원칙에 해당한다.
6 정답: ④
　해설: 테레사 아마빌 교수가 언급한 창의의 3요소는 전문 지식, 열정, 창의적 사고 기법이며, 비판적 사고는 이에 해당하지 않는다.
7 정답: ④
　해설: 결점 열거법만 사용할 경우 생각의 범위가 한정되고, 새로운 아이디어를 얻기 어렵다. 이는 희망점·결점 열거법의 단점에 해당한다.
8 정답: 만다라트법
9 정답: ①
　해설: '여섯 색깔 생각의 모자' 기법에서 활용하는 모자의 색깔에는 하얀색, 빨간색, 노란색, 검은색, 초록색, 파란색이 있다.
10 정답: ③
　해설: 너무 화려하거나 현란한 색깔을 사용하면 알아보기가 어려우며, 이는 마인드맵의 단점에 해당한다.

제1장 2절 p.125

1 정답: 에토스
2 정답: 로고스
3 정답: 파토스
4 정답: ×
　해설: 특성요인도에서 '특성'은 '결과'를, '요인'은 '원인'을 의미한다.
5 정답: ○

6 정답: ○
7 정답: ○
8 정답: ③
9 정답: ②
10 정답: 로직트리

제1장 3절 p.164

1 정답: ○
2 정답: ④
3 정답: ②
4 정답: 순환논증의 오류
5 정답: 결합의 오류
6 정답: 흑백사고의 오류
7 정답: 감정의 오류
8 정답: 인신공격의 오류
9 정답: 피장파장의 오류
10 정답: 성급한 일반화의 오류

제2장 1절 p.189

1 정답: 목표, 현상
2 정답: 문제해결
3 정답: 문제의식
4 정답: ③
5 정답: ①

제2장 2절 p.224

1 정답: 상황, 원인, 의사결정, 잠재 문제
2 정답: ①
3 정답: ④
4 정답: ×
5 정답: ○
6 정답: ④

제2장 3절 p.237

1 정답: ○
2 정답: ○
3 정답: ○
4 정답: ○
5 정답: ②
   해설: 가중치를 반영하여 상대 조건을 평가하는 것은 합리적 의사결정의 프로세스에 해당한다.

제2장 4절 p.244

1 정답: ○
2 정답: ×
3 정답: ○
4 정답: ②
   해설: '문제에 마음이 상하지 않았는가?'는 실행 결과 평가 시 고려하는 일반적 질문에 해당하지 않는다.

참고 문헌

권대봉(2003). 인적자원개발의 개념 변천과 이론에 대한 종합적 고찰. 서울: 원미사.

김광수(2012). 비판적 사고론. 서울: 철학과 현실사.

생각공장(2013). 논리와 비판적 사고. 대구: 도서출판 글고운.

다카하시 마코토/조경덕 역(2003). 창조력 사전. 서울: 매일경제신문사.

사이토 요시노리/서한섭·이정훈 역(2002). 맥킨지식 사고와 기술. 서울: 거름.

데루야 하나코/송숙희·박지현 역(2007). 로지컬 라이팅. 서울: 리더스북.

데루야 하나코·오카다 케이코/김영철 역(2002). 로지컬 씽킹. 서울: 일빛.

노구치 요시아키/이봉노(2005). 전략적 의사결정을 위한 문제해결 툴킷. 서울: 새로운 제안.

바바라 민토/이진원 역(2004). 논리의 기술. 서울: 더난출판.

마이클 미칼코/박종하 역(2013). 생각을 바꾸는 생각. 서울: 끌리는 책.

키스 소여/유지연 역(2014). 지그재그, 창의력은 어떻게 단련되는가. 서울: 창림출판.

김기영(2008). 창의력, 문제해결의 힘. 서울: 위즈덤하우스.

에드워드 드 보노/이구연·신기호 역(2004). 드 보노의 창의력 사전. 서울: 21세기북스.

켄 로빈슨/유소영 역(2007). 내 안의 창의력을 깨운 일곱가지 법칙. 서울: 한길아트.

김용섭(2010). 생각의 씨앗. 서울: 생각의 나무.

오마에 겐이치·사이토 겐이치/김영철 역(2005). 맥킨지 문제해결의 기술. 서울: 일빛.

고든 매켄지/유혜경 역(2012). 헤어볼. 서울: 이마고.

나카타니 아키히로/이선희 역(2008). 문제해결의 달인. 서울: 랜덤하우스코리아.

박형준·박상현(2014). 브레인 워크. 서울: 21세기북스.

고바야시 유타카/이왕호 역(2002). 문제해결력을 기른다. 서울: 지식공작소.

생각2.0(2009). 논리와 비판적 사고. 대구: 도서출판 글고운.

앤 톰슨/최원배 역(2012). 비판적 사고 : 실용적 입문 3판. 경기: 서광사.

박은진·김희정(2008). 비판적 사고. 서울: 아카넷.

한국산업인력공단. 문제해결능력 학습자용 워크북

저 / 자 / 소 / 개

NCS 직업기초능력 분과
연구위원
이청원

이청원 연구위원은 고려대학교 교육대학원에서 기업교육을 전공하였으며, 삼성화재 근무 경력을 포함하여 인적자원개발(HRD) 분야에서 20년간의 경험을 바탕으로 다양한 교육컨설팅과 강의를 진행해 오고 있습니다. 이와 더불어 국가직무능력표준(NCS)과 관련하여 한국표준협회를 통해 NCS 직업기초능력에 대한 연구 및 관련 개발 활동을 수행하고 있습니다. 현재는 ㈜에듀파트너스 콘텐츠연구개발소장이자 한국표준협회 수석전문위원으로 기업교육분야와 더불어 청년들의 성장을 위한 NCS 기반의 교육사업에 전념하고 있습니다.